U0906933

皮书系列

皮书系列

广视角·全方位·多品种

皮书系列

皮书系列

皮书系列

皮书系列

皮书系列为“十二五”国家重点图书出版规划项目

皮书系列

皮书系列

权威·前沿·原创

皮书系列

中国社会科学院创新工程学术出版资助项目

日本发展报告（2012）

ANNUAL REPORT ON DEVELOPMENT OF JAPAN (2012)

中华日本学会
中国社会科学院日本研究所
主　编／李　薇
副主编／高　洪　林　昶

社会科学文献出版社
SOCIAL SCIENCES ACADEMIC PRESS (CHINA)

图书在版编目（CIP）数据

日本发展报告．2012/李薇主编．—北京：社会科学文献出版社，2012.5
（日本蓝皮书）
ISBN 978-7-5097-3323-3

Ⅰ．①日…　Ⅱ．①李…　Ⅲ．①日本-概况-2012　Ⅳ．①K931.3

中国版本图书馆CIP数据核字（2012）第076263号

日本蓝皮书
日本发展报告（2012）

主　　编／李　薇
副 主 编／高　洪　林　昶

出 版 人／谢寿光
出 版 者／社会科学文献出版社
地　　址／北京市西城区北三环中路甲29号院3号楼华龙大厦
邮政编码／100029

责任部门／编译中心（010）59367004
电子信箱／bianyibu@ssap.cn
项目统筹／祝得彬
责任编辑／王晓卿　王玉敏　单远举
责任校对／王彩霞
责任印制／岳　阳
总 经 销／社会科学文献出版社发行部（010）59367081　59367089
读者服务／读者服务中心（010）59367028

印　　装／北京季蜂印刷有限公司
开　　本／787mm×1092mm　1/16
印　　张／16.25
版　　次／2012年5月第1版
字　　数／281千字
印　　次／2012年5月第1次印刷
书　　号／ISBN 978-7-5097-3323-3
定　　价／59.00元

日本蓝皮书编委会

主要编撰者简介

李　薇　女，北京市人，法学博士，中国社会科学院日本研究所研究员、所长，中国社会科学院研究生院教授、博士生指导教师。毕业于中国社会科学院研究生院法学系民法专业。兼任中国社会科学院法学研究所日本法、亚洲法研究中心秘书长，法学系教授。研究专业和方向为日本民法、日本经济。主要研究成果：《日本交通事故人身损害赔偿法律制度研究》（专著，1997）、《立法过程》（译著，1990）、《私人在法实现中的作用》（译著，2006），论文有《日本的不良债权和金融振兴综合政策》、《日本侵权行为法中的因果关系理论》、《〈东京高等法院裁定：民法第九百条违宪〉判例研究》、《日本中央银行法的修改》、《日本的财政重建》、《日本宏观经济政策的转换》、《日元贬值与对亚洲经济的影响》、《冲绳问题的复杂因素及其本质》等。

高　洪　男，辽宁沈阳人，哲学博士，中国社会科学院日本研究所研究员、党委书记兼副所长，中国社会科学院研究生院教授、博士生指导教师。毕业于中国社会科学院研究生院宗教系。兼任中华日本学会秘书长及常务理事、中国中日关系史学会常务理事、中国日本史学会常务理事。研究专业和方向为日本政治及中日关系。主要研究成果：《日本当代佛教与政治》（专著，1995）、《日本政党制度论纲》（专著，2004）、《日本文明》（合著，1999）、《樱花之国》（合著，2002）、《日本政府与政治》（合著，2002）、《新时代尖端产业》（译著，1987）、《科技六法全书》（合译，1988），以及涉及日本政治与中日关系的学术论文、研究报告近百篇。

张季风　男，吉林伊通人，经济学博士，中国社会科学院日本研究所研究员、经济研究室主任、硕士生指导教师，全国日本经济学会秘书长。毕业于东北师范大学外语系，获东北师范大学日本研究所硕士学位、日本东北大学经济学博士学位。研究专业和方向为日本经济、中日经济关系和区域经济。主要研究成果:《日本国土综合开发论》(专著,2004)、《挣脱萧条:1990~2006年的日本经济》(专著,2006)、《中日友好交流三十年(经济卷)》(主编,2008)、《日本经济概论》(主编,2009)、《不断扩展的东亚产业合作》(主编,2010)、《日本经济蓝皮书:日本经济与中日经贸关系发展报告(2011)》(主编,2011),以及有关日本经济与中日经济关系的论文100余篇。

吕耀东 男,山西人,法学博士,中国社会科学院日本研究所研究员,外交研究室主任,硕士生指导教师。先后获得山西师范大学法学学士学位、北京师范大学历史学硕士学位、北京大学法学博士学位。兼任中国社会科学院青年人文社会科学研究中心常务理事、日本研究所中日关系研究中心主任。研究专业和方向为日本政治、外交及大国关系,当代日本外交政策与外交战略,东亚的冲突与合作等。主要研究成果:《冷战后日本的总体保守化》(专著,2005)、《中国和平发展与日本外交战略》(专著,2010)、《21世纪的中日关系》(合著,2003)、《21世纪初期日本的东亚政策》(合著,2010),论文有《构建和谐世界与中日关系》、《日本保守两党制的构想与实践》、《试析日本的环境外交理念及取向》、《21世纪初日本对外目标及外交战略探析》、《中日双边互动的战略性思考》、《美日同盟的发展轨迹探讨》、《试析日本民族保守主义及其特性》、《舆论中的中日关系:症结与分析》等50余篇。

王　伟 男,吉林梅河口人,中国社会科学院日本研究所研究员、社会研究室主任、硕士生指导教师,中华日本学会常务理事。毕业于日本创价大学文学部社会学专业。曾任日本东京大学、成城大学、东京都立大学客座研究员。研究专业和方向为日本社会。主要研究成果:《日本青年剪影》(合著,1990)、《第四次中日青年论坛——转型中的中国与日本》(合编,2000)、《世界中的日本文化——摩擦与融合》(合编,2004)。参与了《日本社会解读》、《日本的社会思潮与国民情绪》、《21世纪日本沉浮辨》、《世纪之交的城乡家庭》、《一笔难画日本人》、《现代中国家庭的变化与适应策略》(日文)、《国外社会福利制度》等书的撰写。论文有《战后日本的社会阶层与政治意识》、《战后日本家庭变化》、《日本人口结构变化及其对日本社会的影响》、《多样化居住形态中的老人赡养》、《日本雇佣形势及其政策动向》、《日本社会保障课题及改革走向》等数十篇。

崔世广 男，河北枣强人，历史学博士，中国社会科学院日本研究所研究员、文化研究室主任、博士生指导教师。兼任中华日本哲学会副会长，中华日本学会常务理事，中国日本史学会常务理事。毕业于南开大学研究生院日本思想史专业。研究专业和方向为日本文化及社会思潮。主要研究成果：《近代启蒙思想与近代化——中日近代启蒙思想比较》（专著，1989）、《日本现代化过程中的文化变革与文化建设研究》（主编，2009）、《一笔难画日本人》（合编，1999）、《文明的运势——中日民族性诸形态比较研究》（合著，1992）、《日本政治概论》（合著，1995）、《日本的社会思潮与国民情绪》（合著，2001）、《再生还是衰落——21 世纪日本的抉择》（合著，2001）、《媒体文化与相互印象形成》（合著，2010），以及有关日本文化与日本思想史的论文等100余篇。

林　昶 男，北京市人，中国社会科学院日本研究所《日本学刊》副主编、副编审、编辑部主任，中华日本学会编辑出版部主任，世界知识出版社、北京大学出版社特约编辑。毕业于中国社会科学院研究生院日本系日本文化专业在职硕士研究生班。曾受聘北京日本学研究中心客座研究员。研究专业和方向为日本文化。主要研究成果：《中国的日本研究杂志史》（专著，2001）、《中日关系报告》（合著，2007）、《当代日本报告》（合著，2011）、《中日农村经济组织比较》（合著，1997）、《何方集》（选编，2001）、《宦乡集》（选编，2002）、《何方谈史忆人》（选编，2010），并担任《中国的日本研究》（1997）、《中国的东北亚研究》（2000）、《中日青年论坛》（1998～2003）、《21 世纪的日本》（2000～2004）、《日本发展报告》（2002～2011）等工具书、丛书的副主编。

摘　要

本书由中华日本学会、中国社会科学院日本研究所与社会科学文献出版社合作推出，是中日研究界同人共同完成的研究成果。

本书以东日本大地震为中心，对 2011 年日本大地震对日本的政治、外交、经济、社会文化的影响作了回顾、分析与展望，并收录了该年度日本大事记。

2011 年 3 月 11 日发生的东日本大地震，由地震、海啸和核泄漏构成的三重打击，使日本遭遇战后的最大灾难。在过去的一年里，日本政府采取了一系列紧急对策，在预算和法制方面制定了配套方案，但仍面临灾后重建、福岛第一核电站废弃物处理、灾区清除污染等诸多亟待解决的问题。

民主党政府在经受救灾考验的同时，执政能力受到质疑，“政治主导”难以为继，不得不在 2011 年 9 月进行首相更迭，由野田佳彦组成新的内阁。围绕野田内阁推出的提高消费税法案，日本朝野正在展开新一轮的政治博弈。

相对于动荡不安的内政，野田政府在外交安全方面最终确立了对外战略，继承以日美同盟为基轴的战后日本外交安全传统，并借助美国战略重心东移，在亚太施展多元外交。“救灾外交”使中日关系改善出现转机，但日本对华疑虑上升，两国关系的发展依然“暖”中有“寒”。

东日本大地震对日本产业造成巨大冲击，国内产业供应链断裂，使日本经济增长和财政重建面临更大的困难。但由于日本产业实力雄厚，企业应对及时，在较短时间里拉动了宏观经济的 V 形复苏。

日本国民在天灾人祸面前的坚忍淡定给世人留下深刻印象。老龄化趋势、社会舆论生态发生的深刻变化，暴露出日本社会诸多结构性问题，而核泄漏事故对日本社会和国民心理的冲击巨大。

2012 年，将是“日本再生元年”。在致力于灾后重建、核事故处理和重建经济的同时，日本将全面推进社保与税制一体化改革，并启动结构调整。受大地震的影响，加上日元升值和长期电力不足，新一轮产业海外转移值得关注。在未来一段时间内，日本政局将持续动荡，政党政治可能出现分化重组。而对外战略的积极进取，构建以日美同盟为主的东亚新安全框架，将为民主党政府增添政治筹码。迎来“不惑之年”的中日两国外交，亦将把“战略互惠”作为相互关系的基本取向。

Abstract

This is Japan Blue Book jointly published by Chinese Association for Japanese Studies, the Institute of Japanese Studies of CASS, and the Social Sciences Academy Press. It can be considered as a great yearly academic achievement made by Japan Study circle in China.

The book focuses on the massive earthquake occurring to the eastern Japan in 2011, providing overview, analysis and forecast of the all-around influences inflicted by the earthquake. The book also includes Japan's major event in 2011.

The massive earthquake in the Eastern Japan on Mar. 11th, 2011 brought triple hit to Japan consisting of earthquake, tsunami, and nuclear leak, which was the biggest catastrophe suffered by it since the end of the World War Two. In the 2011, Japanese government made a series of emergency responses, and carried out sorts of affiliated policies in terms of budget and legislation as well. Even so, it is still facing many urgently pressing problems such as post-disaster reconstruction, disposal of nuclear waste in Fukushima No. 1 plant, cleaning of pollutants in disaster-stricken area, etc.

Due to its bad performance in disaster relief, the Democratic Party's administrative capability was questioned. The Politics-led regime barely can sustain, as a result, a change of cabinet seemed inevitable. In September 2011 Yoshihiko Noda formed a new cabinet. Being active in a controversy over the legislative proposal of increasing consumption tax raised by Noda administration, all political forces are preparing themselves for a new-round political game.

In contrast to an uneasy domestic politics, Noda administration clearly defined its foreign strategy in terms of security and diplomacy, which was consistent with Japan's post-war diplomatic and security tradition based on Japan-US alliance. For the US is shifting its strategic stress to the East, Japan will take this opportunity to diversify its relations in the Asia-Pacific region. Although the disaster-relief diplomacy to some extent improved the Sino-Japan relations, with Japan's rising doubts and disbelief against China, their bilateral relations would remain full of ups and downs.

Hit greatly by the earthquake, supply chains of domestic industries broke, posing a big challenge for Japan's economic growth and fiscal reconsolidation. However, thanks to the considerable strength of its industries, Japan's enterprise could make timely adjustment so as to realize a V-shaped recovery as a whole just in a short run.

The impression left by Japanese people of maintaining firm and stable in front of natural calamities and man-made misfortunes, was highly praised by the rest of the world. However, aged population, dramatic changes of social opinion, all of these gave an exposure to the problems which used to be buried deeply in Japan's social structure. The nuclear leak caused an enormous social and psychological shock to Japan's society as well as its people.

2012 is deemed as the beginning of Japan's rebirth. Japan will continuously concentrate on post-disaster reconstruction, handling the nuclear accident, and rebuilding Japan's economy. On the other hand, Japan will also push forward its reform on social security and tax regime, ready to start structural adjustment. It is noteworthy that a new wave of industrial transfer to the foreign land is occurring, due to the influences arising from the earthquake, appreciation of Yen and long-term power shortage. With the political parties dividing and merging frequently, Japan's politics will remain unstable. As for its foreign policy, its more active stance and efforts in building East Asian new security framework centered on Japan-US alliance may be greatly to the Democratic Party's credit. It has been almost 40 years since Japan and China normalized their relations. Now both of them agree that they will develop their relations in line with strategical mutual benefit principle.

目 录

𝔹Ⅰ 总报告

𝔹Ⅱ 特别报告

𝔹Ⅲ 政治外交篇

BⅣ 经济篇

BⅤ 社会文化篇

BⅥ 附 录

皮书数据库阅读使用指南

CONTENTS

𝔹 I General Report

𝔹 II Special Report

𝔹 III Politics and Foreign Policy

BⅣ Economy

BⅤ Society and Culture

BⅥ Appendix

总　报　告

General Report

𝔹.1

2011～2012年日本形势回顾与展望

——东日本大地震：日本国运的节点、考验和机会

李　薇*

摘　要：2011年3月11日发生的“东日本大地震”①，是日本战后遭遇的最大灾难，日本的国运走到一个节点②并面临严峻考验。在过去的一年里，日本政府采取了一系列紧急对策，在预算和法制方面制定了配套方案，

---

* 李薇，法学博士，中国社会科学院日本研究所研究员、所长，研究专业和方向为日本民法。

① 日本内阁会议于2011年4月1日决定将发生在2011年3月11日的地震、海啸以及因地震、海啸引发的核泄漏灾难定名为“东日本大震灾”。中国新华社将其翻译为“东日本大地震”。

② 笔者有意在这里使用“节点”而非“转折点”。所谓转折点，一般是指事物在发展过程中改变原来的方向、形势的一个点；所谓节点，一般是指事物发展过程中具有标志性的一个点，但事物的发展未必一定会以此点为界而改变其原来的发展方向、形势等。具体到东日本大地震而言，作为日本社会在转型过程当中所遭遇的一次具有标志性的灾难，虽然它对日本社会造成了重大的创伤，但是，日本的社会结构、国家发展模式，以及日本人的思维模式、行为方式等是否会因此而变得迥异于以前的日本，尚难以断言，至少以目前日本社会的情况来看，它除了使日本人在防灾意识等方面发生了一定的变化以外，在其他方面的影响尚没有显现出来，故暂且使用“节点”予以表述可能更为稳妥。

但仍旧面临灾后重建、福岛第一核电站废弃物处理、灾区清除污染等一系列有待落实和解决的问题。民主党政权在经受救灾考验的同时执政能力受到质疑，不得不在2011年9月进行首相更迭。“3・11”国难①使日本的经济增长和财政重建面临更大的困难。围绕民主党政权推出的提高消费税法案，日本朝野正在展开新一轮的政治博弈。相对于动荡不安的内政，日本在外交安全方面最终确立了对外战略，继承以日美同盟为基轴的战后日本外交安全传统，并借助美国战略重心东移，在亚太施展多元外交。日本政府将2012年视为“日本再生元年”②，在致力于灾后重建、核事故处理和重振日本经济的同时，将全面推进社保与税制一体化改革，并启动结构调整。在未来一段时间内，日本政局将持续动荡，政党政治可能出现分化重组，而对外战略的积极进取将为民主党政权增添政治筹码。

关键词： 东日本大地震　灾后重建　结构调整　对外战略

一　东日本大地震：日本国运的节点

2011年3月11日14时46分，日本东北外海发生了9.0级地震，引发巨大海啸③，连续七个波浪袭击了东北地区，导致561平方公里地域遭遇洪水，其中岩手县、宫城县、福岛县的沿海37个市町村受灾最为严重。受地震和海啸袭击④的福岛第一核电站出现严重的核泄漏。3月11日至15日，4个机组先后发生不同程度的爆炸，核电站周边的紧急撤离半径从3公里扩大到30公里。在这场战后最大的

① 2011年3月12日，日本首相菅直人在首相官邸召开记者会时最早使用了“国难”的表述。日文原文是：“どうか国民の皆さんに、この本当に未曾有の国難とも言うべき今回の地震、これを国民皆さん一人ひとりの力で、そしてそれに支えられた政府や関係機関の全力を挙げる努力によって、しっかりと乗り越えて、……” http：//www. kantei. go. jp/kan/statement/201103/12message. html.

② 日本首相野田佳彦于2012年1月24日在国会发表的施政演说。

③ 根据2011年6月25日“东日本大震灾复兴构想会议”的《复兴建议书》，海啸的最高潮位达9.3米，海啸的实际到达高度为日本地震测量史上最高的40.5米；另根据国际原子能机构（IAEA）专家团《日本福岛核事故调查报告》，目测海啸最高潮位为38.9米（岩手县的宫古市）。

④ 根据日本政府向IAEA提交的事故报告书，袭击福岛第一核电站的海啸潮位高达14～15米，大大超过建造许可证的设计高度及评估预想的高度。

灾难中，15854人死亡（1407人间接死亡），3155人失踪，26992人受伤，343935人避难转移，383246座建筑物损毁，319个渔港受灾，60条公路出现坍塌断裂，10处铁轨受损，通信和水电气供应中断。地震海啸产生的瓦砾多达2252.8万吨。①

东日本大地震包括地震海啸带来的灾难和核泄漏灾难。地震海啸灾区与核污染灾区所遭遇的灾害性质不同，救灾和复兴的进程也呈现很大差异。在遭遇地震海啸灾害的灾区，灾害已经终止，人员伤亡和经济损失基本能够确定，等待的是如何进行灾后重建。然而，在遭遇核污染的灾区，核事故即刻演变成比地震海啸灾害更难应对的重大挑战。直到2011年12月16日，日本首相野田佳彦才宣布福岛第一核电站实现冷停堆“状态”，这种表述意味着损毁的核反应堆依靠外力暂时处于可控状态，而核反应堆自身冷却系统的异常状态并未改变，核电站30公里半径内的核辐射仍然严重超标，核泄漏灾害的发生并未终止。② 事故发生一年后，核电站30公里半径地区的复兴尚难启动，灾区经济损失亦无法精确计算，核泄漏事故的损害认定及其赔偿进程更将旷日持久。

东日本大地震造成巨大的直接财产损失和间接经济损失。灾区的直接财产损失为16.9万亿日元，分别相当于日本2011年实际GDP的3.3%和名义GDP的3.6%。③ 其中，住房、店铺和厂房等建筑物设备损失约10.4万亿日元，道路、港湾等社会基础设施损失约2.2万亿日元，农林渔业方面的损失约1.9万亿日元，水电气等生活设施损失约1.3万亿日元。核电事故导致的经济损失和人身损害的赔偿额最高可能超过10万亿日元。④ 根据日本《原子能损害赔偿法》，核电运营商对核电事故负有无过失责任，但异常天灾地变或战争等社会动乱引发的事故除外。⑤ 东京电力公司在此次“3·11”特大海啸引

① 根据2012年3月11日〔日〕《日本经济新闻》发表的数据。据2012年3月7日〔日〕《朝日新闻》发表的该社对岩手、宫城、福岛三县的调查结果，95%的间接死亡者为65岁以上老人，死因多为避难引发的疾病。

② 根据2012年3月17日〔日〕《朝日新闻》的报道，由于核泄漏事故导致的放射线污染尚未结束，政府2012年3月把福岛核电站30公里半径的避难区划分为三类：“返家困难区域”（年放射线量超过50毫希沃特，五年以上无法居住）、“限制居住区域”（年放射线量为20至50毫希沃特）、“避难指示解除准备区域”（年放射线量为20毫希沃特以下）。

③ 根据日本内阁府2011年6月24日和2012年3月8日公布的速报值。

④ 〔日〕原子能损害赔偿实务研究会编《原子能损害赔偿实务》，民事法研究会，2011年10月28日。

⑤ 〔日〕《原子能损害赔偿法》第3条第1款。

发的核泄漏事故损害赔偿问题上没有被允许适用免责条款①，作为福岛第一核电站核泄漏事故的第一责任人，该公司须承担巨额赔偿。② 截至2012年2月，经过审核程序已经确定的赔偿额为1.7万亿日元。③ 由于核泄漏的清理工作和损害的认定是个渐进且长期的过程，日后的损害赔偿数额还将逐渐增加。核电机组的相继停机导致发电成本上升，生产企业难免因电价上涨而蒙受更多经济损失。

日本的政局并未因复合型灾害的发生而得以稳定，政党政治结构性问题对国家发展和危机处理所带来的负面影响更加明显。在政党政治远离民主政治初衷且越来越以获取政权为最高政治目标的政治结构下，朝野政党之间即便是国难当头仍难以达成共识，救灾统一战线亦难以形成。灾难发生后，时任首相的菅直人曾向自民党总裁谷垣祯一提议“大联合”组阁，以应对救灾，但在当今的日本政党政治结构下，这个建议理所当然地遭到在野自民党的拒绝。④ 前所未有的复合型灾害的发生，使日本政府的危机管理能力经受严峻考验。虽然日本在抗震救灾方面经验丰富且各职能机构人员大多训练有素，但是当“预想外”危机远超出按部就班的“平常时”和“平常事”时，却暴露出回避责任的作风和决策程序

---

① 日本政府关于东京电力公司不能适用免责条款的决定是出于“政治判断”。2011年4月1日，官房长官枝野幸男在回答记者提问时代表政府指出，东京电力公司对核泄漏事故负有“第一责任”并应承担第一赔偿责任，考虑到数万亿日元的赔偿负担将影响到东京电力公司的正常运营，政府也有责任采取相关措施（2011年4月2日〔日〕《日本经济新闻》报道）。枝野还代表政府对免责条款作出解释，认为该免责但书主要是指发生战争的状态，不适用于此次特大海啸（2011年4月12日〔日〕《读卖新闻》报道）。在日本，法律解释权为法院所拥有，但此次法解释完全依政治决断并在媒体协助下完成。

② 东京电力公司根据政府的指示和内阁府下设的“原子能损害赔偿纷争审查会”确立的方针，于2011年9月公布了对自然人、法人、非法人经营者的损害赔偿基准，赔偿的范围包括：避难相关的费用、生命和身体的损害、失业损失、避难时期的精神损失、检查费用、财产损失、营业损失、各个行业的名誉损失以及间接损失等。根据该基准核算的损害赔偿已经展开。另据2012年3月17日〔日〕《朝日新闻》的报道，由于核泄漏导致的放射性污染仍未结束，日本政府的原子能损害赔偿纷争审查会在3月16日决定对因核泄漏事故尚处在转移避难状态的灾民继续实施赔偿，其中，对“返家困难区域”的灾民每人发放600万日元（约合7.1万美元）作为五年的赔偿，对“限制居住区域”的灾民每人发放240万日元作为两年的赔偿，对“避难指示解除准备区域”的灾民每人每月发放10万日元的赔偿。

③ 根据2012年3月11日〔日〕《日本经济新闻》发布的数据。

④ 2011年3月20日〔日〕《朝日新闻》刊登题为《自民党拒绝政权延命对策》的报道称：“菅直人首相突如其来的入阁邀请——邀请自民党总裁谷垣祯一出任副首相兼震灾复兴担当大臣——被自民党一口回绝。”

的低效等问题。[①] 首相菅直人因遭到指挥不得力、协调不到位的指责而被迫辞职。民主党政权在执政满两年时推出了第三任首相，日本再次延续一年一换首相的政治局面。由于首相的更迭并不能使政治的格局发生根本性转变，日本政治在低水平徘徊的状态还将继续。此刻的政治重组动向特别值得注意。在2011年，日本长期动荡的政局即便在国家面临重大危机的时刻也未有丝毫改善，民众对传统政党及其政治博弈极为失望与厌烦，而民众的失意为新兴政党、地方性政党以及新型政治留出了成长的空间，政治改革的风潮和极端主义的风潮都有可能在这个时期出现。[②]

东日本大地震带给日本社会前所未有的冲击，是对日本国家发展以及国民精神状态的一次严峻考验。[③] 首先，东日本大地震给20年来艰难摸索发展道路的日本增添了新的危机。此前，日本虽然成功地走完了战后再工业化的道路并保持了世界第二大经济体地位42年之久，但是，人口老龄化、消费低迷、财政状况恶化等结构性问题日益凸显，既往的经济发展模式已不适应新变化、新环境。20年来日本主要实施扩张性财政政策和超宽松金融政策，但一直没能扭转经济紧缩和财政恶化的局面，随着经济基础的变化，政治和社会变得越来越不安定。东日本大地震在这样的背景下发生，是日本转型过程中所遭遇的一次具有标志性的灾难。其次，前所未有的特大海啸和核泄漏事故给日本民众的心理蒙上了一层厚厚的阴影。自然灾害的发生并没有明显地转化为发展的动力，反而使社会氛围变得更加内向。仅就灾区而言，巨大海啸越过10米高的“海上长城”[④] 使得人们意识到“防灾”几乎不可能；而就全国而言，挥之不去的核污染恐惧使日本社会的“绊”[⑤] 作用在垃圾处理和

① 此类的评论文章很多，例如，2011年3月24日《参考消息》转载〔美〕《时代》周刊署名汉娜·比奇的《日本的官僚主义作风扼杀了人道主义救助吗?》一文指出，日本迷宫式的官僚主义制度严重阻碍了救援工作。

② 2011年12月地方政党“大阪维新会”在大阪府知事和大阪市市长选举中大获全胜，引起了各方的关注。作为地方新兴政治势力，该会提出的首相公选等“决定日本方向”的口号迎合了厌倦民主、自民两党“扯皮”的日本民众，并正在把一些地方实力派聚集在一起。虽然“大阪维新会”提出的“政策口号”还算不上是有创意的政治纲领，但以其为代表的地方势力很可能在下次大选中形成对民主党和自民党等全国性政党的挑战。

③ 2011年3月16日，日本天皇罕见地发表了电视讲话，号召全体国民共同分担并战胜苦难。天皇的这次讲话起到了国难时刻凝聚民心的作用。

④ 岩手县田老市费时多年构筑的高达10米的沿海防波大堤曾被称为日本的“海上长城”。

⑤ “绊”在日文里表示纽带，象征人与人之间割不断的互助关系。2011年4月11日，首相菅直人代表日本政府发表了以《绊》为标题的讲话，对各国的支援表示感谢。2011年12月12日，日本汉字能力鉴定协会选定“绊”为象征2011年日本的汉字。

灾民安置上大打折扣。“灾后”、“灾中”、“灾间”被人们用来表述日本所处的这个特殊时期,① 以及社会普遍存在的无奈、迷茫心态。无疑，东日本大地震是日本国运的一个节点。此时的日本，需要的不仅仅是国民坚强和忍耐的优秀品质，还需要国家客观地认知自身发展的限度，重新调整发展布局，加速推进制度性结构改革。

二　灾后重建与结构性解困，扭转国运的考验

日本政府在2011 年为救灾和灾后重建确定了战略性对策，在法律和资金方面采取了配套措施。2011 年6 月20 日国会通过了《复兴基本法》，7 月29 日直属内阁的“复兴对策本部”推出了《复兴基本方针》。根据上述法律和方针，专门设立复兴厅，负责灾后重建计划的立项、协调和落实工作；建立“复兴特区”制度，指定受灾严重的227 个市町村为特区制度适用对象,② 五年之内在厂房店

① 人们比较喜欢使用“灾后”一词指称东日本大地震之后的日本社会，“灾后”一词还被评为日本2011 年流行语之一，该词的最初使用者是东京大学教授御厨贵。2011 年3 月24 日〔日〕《读卖新闻》文化专栏刊载的御厨贵文章称，以“3·11”为分界线，日本的“战后”终结了，开始进入“灾后”时代。接着2011 年5 月号（4 月10 日销售）的《中央公论》刊载了御厨贵的文章《“战后”终结，“灾后”开始》，2011 年11 月26 日“千仓书房”又出版了御厨贵长达200 余页的同名专著《“战后”终结，“灾后”开始》。一些著名人士也纷纷使用“灾后”一词来撰文著说，如2012 年1 月4 日，作家、东京都副知事猪濑直树也在日经BP 网页上发表文章《战后社会已终结，灾后社会来到了》。当然，也有人因日本政府救灾工作进展迟缓等原因，反对使用“灾后”而主张使用“灾中”一词来指称现在的日本社会，还有部分学者鉴于日本人目前的社会心态，主张使用“灾间”来指称东日本大地震后的日本社会。笔者倾向于使用“灾间”一词。据日本气象厅网站披露的信息，在日本东海地区，几乎每隔100~150 年肯定要发生一次大规模的地震，自1854 年发生的东海地震至今，已经有158 年没有地震发生了，所以现在东海地区任何时候发生大地震都不足为奇。另外，日本政府的“地震调查推进本部”在东日本大地震发生前，根据过去的地震发生间隔数据等，曾估算东京直下型地震的发生概率在30 年内为70%。2012 年1 月23 日，东京大学地震研究所教授平田直率领的研究小组公布其研究结果称，今后四年内，包括东京在内的关东南部地区发生里氏7 级的直下型地震的概率很高，约为70%。直下型地震即震源位置所在地发生的地震，在大城市及其周围地下发生的直下型地震，往往会给城市造成巨大损失。所以，对目前的日本而言，虽然亟须进行灾后重建，但是，作为一种社会分期，与其说是“灾后”，不如说日本目前正处在等待着不远的将来下一个灾害即会降临的间隔期更为妥当，因为日本将不可避免地面临一个自然灾害的多发期，所以很多日本人在担心下一个灾害何时会降临，以“灾间”一词对日本社会进行分期，将有益于更加准确地分析和把握日本社会的变化。

② 根据2012 年3 月4 日〔日〕《朝日新闻》报道，日本政府已经认定227 个市町村可以享受复兴特区政策。

铺建设用地和税收方面采取放宽规制、简化手续、减免法人税等特例措施；发行“复兴特别国债”,① 以确保灾后重建的经费来源，专门用于灾区基础设施的恢复、灾民生活的补贴、污染土地的购入等；设立“灾后重建转移支付”专项资金,② 增加对灾区的财政转移，主要用于对受灾企业和个人在法人税和所得税方面的减免或返还、核污染地区失业人员的“休业补偿”等。为应对核污染地区人员疏散转移，日本国会制定特别法，为转移居住的灾民在户口登记、享受公共服务等方面提供法律保护；修改地方税法，对警戒区内的土地房屋免除固定资产税等。此外，为确保东京电力公司履行损害赔偿责任并且维持运营，日本制定特殊法《原子能损害赔偿支援法》，根据该法设立“原子能损害赔偿支援机构”，政府为该机构的融资提供担保，并在必要时通过该机构向东京电力公司注资。③ 根据日本政府的计划设想，灾后重建的最终实现大约需要十年的时间，前五年为“集中重建期”，其间政府将投入 19 万亿日元，十年大约共投入 23 万亿日元。④ 日本政府的前三次补充预算为灾后重建安排了 15 万亿项目经费，全部四次补充预算和 2012 财年相关预算加在一起，一共安排了 18 万亿日元的灾后重建项目费。

从短期看，灾难发生后，日本的灾民表现得自律且坚强，灾区自治体自救快速且有序，公共基础设施恢复迅速。在灾后半年内，隔离区以外的毁损公路等基础设施以及一度断裂的产业链基本得到修复和恢复，2252 万吨垃圾已经集中分类，在 54 座核电机组的大多数相继停止发电的情况下，日本国民和企业对临时计划限电规定⑤的遵守和节电的自觉使日本安全度过了炎夏和寒冬。截至灾难发

① 根据日本财务省公布的数据，2011 年度第三次补充预算规模 12.1 万亿日元，其中 11.55 万亿日元靠发行复兴国债筹措。截至 2011 年 12 月 24 日，共发行复兴国债 14.23 万亿日元。

② 日文原文为“复旧复兴交付金”。

③ 根据 2012 年 1 月 26 日〔日〕《日本经济新闻》报道，东京电力公司在 2011 ~2012 财年的赤字约为 5800 亿日元，2012 年需要从相关金融机构融资 1 万亿日元，并计划通过原子能损害赔偿支援机构申请注入 1 万亿日元的公共资金。只有在提高电费 10% 并重新启动东京电力所属的柏崎刈羽核电站发电的前提下，才有望在 2014 年 3 月实现资产负债平衡。

④ 根据 2011 年 7 月日本政府发表的《复兴基本方针》。这里不包含对核污染事故的损害赔偿。

⑤ 由于电力短缺，2011 年夏季日本政府对东京电力公司供电辖区采取了计划限电 15% 的措施。根据 2012 年 3 月 11 日〔日〕《日本经济新闻》的统计，大企业平均节电 27%，家庭平均节电 11 %。

生后的一年，参与救灾的志愿者达94万人次，国内的救灾捐款达4400亿日元，海外捐款达175亿日元，全国有1377个市町村派出援助人员，有126个国家提供了援助物资。但是，从长期来看，灾后重建所面临的困难是严峻的。首先，国家财政难以满足地方需要。虽然负责灾后重建协调工作的复兴厅在2012年2月10日正式挂牌，但灾区申请的一揽子转移支付数额和使用设想与政府设定的要件还存在较大差距。其次，受灾自治体的能力有限。由于灾后重建是以地方自治体为主体展开，而灾区人、财、物短缺，重建的速度缓慢，如2252万吨已经分类的垃圾仅处理了6.3%。再次，土地条件制约灾民的安置。由于日本土地实行私有制且国土狭小，对于需要永久性转移的灾民来说，无论是集体安置还是分散安置，都面临土地所有权置换程序烦琐和地价成本高昂的困难。最后，核事故的处理将长期化。污染区内大约2800万立方米污染土的临时贮藏地和污染废弃物的最终处置办法难以确定。福岛第一核电站四个核电机组的报废工程预计需要30~40年，① 这期间所需要的费用约高达1.15万亿日元。② 此外，核电政策在核电恐惧与发展需求之间徘徊。在2012年5月底，日本的54座核电机组将全部停止发电，电力成本将继续攀升，电力短缺问题将更加严重。按照2010年日本确定的“能源基本计划”，到2030年，核电的发电占比将从30%提高到50%。③ 在核泄漏事故导致核电信任危机的情况下，日本国内对今后的核电政策看法不一，核电事故也已经发生一年，日本政府尚未就如何调整核电政策作出决定。④ 但无论怎样，东日本大地震无疑是日本能源政策的转折点，日本政府将不得不对此前大力发展核电的方针作出调整。经济产业省产业结构审议会已经在2011年8月提出了“新能源技术开发及产业化30年计划”，预示着今后新能源将替代核电成为日本能源政策的着力点。

---

① 根据2011年12月21日政府与东京电力公布的报废工程进度计划。

② 根据2012年3月11日〔日〕《日本经济新闻》转载东京电力公司经营、财务调查委员会的推算数据。

③ 2010年6月7日日本国家战略室会议资料显示的数字为53%。

④ 2011年7月13日，首相菅直人曾在记者会上称日本将逐步放弃核电，而现任首相野田佳彦在2011年9月2日接受采访时曾表示，取消核电的前提是替代能源发展到足以替代的程度，但现在不能断定能否达到这个程度，因此应继续利用核电以确保经济增长。根据2011年7月14日〔日〕《日本经济新闻》的报道，除水力发电外，截至“3·11”东日本大地震，日本的再生能源仅占发电量的1%，根据2010年日本政府能源基本计划，到2030年将达到13%，若包括水力发电，将达到21%。

2011年的经济指标预示灾后重建中的经济增长存在变数。受东日本大地震的影响，日本经济在2011年第一季度和第二季度出现负增长，随着工矿业生产的迅速恢复和突发性电力短缺的逐步缓解，第三季度出现明显的V形增长，但受欧债危机、日元升值和泰国大洪水的影响，第四季度的复苏速度放缓。① 根据民间机构、央行和政府的预测，2012年将会出现1.9%～2.2%的增长。② 根据日本内阁府2012年3月8日公布的数据，2011年1～12月日本实际GDP增长－0.7%，其中民间需求、公共需求和净出口的贡献率分别为－0.2%、0.3%和－0.8%。值得关注的是，2011年日本贸易收支时隔31年出现1.61万亿日元赤字，为1980年财务省开始贸易统计以来首次赤字。在经常项目收支中，由于日本企业在新兴国家营业利润和利息收入的增加，投资收益所得比上年攀升19.9%，达到14.30万亿日元，使得2011年日本经常收支保持9.63万亿日元的盈余，但规模比上年减少43.9%，为1985年以来最大降幅。③ 有分析指出，造成这种状况的直接原因是欧债危机、日元升值、东日本大地震带来的产业链断裂，以及为弥补核泄漏事故所导致的电力短缺④而增加燃料进口等，但更深层的原因是战后走过的日本特色的立国之路已经接近尽头，日本经济模式进入历史拐点，而导致这个变化的是经济全球化发展和新兴国家的崛起。相对于亚洲新兴国家，日本高昂的劳动力成本、居高不下的法人税、日元升值和能源成本上升等因素，使日本的产业竞争力处于

---

① 根据日本内阁府2012年3月8日公布的数据，2011年第一季度至第四季度实际GDP环比增长为－1.8%、－0.3%、1.7%和－0.2%，换算为年率分别为－6.9%、－1.2%、7.1%和－0.7%。日本中央银行总裁白川方明在2012年1月24日会见记者时指出，牵制2011年日本经济增长的主要因素是欧洲债务危机，自2011年秋季开始，日本对欧洲的汽车和电子产品的出口不断减少，虽然日本对欧出口占出口总量的1/10，但同样由于欧债危机，日本对亚洲的出口也在减少，而亚洲则占日本出口总量的1/5。

② （1）根据日本经济企划协会2012年1月公布的“ESP预测调查”报告（这项调查定期征求42名主要经济学家对经济增长的预测，然后公布平均值），2011财年增长率预期平均值为－0.3%，2012财年为1.9%；（2）根据日本中央银行2012年1月24日发布的“经济、物价形势展望”报告，预计2011财年的经济增长为－0.4%，2012财年为2.0%；（3）根据日本内阁会议2011年12月通过的《2012财年经济展望和经济财政运营的基本态度》（即政府经济展望），2011财年经济增长约为－0.1%，2012财年将回升至2.2%。

③ 根据2012年2月10日〔日〕《日本经济新闻》的报道。

④ 日本核电占发电总量的30%，54座核电机组除福岛核电站的6座因事故停止发电外，其余进入或者结束检修期的核电机组基本没有恢复发电，截至2012年3月底，仅剩1座维持运转并也将在5月底之前进入检修期。

不利地位，同时导致日本产业加速向海外转移。① 有学者预测，2012 年日本经济虽然会实现 2% 左右的增长，但由于通货紧缩仍将持续，② 因此灾后重建的增长③不会持久，况且以建筑和土木工程为主的灾后重建项目并非灾区期待的就业类型，也非灾区想着力打造的产业结构。此外，欧债危机仍将带来经济下行风险。④

东日本大地震使日本财政结构更加恶化，健全财政的路途变得更加遥远。日本政府在 2011 财年推出了史上最庞大的一般财政预算，总额高达 92.4 万亿日元，其中新增国债为 44.3 万亿日元，国债依存度为 47.9%，而这个预算实际上是在东日本大地震发生之前就已经制定的。其后，基于灾后重建的需要，日本政府于 2011 年 4 月、7 月、10 月和 12 月相继四次推出补充预算，规模分别为 4.2 万亿、2.1 万亿、12.1 万亿和 2.5 万亿，总额达 20.9 万亿日元，其中用于救灾和重建的相关预算约 18 万亿日元，约占 GDP 的 4%。2012 财年的一般财政预算为 90.3 万亿日元，其中新增国债 44.24 万亿日元，国债依存度为 49%，比例为史上最高。除一般财政预算外，2012 财年的特殊财政预算为 3.7754 万亿日元，该预算收入来自复兴特别税和复兴国债，主要用于灾后重建。日本财务省公布的 2010～2012 三年的财年预算结构表明，新增国债已经连续三年超过税收，日本政府在重建公共财政方面越来越艰难。日本财务省预计，在 2012 财年底（即 2013 年 3 月底），中央和地方的长期债务余额将达到 937 万亿日元，相当于日本年度财政预算的十倍。日本现今所面临的真正挑战在东日本大地震之前就已经存在。多年来，日本一直在为实现经济增长而采取积极的财政政策，结果是不但经济没有起色，而且财政结构日益恶化。导致日本经济长期低迷的原因，主要是人口结构的老龄化和少子化，以及劳动生产率降低、产业结构调整滞后等，而这些因素又导致了财政结构的进一步恶化：财政收入方面，在经济长期低迷、通货紧

---

① 参见 2012 年 1 月 26 日〔日〕《日本经济新闻》社论《必须从依赖出口向依赖投资的结构转变》；同日《读卖新闻》报道《贸易赤字存在长期化危险》；〔日〕菅野雅明：《日本成为结构性贸易逆差国》，《经济学人》2012 年 2 月 21 日。

② 2012 年 1 月 24 日日本中央银行总裁白川方明在会见记者时指出，日本“之所以不能走出物价持续下降的‘通货紧缩’，是因为日本人口减少导致消费滞胀，收入难以增长，消费者不愿意花钱”。

③ 小峰隆夫教授预计，政府通过四次补充预算和 2012 财年预算共为灾后重建安排 18 万亿日元，这笔投入可以使 2012 年经济增速上升 1 个百分点。参见〔日〕小峰隆夫《2012 年日本经济展望》，《经济学人》2012 年 2 月 13 日。

④ 〔日〕小峰隆夫：《2012 年日本经济展望》，《经济学人》2012 年 2 月 13 日。

缩严重的背景下，20 世纪 90 年代后期日本多次出台以减税为主的经济刺激政策，导致税收收入减少；财政支出方面，刺激经济导致公共支出增加，人口老龄化进程中社会保障相关费用不断上涨。虽然日本政府多次提出财政重建构想，但东日本大地震使得日本重建财政的路途变得更加遥远。在财政恶化的严峻形势下，日本政府急于在 2012 年在国会通过提高消费税的相关法案，并以此为切入点推进社保与税制一体化改革。如果结构性问题不解决，日本下滑的国运将很难扭转。

三　确定外交安全战略，寻找国运机会

2011 年 9 月就任日本首相的野田佳彦认为，日本所面临的最大课题包括灾后重建、核电站事故对策、恢复经济、健全财政、确立安全保障体制，前三项为“优先课题”，而后两项“久拖不决的课题”① 是关系到“国民和国家的未来”② 的关键性问题。相对于尚处于艰难协调中的提高消费税法案，野田政权在外交安全方面则推展迅速。

日本民主党政权在 2011 年完成了外交安全战略方向的确立。日本外相玄叶光一郎 2011 年 12 月 14 日在日本记者俱乐部的讲话中指出，日本外交的责任是谋求日本国家利益的最大化。在解释何为国家利益时，他引用孔子的“兵、食、信”，意指安全保障与外交、繁荣、价值。关于如何实现国家利益最大化，玄叶解释说：“那就是使亚太地区的风险最小化，而使地区的机会最大化。为此，需要在亚太地区建立起基于民主主义价值的富裕和稳定的秩序。”战略的制定是基于日本对“风险”、“机遇”和“秩序”的判断。玄叶讲话中的“风险”是指本地区拥有百万人以上军事力量的国家、绑架和核开发以及导弹问题、不断增强的军事现代化和海洋活动等；“机遇”是指亚太地区强劲的增长带动世界经济的发展；“秩序”是指超越主权国家力量均衡的新秩序。玄叶认为，为了规避风险并抓住机遇，日本要继续把日美同盟作为外交安全的基轴，在亚太地区构建多层次的双边、三边、多边的地区对话框架，开展多种多样的多边协调，支持依照国际法建立国际新秩序。玄叶还特别强调了“中国的发展是机遇”，“为了构筑开放

① 参见〔日〕野田佳彦《我的政治哲学》，《Voice》2011 年 10 月号。

② 参见野田佳彦 2012 年 1 月 24 日在国会的施政演说。

的多层次的合作关系”，“中国的参与是不可或缺的”，而“日美中三国战略对话与协调具有前所未有的重要性时代即将到来”。日本外相近期代表官方所作的一席发言阐明了民主党政权的外交安全战略方向。如果作一个概括，那就是“该战略以获取政治安全利益、分享经济红利为主题，实施多元化布局并以中美日三边对话为核心机制”①。

日本外交安全战略方向的确立是基于对世界和本地区形势发展的认知，主要受传统安全上大国关系的影响。即便在2011年，日本的战略安排也并未体现出跨越“未曾有的国难”的紧迫感，这主要是受美国亚太战略的影响。② 东京财团首席研究员渡边恒雄指出，对日本来说“2011年是非常重要的一年”，“日本确立了如何应对中国”的战略，而美国在回归东亚的战略上有“最突出表现”。③ 美国的战略重心东移提升了日本的战略存在感。玄叶光一郎在讲话中说：“奥巴马总统表明了这样一种方针，即重新调整美国外交安全的优先顺序，将亚太地区放在最优先地位。我认为，美国的这一新立场，对于不论以往还是今后都一贯把在亚太地区的日美合作定位为外交支柱之一的日本而言，提供了极其令人深受鼓舞的方向性。”④ 在2011年，美国已经通过高调宣示战略重心东移和遏制中国“扩张”，稳住了日本这个首要同盟；通过“3·11”大地震后的“朋友作战”加深了日本对美国的政治认同；通过日美“2+2”会议进一步强化了日美同盟的战略地位和区域安全作用。⑤ 日本则

---

① 杨伯江：《日本民主党对外战略方向确立》，《现代国际关系》2012年第2期。

② 2011年6月30日出版的日本外务省《外交蓝皮书——2011》对国际形势的概观是：“奠定了今日和平与繁荣的基本格局正在发生变化”，“新兴国家取得了快速的经济发展，在经济和国际政治中的影响力不断增大；与此同时，发达国家的影响力相对下降……”关于“日本所处的安全保障环境正日趋恶化”，该蓝皮书特别指出朝鲜半岛和中国带给日本的担忧，对此，日本采取以下应对措施：（1）强化日美同盟关系；（2）强化自身防卫力量，根据2010年2月《防卫计划大纲》将“借助”防卫力量改为“注重”防卫力量，即从“基础防卫”转变为“动态防卫”概念；（3）构建多层次关系网；（4）推进经济外交。

③ 〔日〕渡边恒雄：《美国回归亚洲给日本的对华政策带来良机》，《东洋经济》2012年1月14日。

④ 引自玄叶光一郎2011年12月14日在日本记者俱乐部的讲话。该讲话的中文稿由日本驻华使馆提供。

⑤ 2011年6月21日，由日美双方外长和防长参加的日美安全保障协商委员会会议（“2+2”会议）在华盛顿召开。值得关注的一点是，这是民主党政权下日美双方首次就深化同盟关系形成了共同文件，也是双方时隔四年“全面刷新了共同战略目标”（《日本经济新闻》6月23日评论）。该目标是在中国这一核心话题下形成，包括了新增“日美韩”、“日美印”多个三边关系的内容、放宽武器出口三原则的内容、日美在太空和网络空间方面合作的内容、维护海洋航行自由的内容等。

把美国战略重心东移作为战略机遇，利用头号盟国的特殊身份，积极介入美国在亚太的战略行动，举行或参与多项军演，宣布参加“跨太平洋战略经济伙伴关系协定”（TPP）谈判，积极显示其战略支撑点的作用。

日本外交安全战略方向的确立，也是民主党对执政两年多来在对外战略方面的反思与总结。2009年因政权更迭而引发的“日美安保论争”以及民主党前两任首相在对美关系上表现出的调整尝试均以失败告终，这个过程也反映了美国对日本深入的政治渗透与控制所发挥的关键性作用。在2011年，日本政界主流以及民主党内部多数派在外交安全战略上达成了共识，这个共识不仅承袭了自民党的政治外交政策观念，也对国内外形势作出了准确的判断，更具进取性和灵活性。自称为“泥鳅”性格的野田佳彦，将自己的政治哲学解释为“中庸政治”，即“不拘泥于意识形态，根据社会的现实情况解决问题”，“将左与右结合起来，实现左右脚的两足行走”。① 日本在强调以日美同盟为基轴构建日本外交的同时，谋求最大限度地在同盟框架下发展自己，这意味着日本的外交安全战略将加速从自民党时代传统的“日美同盟下的日本战略”走向“日本战略中的日美同盟”。美国糟糕的财政状况将逐渐给同盟中的日本带来更多的责任和更大的活动空间，同盟作为日本追求国家利益最大化的工具性特点也会更加突出。2011年日本在区域内的外交安全活动带有明显的进取性和主体性，② 包括与韩国商签《物资劳务相互提供协定》及《军事情报保护协定》，与菲律宾、越南加强了战略伙伴关系，强化与东盟在海上交通和安全领域的合作，决定购买42架F－35隐形战机，放宽对武器出口的限制③等一系列抢眼的动作。不能否认其中隐含着获取战略纵深、扩大战略影响、强化自主防卫力量的战略性

① 参见〔日〕野田佳彦《我的政治哲学》，《Voice》2011年10月号。

② 2012年1月24日日本首相野田佳彦在国会发表的施政演讲，在第四部分“开拓亚洲太平洋世纪的外交和安全政策”特别提到“在制定亚太地区秩序和规则的过程中发挥主体性作用”。

③ 2011年12月27日日本政府召开安全会议，决定放宽对武器出口的限制，今后，日本可以在联合国维和行动的名义下出口武器，也可以与他国联合进行武器开发。此前，日本基于1967年4月佐藤荣作内阁颁布实施的“武器出口三原则”（“不向共产主义阵营国家出售武器”、“不向联合国禁止的国家出口武器”、“不向发生国际争端的当事国或者可能要发生国际争端的当事国出售武器”），原则上禁止武器出口。在日美开始共同研发拦截导弹后，日本对“武器出口三原则”有所放宽，允许向美国出口导弹。但两国在2006年的换文中明确规定，未经日本同意，美方不得将导弹用于其他目的或提供给第三国。此次放宽限制不仅是为国防工业大幅松绑，而且是日本国防政策的一个重要转折点。

目的。

日本民主党的外交安全战略方向的纵深处，是对日本国家发展的愿景。野田佳彦在其《我的政治哲学》中明确指出："我们要下定决心，自己的国家自己保卫。在这个大前提之下，坚决坚持日美同盟。"从这个表述可以看出野田本人的政治传承与政治抱负，也可以看出当今日本政治家心中的国家目标仍是老政治家们立志实现的"正常国家"、政治大国化，日本并没有因为"失去的二十年"和东日本大地震造成的国难而放弃原来的夙愿。面对大国夙愿与自身体量相对缩水的纠结，野田内阁采取的方策是，把目前的外交安全战略看做趋近正常国家目标的过程和手段。因此，野田政权一方面借助日美同盟框架最大限度地在外交安全领域伸展自己，同时在另一方面又要借助中国经济的发展动力带动本国经济增长，在中美两个大国之间寻求自身的利益最大化。

中国因素对日本内政外交的影响空前上升，在很大程度上决定着日本对外战略特别是安全战略的走向。① 由对美、对华两条主线构成的外交思路表现在日本对华关系上，则显示出安全上严密防范、经济上深度接触的两面性，② 对华行动在安全与经济的两极同步拉开。从安全方面看，在亚太地缘政治中，日本对中国和美国的政治认同是影响其战略选择的主要因素，心理认同越差，战略防范越深。中日之间互不信任和防范意识的根源是一个复杂的构成过程，包括战争记忆、冷战历史、美日同盟、地缘战略等，因此，想在短期内扭转这种防范意识并构筑战略互信关系几乎是不可想象的。从经济方面看，借助中国经济强劲发展之力保持和拉动日本经济活力的基本框架已成客观定局，因此，如何与中国建立一种稳定的良性互动的关系，是日本对华外交必须回答的问题。尽管日本在对华外交上有基本共识，即维持稳定的中日关系符合日本的战略利益，但是，对华关系的两面性在2011年里更加凸显。2011年，日本全面介入南海事务并推动南海问题国际化，强化西南防务部署并举行大规模的西南诸岛军事演习；进一步加强了对钓鱼岛的实际控制；日本企业大手笔押注中国市场，对华直接投资达到63.5亿美元，同比增长49.7%，累计总额已经达到800亿美元；经中国政府许可，日

① 参见冯昭奎《发展与世界潮流相一致的中日关系》，《日本学刊》2010年第6期。

② 参见吴怀中《日本对华安全政策的理论分析》，《日本学刊》2010年第2期。

本政府可购入650亿元额度的中国国债（相当于103亿美元或8450亿日元），推动双边贸易以两国货币结算。由此可见，日本对华关系的两面性短期内不可扭转，日本对华矛盾心理亦无法消除，[①] 中日关系的“脆弱性和强韧性”依旧同在。[②]

东日本大地震使进入转折期的日本走到了一个节点，日本的国运正在经受灾后重建和结构调整的双重考验。东日本大地震促使日本思考国家未来发展方向，在目前国内政治经济困境难以在短期内得到缓解的情况下，民主党现政权正在通过确立积极进取的外交安全战略，在中美两个大国之间以及区域内拓展生存的空间，寻求发展的机会。

参考文献

日本首相野田佳彦2012年1月24日在国会发表的施政演说。

野田佳彦：《我的政治哲学》，《Voice》2011年10月号。

日本外相玄叶光一郎2011年12月14日在日本记者俱乐部的讲话。

2011年6月25日“东日本大震灾复兴构想会议”的《复兴建议书》。

2011年7月日本政府发表的《复兴基本方针》。

日本《原子能损害赔偿法》。

〔日〕原子能损害赔偿实务研究会编《原子能损害赔偿实务》，民事法研究会，2011年10月28日。

〔日〕御厨贵：《“战后”终结，“灾后”开始》，《中央公论》2011年5月号。

〔日〕小峰隆夫：《2012年日本经济展望》，《经济学人》2012年2月13日。

〔日〕渡边恒雄：《美国回归亚洲给日本的对华政策带来良机》，《东洋经济》2012年1月14日。

杨伯江：《日本民主党对外战略方向确立》，《现代国际关系》2012年第2期。

冯昭奎：《发展与世界潮流相一致的中日关系》，《日本学刊》2010年第6期。

吴怀中：《日本对华安全政策的理论分析》，《日本学刊》2010年第2期。

① 2011年12月18日〔日〕《读卖新闻》报道，根据该报与美国盖洛普联合民调，日本受访者中，67%认为在经济领域中国会“越来越重要”，68%认为今后中国在亚太地区的影响力会进一步增强。同时，80%认为中国对日本构成军事威胁，85%表示“不信任中国”。

② 2011年日本东京大学教授高原明生在中国人民外交学会与日本世界和平研究所共同举办的研讨会上指出，日中关系具有“脆弱性和强韧性”特征。

2011～2012 年日本情勢の回顧と展望

—東日本大震災、日本の国運の節目、試練とチャンス—

李　薇

要　旨：2011 年 3 月 11 日に、日本で発生した「東日本大震災」は、日本が第二次世界大戦後遭遇した最大の災難である。日本の国運は節目に来ており、試練に直面している。過去一年の間に、日本政府は一連の緊急対策を講じて、予算面と法制面における関連方案を打ち出したが、しかし、災後復興、福島第一原発廃棄処理、被災地域除染など一連の問題には、あまり進展が見られない。民主党政権は震災の試練に直面しながらその政権担当能力も疑問視されて、やむを得ず2011 年 9 月に首相交代を行った。3. 11の国難は、日本の経済成長と財政再建に更なる大きな困難をもたらしてしまった。民主党政権から提案された消費税増税法案をめぐっては、現在日本朝野では新たな政治の駆け引きを展開している。不安定な内政に比べて、外交安全保障面においては、日本は対外戦略を最終決定し、日米同盟を基軸とする戦後日本外交安全保障の伝統を継承しながら、米国の戦略的な東への重心移行に便乗して、アジア太平洋地域における開放的で多層的なネットワークを作ろうとしている。日本政府は、2012 年を「日本再生に歩み始める最初の年」と位置づけ、災後復興、原発事故処理、経済の再生に本腰を入れて取り組むと同時に、社会保障と税の一体改革をしっかりと具体化させていくとともに、経済成長を実現させ、なお構造調整をスタートさせる。日本政局は、不安定な状況が続き、政党が分裂して政界再編に発展する可能性をはらむ一方、積極的な対外戦略は、民主党の政権浮揚の道具になるかもしれません。

キーワード：東日本大震災　災後復興　構造調整　対外戦略

特别报告

Special Report

B.2

日本福岛核事故危机及其能源安全

冯 毅　程建秀　常 冰*

摘　要： 日本在20世纪70年代确立了优先开发核能的国家战略，在2011年3月福岛第一核电站发生核泄漏事故之前，日本的核能发电已接近发电总量的30%。福岛核电事故将导致日本对核电政策作出调整。福岛核事故的发生和发展对今后全世界的核能安全利用提供了重要的经验和教训。在日本国内核电占比逐渐缩小的情况下，核电设备和技术出口将成为日本继续开发核能技术、发展核能产业的重要手段。日本国内核电占比的减少也预示着日本节能减排目标将发生变化。

关键词： 福岛核电事故　日本核能政策　日本核电能力

---

* 冯毅，高级工程师、中国核能行业协会副秘书长、国家核应急协调委员会专家组成员，主要研究方向为核动力装置；程建秀，中国核能行业协会研究部研究员，主要研究方向为核电发展与安全；常冰，中国核能行业协会国际合作部副主任、副译审，主要研究方向为核电技术英文资料译介。

一　日本核电状况概述

日本经济发达，是能源消费大国，因自然资源匮乏，其一次能源对外依存度约为84%。20世纪50年代日本经济实现了高速增长，其能源需求量也成倍增加。在开发国内外能源资源、提升能源供给能力的同时，日本迅速调整了能源供给结构，实现了从以煤为主到以油为主的根本性转变。到1975年，日本的一次能源供给结构中，石油超过70%，煤炭降到16.4%（国产煤降到3%），水力降到5%；日本一次能源的自给率降至12%，经济对进口石油的依赖度很高，且集中于中东石油。20世纪70年代，中东地区发生的两次大动荡（1973年第四次中东战争和1979年伊朗伊斯兰革命），先后引发两次石油危机，严重打击了日本经济。为实现能源供给多元化，日本确立了优先开发核能的国家战略，其重点是加快核电发展，并建立闭式铀燃料循环体系。日本的核发电量从95亿千瓦时（1973年），快速增长到2800亿千瓦时（2010年），核电占日本总发电量的比例也由不足4%（1973年）增长到约30%（2010年）。

2009年，日本一次能源消费结构为：煤炭占23%，石油占43%，天然气占17%，核电占13%，水电占4%。同年，日本的发电量为1.04万亿千瓦时，发电结构为：煤炭占28%，核电占27%，天然气占26%，石油占9%，水电占7%，其他占3%。日本成为世界上仅次于美国、法国的第三核电大国。日本首台商用核电站于1966年投入运行，截至2011年3月10日，日本共有18座核电站55台核电机组运行，总装机容量4737.8万千瓦，其中沸水堆（BWR）30台，压水堆（PWR）24台，快堆1台（文殊核电站）。日本核电分布情况如图1所示。

从日本现有核电站的运营时间来看，10座核电站是从20世纪70年代开始运转，全国55台核电机组中有19台运转时间超过了30年，而不满10年的只有5台，平均运转时间为25年。今后十年内，日本国内的核电站将有30%的运转年数超过40年的设计寿命。目前，受9.0级大地震和巨型海啸叠加影响，发生特大核事故的日本福岛第一核电站的1号机组到4号机组，总装机容量为271.9万千瓦，在初步实现冷停堆阶段目标后，将进入环境恢复及长期退役治理阶段。由于日本东北地区余震不断，灾区恢复重建困难重重，退役治理的经济和环境代价巨大，核能的公众接受形势空前严峻，福岛核事故的复杂性、不确定性依然存在，事故处

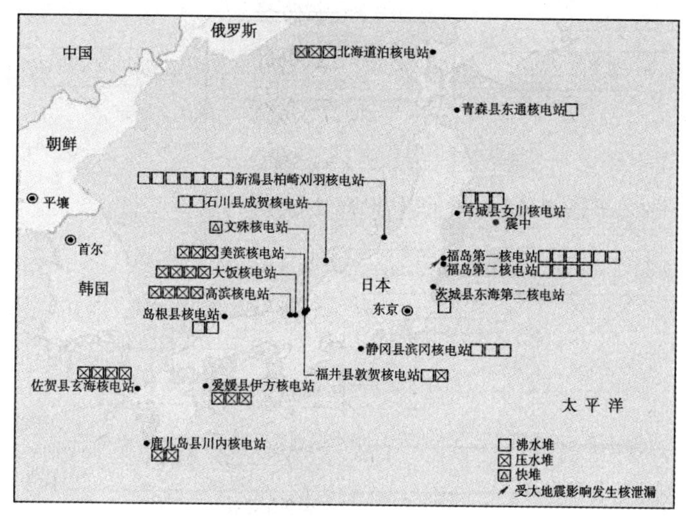

图1　日本核电站分布

理的长期化趋势明显。到2012年5月，日本的核电站将处于全部停运状态，世界第三核电大国将面临零核电的严峻现实。日本核能已走到了历史的十字路口。

2011年3月11日，受东日本大地震和海啸的叠加影响，福岛第一核电站发生核事故，损毁极为严重，大量放射性物质泄漏。2011年4月12日，日本原子能安全保安院根据国际核事件分级表，将福岛核事故定为最高级7级。这是迄今为止全球核能领域发生的最为严重的核事故之一，严重程度和后果仅次于1986年在苏联发生的切尔诺贝利核事故。为应对核泄漏危机，日本原子能安全保安院和东京电力公司共同组建了政府—东京电力公司联合响应办公室；日本政府成立了“福岛核电站事故调查委员会”，组织相关部门和人员对福岛核事故进行了初步调查和分析，并编写了核事故调查报告；国际原子能机构（IAEA）派遣专家团，于2011年5月24日至6月2日赴日本开展了事故调查工作，对福岛第一核电站事故进行了初步评估，同时收集了福岛第二核电站与东海第二核电站的相关信息。基于国际原子能机构相关核安全准则，专家团在分析福岛核电站与重大自然灾害关系的基础上，形成了初步事故调查报告。报告详细描述了事故调查的目标、范围、主要结果及获取的经验教训，论述了自然灾害引起的核事故的进程和事故序列、核电站的应急准备和响应、乏燃料管理、事故引发的辐射后果等，以及IAEA当前和计划开展的系列安全服务。

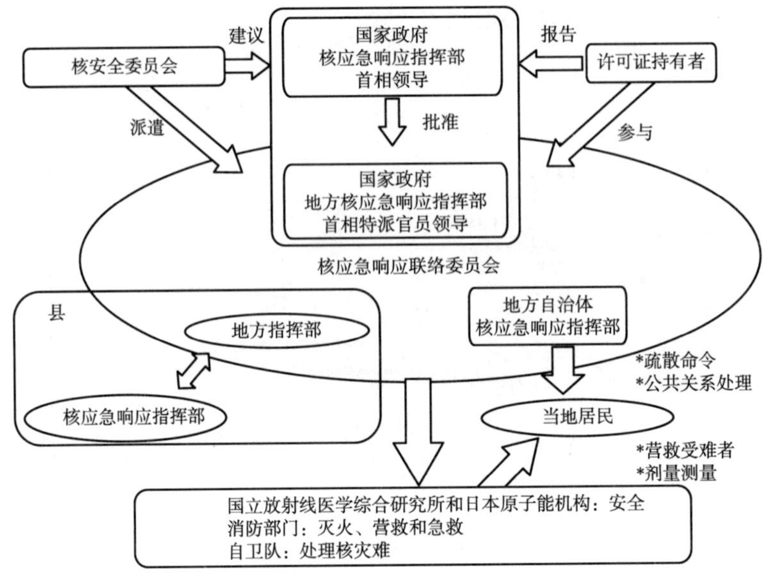

图 2　日本核应急响应组织架构

二　福岛核事故的发生和发展

2011 年 3 月 11 日，地震引发的巨大海啸，冲击了日本东海岸，在岩手县宫古市姊吉地区的海啸潮位高度甚至达到了 38.9 米。地震和海啸的叠加侵袭，严重打击了东京电力公司的福岛第一核电站和福岛第二核电站，导致了一起规模空前且影响深远的核事故发生。

日本福岛第一核电站位于福岛县双叶郡的大熊镇和双叶镇，东临太平洋，依海岸线而建，呈半椭圆形，占地面积约为 350 万平方米。该核电站是东京电力公司建造和运营的第一座核电站，共有 6 台机组，总装机容量为 469.6 万千瓦。第一台机组于 1971 年 3 月开始投入运行。2011 年 3 月 11 日地震前，福岛第一核电站的运行状态为：1 号机组在额定电功率下运行，2 号和 3 号机组在额定热功率下运行，4 号、5 号和 6 号机组处于定期检修状态。其中，4 号机组正在进行大修，反应堆压力容器的所有核燃料已被转移到乏燃料储存水池。此外，6357 个乏燃料组件已存储在核电基地公用乏燃料水池中。

表1　福岛第一核电站装机容量一览表

	1号机组	2号机组	3号机组	4号机组	5号机组	6号机组
装机容量(万千瓦)	46.0	78.4	78.4	78.4	78.4	110.0
始建日期	1967.9	1969.5	1970.10	1972.9	1971.11	1973.5
投运日期	1971.3	1974.7	1976.3	1978.10	1978.4	1979.10
反应堆类型	BWR－3	BWR－4				BWR－5
安全壳类型	Mark Ⅰ					Mark Ⅱ
燃料组件数量	400	548	548	548	548	764
控制棒数量	97	137	137	137	137	185

福岛第二核电站位于福岛县双叶郡的福冈镇和楢叶镇，距离福岛第一核电站以南约12公里，东临太平洋。该核电站布局接近正方形，占地面积约为147万平方米。该电厂共有4台机组，总装机容量为440万千瓦，首台机组于1982年4月投入运行。3月11日地震前，福岛第二核电站1号至4号机组所有核反应堆在额定热功率下运行。

表2　福岛第二核电站装机容量一览表

	1号机组	2号机组	3号机组	4号机组
装机容量(万千瓦)	110.0	110.0	110.0	110.0
始建日期	1975.11	1979.2	1980.12	1980.12
投运日期	1982.4	1984.2	1985.6	1987.8
反应堆类型	BWR－5			
安全壳类型	Mark Ⅱ	改进型 Mark Ⅱ		
燃料组件数量	764	764	764	764
控制棒数量	185	185	185	185

本次地震的发生是由于太平洋板块向北美板块区域下沉所致。地震等级为9.0级，是日本历史记载震级最大的一次。震源位于北纬38°1′，东经142°9′，深度为23.7公里。地震导致大范围的地壳运动，从东北地区一直延伸到关东地区。之后，海啸引发连续7个波浪袭击了东北地区，导致561平方公里地域遭遇了洪水。数座核电站也受到严重的地表移动及多重海啸的冲击，包括：东海第二核电站、东通核电站、女川核电站以及东京电力公司福岛第一、第二核电站。这些核电站在地震发生后，因地震仪的监测及自动停机保护，均曾成功地停止运

行，然而大规模的海啸使各核电站受到不同程度的冲击，其中最严重的就是福岛第一核电站。

根据福岛核电站对地震的监测，在核反应堆厂房底板监测到的地震加速度已超出了福岛第一核电站的地震加速度设计基准。地震破坏了站外电源供应。由于地震，所有6路站外电源全部丧失。福岛第一核电站的自动停堆系统在监测到地震后，3台运行中的机组反应堆控制棒成功插入堆芯，而且所有可用的应急柴油发电机电源均按照设计正常启动运行。然而，第一波大规模的海啸约在地震发生46分钟后抵达。海啸波不幸越过了福岛第一核电站的防波堤。因为防波堤设计抵御海啸波的最大高度是5.7米，而当天海啸的实际高度估计达到了14米。海啸波深入核电站场区，除一台应急柴油发电机可运行外，其余全部失效。同时核电站内外也已丧失其他可用的重要电源，而外来援助的希望又很渺茫。此时，福岛第一核电站进入全站断电状态。海啸的冲击导致1号机至4号机的所有电气及仪表控制系统丧失功能；海啸及其所夹带的杂物造成福岛核电站内许多建筑物、房门、道路、槽罐及其他基础设施受到毁坏。此外，由于海水泵被海啸淹没，余热导出系统丧失了通过海水来导出堆芯里的余热的功能，辅助冷却系统也丧失了通过海水来导出许多设备热量的功能。面临史无前例的灾难性紧急状况，加之没有电力、没有仪表显示，站内及站外通信设备又受到严重的损坏，运行人员不得不在漆黑一片且无任何控制系统的情况下，设法去保护6座反应堆、6个乏燃料水池、1个共用燃料池及干式储存场的安全。

堆芯冷却系统在没有交流电源供应情况下丧失了冷却功能，改为通过消防泵车利用消防管线注入淡水或海水。福岛第一核电站1号至3号机组，由于不能持续注水，堆芯的核燃料暴露在外失去冷却功能，导致了堆芯融化。燃料包壳管的锆与水蒸气之间发生化学反应产生大量的氢气。此外，燃料包壳管损坏，里面的核燃料泄漏至反应堆压力容器里。进而，在反应堆压力容器的减压过程中，这些氢气和核燃料泄漏至安全壳里。注入的冷却水吸收反应堆压力容器里核燃料的热量而汽化，反应堆压力容器内部压力上升，水蒸气通过安全阀泄漏到安全壳里。1号至3号机组的安全壳内部压力逐渐上升，为防止安全壳内部压力过高而损坏，安全壳湿井多次进行排气操作，将气体释放到大气中。在湿井排气之后，爆炸可能发生在反应堆厂房的上部区域，由泄漏的氢气引起，爆炸破坏了1号至3号机组反应堆厂房的操作层。这些事故导致大量放射性物质被排放到了大气中。

随着3号机组厂房的爆炸，4号机组反应堆厂房可能由氢气引发了爆炸并且破坏了其上层区域。在地震之前，为进行定期检查，4号机组里所有的堆芯燃料被转移到乏燃料水池。在此期间，2号机组里似乎也发生了一次氢气爆炸，破坏点可能在抑压水池附近。

事故发生后，现场最紧迫的任务就是恢复电源供应和持续向反应堆容器和乏燃料水池注水。每个机组的乏燃料水池，由于丧失站外电源而丧失乏燃料水池冷却系统，乏燃料的余热造成冷却水不断蒸发，水位持续下降。通过自卫队、火灾及灾难管理机构和警察厅使用直升机和高压消防车向乏燃料水池注水。最后采用混凝土泵车，使用附近储水池的淡水作为水源实施了可靠的注水，替代了之前的注入海水。

三　福岛核事故的经验教训

福岛核电站核事故在许多方面与以前在三哩岛核电站和切尔诺贝利核电站发生的核事故有所不同。首先，它是由自然灾害引发的；其次，核燃料、反应堆压力容器和一次安全壳损坏，多座反应堆同时发生事故；再次，核电站事故应急是在电力供应、通信、交通等基础设施全部被摧毁以及余震频繁发生的情况下进行的。本次事故发展演变成为一次严重事故，使公众对核电安全的信任度下降，警醒了核电业界那些对核安全过度自信的人和组织。事故发生后，日本政府对核事故进行了全面、深入的调查，对本国的核安全措施进行了全面的评价，根据核安全纵深防御原则，主要总结出如下经验教训。

1. 极端自然事件的预防措施

东日本大地震是由多个震源联动而导致的一次大规模的地震，地震加速度超出了设计基准。袭击福岛第一核电站的海啸潮位高达14～15米，也大大超过了设计基准。规程也未考虑海啸造成的水淹，对海啸发生频率及其高度假设都不充分。因此，预防如此大规模海啸的措施准备不足。应考虑应对多个震源联动，同时加强站外电源的抗震能力。在设计构筑物时，充分考虑海啸的重复发生周期和海啸的破坏能量，恰当确定海啸波的预想高度，防止水淹厂房。在发生水淹厂址和巨大破坏能量时，仍能够维持重要安全功能。

2. 确保电源供应

本次核泄漏事故的一个主要原因是未能确保必需的电源供电。电源没有多样化配置，且配电盘等设备不能满足承受水淹等恶劣环境的技术规范要求。电池供电时间太短，恢复站外电源需要的时间也不明确。应通过电源配备多样化措施，实现在恶劣环境下确保较长时间的站内电源供电，例如空冷柴油发电机、燃气透平发电机等多样化的应急电源和移动电源车，能抵抗恶劣环境的开关柜和为电池充电的发电机等。

3. 确保反应堆和安全壳的冷却功能

本次事故中，海水泵失去其功能，导致了最终热阱丧失。尽管维持反应堆冷却的注水功能尚在，但由于注水用水源耗尽且失去电源供电，未能防止堆芯损毁，一次安全壳冷却功能也部分丧失。由于用消防车等重型机械向反应堆注水不是事故管理的措施，反应堆和一次安全壳丧失冷却功能使事故更趋恶化。应多样化配置注水用水源并增大容量，引入备用注水功能和空气冷却功能，确保一定时间内有可用的备用最终热阱，从而确保反应堆和一次安全壳的备用冷却功能的切实发挥。

4. 确保乏燃料水池的冷却功能

本次事故中，丧失电源供电导致乏燃料水池冷却功能丧失。一直认为乏燃料水池发生大事故的风险较小，没有考虑诸如采用备用注水等向乏燃料水池注水的措施。在应对反应堆事故的同时，需采取行动防止乏燃料水池丧失冷却功能引发严重事故。应配置自然循环冷却系统或空气冷却系统等备用冷却功能，引入备用注水功能，确保在丧失电源供给时维持乏燃料水池的冷却功能。

5. 优化严重事故管理

本次事故达到了严重事故级别。福岛核电站引入了事故管理措施，尽管一部分措施是有效的，例如从消防水系统向反应堆注水，但其他的事故相应措施，例如确保电源供电和反应堆冷却功能，却是无效的。此外，事故管理措施基本上被认为是营运单位的自愿行为，而非法规上的强制性要求。因此，事故管理措施的开发欠缺严格性。事故管理规程在 1992 年起草后就没有审核过，也没有强化或改进。应把事故管理措施改为法规要求，包括设计要求评估、使用概率安全评价方法等。

6. 一址多堆核电站的事故管理与应急响应

多座反应堆同时发生事故，分散了应对事故所必需的资源。此外，因为两座反应堆共同使用一些公用设施，两座反应堆之间的实体间距很小。一座反应堆事故的发展过程，影响了邻近反应堆的应急响应。当一个厂址有多座反应堆时，应采取措施，确保在一座反应堆发生事故进行事故处理的同时，其他反应堆仍然能够独立运行。还应在设计时就考虑每座反应堆的独立性，防止一座反应堆的事故影响到相邻的反应堆。推进并完善“挑选确保每台机组核安全的责任人员，保证每台机组能独立应对事故”这种体制。

7. 改进核电站总平面布置

乏燃料水池布置在反应堆厂房较高的位置，导致应对事故很困难。另外，反应堆厂房的放射性废水进入了汽轮机厂房，未能防止厂房之间放射性废水的扩散。应在核电站总平面设计阶段，考虑发生严重事故时需要切实保证冷却功能，防止事故影响扩大，合适地布置核电站设施和厂房。对现有核电站，采取附加的应对措施保证其具有同等的功能。

8. 提升重要设备设施的水密性

本次事故的诸多原因中，有一个原因是设备冷却海水泵房、应急柴油发电机、开关柜等多个重要设备和设施被海啸淹没，致使电源供电中断，难以保证冷却系统的功能。为实现安全水平的高标准，即使发生了超设计基准的海啸或邻河核设施遭遇洪水袭击时，也应确保重要的安全功能。考虑到海啸和洪水的破坏力量，安装合适的水密门，隔离洪水的排水管道，安装排水泵，以确保重要设备设施的水密性。

9. 防止氢气爆炸的应对措施

福岛第一核电站 1 号机组、3 号机组、4 号机组反应堆厂房分别发生了可能由氢气引发的爆炸。1 号机最早发生爆炸后，核电站未能采取有效的措施，爆炸接连发生。氢气爆炸使事故进一步恶化。在沸水堆的设计基准事故应对措施中，为保证一次安全壳的完整性，设计了一次安全壳的去活性化及可燃气体浓度控制系统。然而，未考虑氢气可能泄漏到反应堆厂房而引发爆炸，未考虑反应堆厂房防止氢气爆炸的应对措施。除了在一次安全壳设置应对氢气措施外，应在反应堆厂房安装可燃气体浓度控制系统等，在发生严重事故时，排放或减少反应堆厂房的氢气，预防氢气爆炸。

10. 改进安全壳通风系统

本次事故暴露了严重事故发生时安全壳通风系统的可运行性问题。消除安全壳通风系统中放射性物质的功能也不够强，作为事故管理措施，该系统没起到作用。此外，通风管线独立性不强，连通的管道可能对其他部分造成了负面影响。应通过提高安全壳通风系统的可运行性、确保其独立性、增强其去除放射性物质的能力，来改善安全壳通风系统。

11. 改善核事故响应环境

事故中，主控室内的放射性剂量上升，操纵员暂时不能进入控制室，主控室的可居留性下降。在其后的一段时间里，主控室内工作开展仍然很困难。更糟糕的是，由于辐照剂量上升，通信环境和照明条件的恶化，厂内的应急指挥中心针对事故响应的活动受到了极大影响。应通过加强控制室和应急中心的放射线屏蔽层，改善现场专用的通风和空调系统，使用更好的非交流电源的通信和照明设备等措施，在严重事故发生时，通过改善事故响应环境以保证事故响应工作能够连续实施。

12. 改善事故期间辐射管理系统

本次事故中，许多个人剂量计和剂量测量装置受到海水浸泡而无法使用，使得辐射管理工作十分困难；空气中放射性物质浓度的测定工作未能尽快开展，增大了内照射的风险。应储备足够数量的、发生事故时使用的个人剂量计和辐射防护用具，建立事故期间及时增加放射性管理人员数量的机制，完善迅速测定从事放射性作业人员的吸收剂量的机制和设备，以此改善事故期间放射线照射管理系统。

13. 改进应对严重事故的训练

事故发生后，花费大量时间在场内应急组织、应急响应总部、地方应急响应分部之间，以及在事故应急中担负重要职责的自卫队、警察、消防和其他组织之间建立沟通合作机制。如果提前进行了训练，则能避免此类问题发生。应强化应对严重事故的训练，包括快速建立应急体制、处理事故、确认站内和站外的现状、紧急集合为确保当地居民安全的人力资源、有效地与相关组织合作。

14. 改善反应堆和一次安全壳测量仪表设备的工作状况

事故期间，反应堆和一次安全壳的测量仪表部分丧失其功能，难以迅速和充

分地获得诸如反应堆水位和压力、放射性物质释放的源头和总量等重要信息。应持续改善反应堆和一次安全壳的测量仪表设备工作性能，保证其在严重事故时仍能可靠工作。

15. 应急物质和设备的集中管理和建立救援组织

事故发生后，事故所需的应急物质源源不断地送到，这些物质、设备和受灾人员主要集中在J村。但是，由于地震和海啸对周边地区的破坏，难以迅速和充分地建立救援组织来帮助应急物质和设备的分配发放以及支援事故应急管理工作。这是站内事故应急几乎起不到作用的原因。应建立应急物质和设备集中管理的机制，组建救援组织有效运行该机制，以实现即使在严酷环境下也能平稳地提供应急支持。

16. 改进大规模自然灾害和持续的核事故叠加的应急响应

在本次事故中，大规模自然灾害和核事故的叠加，使得联络、通信、人力资源调配、物资采购等方面遭遇了极大的困难。由于核事故趋于长期化，某些原来认为只是短期的措施，例如撤离当地居民，后来被迫延长了。应建立一种体制和环境，可以确保具有适当的通信手段和获得物质的渠道，以应对大规模自然灾害和核事故长期化的叠加事故。同时，假定核事故长期化，应强化应急响应能力，包括制订在各个区域组织事故响应和救灾相关人员的有效动员计划。

17. 强化环境监测

法规规定，事故情况下的环境监测由当地政府负责。然而，事故发生后，未能马上进行环境监测。因为地震和海啸损坏了当地政府的环境监测设备和设施，相关人员也从场外应急响应中心疏散、撤离。作为补救措施，文部科学省和相关机构合作实施环境监测工作。应建立一种机制，在发生紧急情况时，由政府负责实施可靠的、计划周密的环境监测活动。

18. 划清中央和地方相关机构的职责

事故刚刚发生后的一段时间，由于缺少通信手段，当地和中央相应机构之间的通信以及政府与其他组织的通信非常困难。地方和中央相应机构的角色和职责，界定得相当不清楚。总部核应急响应中心和当地核应急响应中心之间，政府和东京电力公司之间，东京电力公司总部和核电站之间，政府内部各部委之间，责任和权力没有清晰界定。在事故发生初期，政府和东京电力公司总部之间缺乏沟通。应评价和界定相关组织包括核应急响应中心总部和当地核应急响应中心等的角色和职责。明确各组织信息沟通的角色、职责和通信工具，改善组织运作机制。

19. 强化事故相关信息通报

因为大地震破坏了通信设施，向周边居民通报情况变得非常困难。无论向周边居民还是向当地政府，随后的情况通报都不能及时提供。放射性物质对健康的影响以及国际辐射防护委员会（ICRP）的辐射防护规程，这些对周边居民和其他有关人员极为重要的信息，也未能给予充分解释。虽然努力向公众公开准确的情报，但没有做好充分解释风险因素未来前景的工作，这在某些时候引发了人们对未来的担忧。应强化向周边居民提供足够的事故状况信息、事故应对信息和放射性对周边居民影响的合理解释这些方面的相关规定。在事故进展过程中发布信息时，应包括充分说明风险因素未来前景的部分。

20. 改善国际交流与合作

事故发生后，世界各国向日本伸出援助之手，但日本政府未能给予适当回应，因为没有考虑过突发事故后接受外国的援助以满足国内需要的问题，也没有充分向国际社会提供信息，包括向海洋中排放低放废水之前，没有向邻国或地区预先通报。应加强国际合作，建立有效的全球响应机制。例如，编制事故有效响应所需物资和设备清单，提前明确发生事故时与每个国家联系的具体联络人，改善国际通报制度以强化信息共享，更快、更准确地提供信息以尽可能科学地采取应对措施。

21. 准确把握和预测放射性物质释放的影响

由于缺少释放源项的数据，环境应急剂量信息预测系统（SPEEDI）未能实现原设计的功能，无法对放射性物质释放的影响作出正确的预测。即使在这种受限的条件下，SPEEDI 也应该能发挥作用，即通过设定某些假定，SPEEDI 推测放射性物质的扩散趋势，为疏散行动决策提供参考。尽管 SPEEDI 的计算结果现在已经公开，但是更应该在事故初期这样做。应改进仪器和设施，确保事故时获得释放源项可靠的数据。制订计划，有效地利用 SPEEDI 和其他系统应对各种紧急事态，并在紧急事态的初期就公布 SPEEDI 的数据和计算结果。

22. 明确定义核事故应急时的疏散区域和辐射防护规程

事故发生后，立即设定了疏散区域和室内疏散区域。周边居民、当地政府、

警察和相关组织多方合作，快速实施疏散并下达了“待在室内”的指令。但当事故趋于长期化后，当地居民不得不被动长期疏散或在屋内躲避。之后，事故前从未使用过的 ICRP 和 IAEA 规程被用来设定计划疏散区域和紧急情况下疏散准备区域。事故后，设定防护区域的范围远大于核电站半径 8～10 公里的范围。该防护区域是实施重点防护措施的区域。基于本次事故获得的经验教训，应清楚定义核事故应急时的疏散区域和辐射防护规程。

23. 强化核安全监管机构

不同的政府部门在确保核安全方面有不同的职责。但在事故发生时，不能明确哪个机构负责公众的安全。同时，现行组织体制的动员能力难以快速应对如此大规模的核事故。应把原子能安全保安院从经济产业省中独立出来。同时着手评价包括原子能安全委员会和相关部门在内的，实施核安全监管和环境监测的管理架构。

24. 建立和强化法规体系、准则和指南

本次核事故经历的许多问题，已经在 IAEA 的标准和指南中考虑过。因此，日本政府将建立和完善核安全和核应急准备及响应的法规体系，以及相关的准则和指南。吸收相关的先进知识和新技术，重新评价对现有设施老化降质采取的应对措施。对已批准和已获得运营许可的核设施，应根据新的法律法规、新发现和新知识，提出明确的技术要求，在法律法规基础上进行追溯更新。

25. 确保核安全和核应急准备及响应所需的人才

应对本次核事故，需要集中包括核安全、核应急准备及响应、风险管理、放射性医疗领域的专家，使他们发挥出最佳知识和智力。确保中长期的核安全以及处理当前的事故，在核安全和核应急准备及响应领域培养人才也极其重要。应加强核营运单位和监管机构的人才培养工作，同时强化教育机构中核安全、核应急准备及响应、危机管理和放射性医疗方面的教育活动。

26. 确保安全系统的独立性和多样性

尽管为了确保安全系统的可靠性，认识到安全系统多样化配置的价值，但是，没有仔细考虑避免安全系统的共因失效问题，也没有充分保证安全系统的独立性和多样性。应确保安全系统的独立性和多样性，以充分应对共因失效，提高安全系统的可靠性。

27. 有效应用概率论安全评价（PSA）方法

在核电站总体评价和降低核电站风险的过程中，没有有效应用 PSA 方法。对大规模海啸这等极其罕见事件进行风险定量评价相当困难，即使使用 PSA 方法也带有不确定性。人们还没有作出足够的努力通过清楚认识这些风险的不确定性来提高评价的可靠性。应考虑不确定性的知识和经验，更积极和迅速地使用 PSA 方法，开发包括基于 PSA 的有效的事故管理措施，以改进核安全措施。

28. 提升安全文化的意识

核电运营单位组织和个人在确保安全方面皆负有首要责任，需要勇于发现、确认核电站是否存在薄弱环节。当他们对核电站的公众安全风险维持低水平这一信念失去信心时，应反省是不是认真地采取了适当的措施以提高安全性。同样，国家核监管机构的组织和个人担负确保公众核安全的责任。他们应该反省是不是认真地以响应和及时的方式对待了新知识，在安全方面有没有留下任何疏漏。据此，应回归本质，重建安全文化。通过构筑和坚持纵深防御确保核安全，不断学习与安全相关的专业知识，保持一种努力认识弱点和提升安全永远有空间的态度。

四　福岛核事故挑战日本核能政策

（一）福岛核事故前的核能政策

日本的能源政策的目标，是确保能源安全以及尽快实现对能源进口依赖的最小化。关于核能的主要内容是：（1）将核电作为一种主要的电力来源；（2）循环利用轻水堆中产生的乏燃料，在国内进行后处理；（3）稳步研发快中子增殖堆以大幅提高铀利用率；（4）促进核能的公众宣传，强调安全与不扩散。

日本于 1954 年开始进行核能研发，当时的核能预算为 2.3 亿日元。1955 年，日本制定《原子能基本法》，该法将日本发展核技术严格限制于和平目的。制定基本法的目的是确保一切核研发工作均遵循民主、独立和透明这三项原则。日本原子能委员会成立于 1956 年，旨在促进核电发展与利用。同年，日本依据基本法还成立了三家核能相关机构，即科技机构、原子能研究所（JAERI）、原子燃料公司（1967 年更名为 PNC）。

日本第一台发电用反应堆是原型沸水堆，即日本示范动力堆，运行时间为1963～1976年。该示范堆为后续的商用反应堆提供了大量的参考。它后来被用于进行反应堆退役试验。东海－1核电站是日本第一座商用核动力堆，它是一座气冷堆（美诺克斯），由美国通用电气公司（GEC）建造，装机容量160MW，运行时间为1966年7月到1998年3月。在第一座反应堆建成之后，日本后续建造的反应堆都是以浓缩铀为燃料的轻水堆（LWR），即沸水堆（BWR）或压水堆（PWR）。1970年，日本建成了三座轻水堆并开始商业运行。在这段时间内，日本电力公司从美国购买设计并与美国联合建造反应堆，美国公司给合作的日本公司颁发许可证，允许日本公司在国内建造类似的核电站。日立、东芝和三菱重工就是在这个时期内形成了自己的设计和建造轻水堆的能力。到20世纪70年代末，日本国内已经形成了雄厚的核电生产能力，目前它还在向其他东亚国家出口核电技术及设备。此外，日本还在积极参与新反应堆的设计研发工作，这些新反应堆有可能出口到欧洲。

从1975年到1977年间，由于早期反应堆存在的可靠性问题，它们需要长时间维护停堆，导致日本核电站的平均容量因子仅仅为46%（到2001年，平均容量因子已经达到79%）。1975年，日本经济产业省与核电行业联合启动轻水堆改进与标准化计划，目标是分三个阶段到1985年实现轻水堆设计标准化：第一和第二阶段，主要工作是改进和加强反应堆的运行与维护；在第三阶段，将反应堆容量增加到1300～1400MW，并对设计进行基础性改变，因此诞生了先进沸水堆（ABWR）和先进压水堆（APWR）。

日本核电的重大研发和燃料循环工作都是由日本动力堆及核燃料开发公司（PNC）负责，它的业务范围广泛，从铀资源开发到高放废物的处置。但在1998年，由于PNC对日本发生的两起事故响应不力，导致政府将它改组为日本核燃料循环开发机构（JNC），主要负责快中子增殖堆的研发、高燃耗燃料的后处理、混合氧化物燃料的制造以及高放废物的处置。

2001年7月，日本内阁通过了一项为期十年的能源计划，提出在10年内将核电份额增加30%。2002年3月，日本政府宣布，日本将加大发展核能来实现《京都议定书》中规定的温室气体减排目标。2002年6月，《日本新能源政策法》规定了能源安全与稳定供应的基本原则，使政府有更大的权力来调整能源基础结构以促进经济增长。新法还要求加大节能力度，减少对化石燃料的依赖，以及市场自由化。2004年，日本原子能产业论坛（JAIF）发表日本核电未来展望报告，报告预计，到2050年，日本二氧化碳排放将会削减60%，人口减少20%，但是GDP持续增长，同时核发电能力将达到9000万千瓦。这意味着核发电能力和份额都翻一番，达到总发电量的60%。另外，将有2000万千瓦核能发热用于制氢。氢可提供10%的消耗能源，而70%的氢将来自核电站。2005年7月，日本原子能委员会再次重申了核电的政策指令，并明确当前重点是轻水堆。其目标是到2030年核能发电量占总发电量的份额达到30%~40%，甚至更高，包括用先进轻水堆替代现有核电站，2050年将快中子增殖堆用于商业目的，乏燃料将在国内进行后处理以回收可用于混合氧化物燃料的裂变材料，2010年以后解决高放废物的处置问题。2005年10月日本核研究机构重组，日本原子能研究所（JAERI）与核燃料循环开发机构（JNC）合并成立日本原子能机构（JAEA）。2006年4月，日本能源经济研究所预计，到2030年尽管一次能源需求将减少10%，但用电量将增加，核电份额将达到41%，将会有10台新机组并网发电。

2006年8月，日本经济产业省出台《原子能立国计划》，为日本的原子能事业发展制定了具体行动方案。该计划的内容包括日本原子能事业发展的基本战略思想、发展目标及具体实施策略。该计划在每年3月均接受审查和修订，日本国会每年在编制核预算时均会参考该计划的最新内容。该计划的基本战略思想是：核能是最能保证稳定供应的替代能源，而且是一种低碳排放的清洁能源；在确保安全的前提下，切实推进包括核燃料循环在内的核电技术发展是同时解决能源安全问题与地球环境问题的关键，这也是日本能源政策的基调。根据构建世界最先进的能源供需结构的理念，日本将核电作为未来的骨干能源来发展。2006年，当时执政的自民党敦促政府加快发展快中子增殖堆，宣称这是一项基本的国家技术。日本目前在未来第四代核能系统中发挥主导作用。2007年4月，日本政府挑选三菱重工主要研发新一代快中子增殖堆，希望能加快发展成世界的领导者。2010年6月，日本经济产业省出于能源安全和减排的考虑，决定到2030年将能源的自给率提高到70%。核电在实施该项计划中将发挥更大的作用，日本将需要建设新的反应堆并使所有核电站的容量因子达到90%。

（二）福岛核事故后日本核能发展将何去何从

福岛核事故发生4个月后，即2011年7月13日，菅直人在记者会上称：持

续了4个月的福岛核电事故的危险表明，日本需要成为一个不依靠核能的社会。这是菅直人首次正式提出“建立无核电社会”的目标，并称日本需要对能源政策进行一次广泛的检讨。日本政府于2011年10月发表白皮书，宣称“日本在中长期内尽可能降低对核能的依赖”。白皮书还突出强调了日本能源系统的脆弱性并宣称新的能源政策将在2012年中期出台。

作为菅直人的继任者，新任日本首相野田佳彦在核电方面的对策以及日本整体的能源利用对策与菅直人有所不同，其主张集中在以下三个方面：（1）主张在确保安全的前提下重启核电。相对于菅直人提出的“去核论”，野田从日本经济整体稳定发展的角度，对发展核电持相对积极的态度。针对菅直人的“去核”路线，野田佳彦表示，“‘无核生存’可以作为某个人的梦想，但政府要做到这一点没那么容易……”野田佳彦主张在确保核电安全的前提下重新开启关闭的核电站，并认为日本“至少在未来30年还是应该合理利用既有的核电站”。（2）主张核电站逐步“归零”模式。野田佳彦在肯定核电所发挥的作用的同时，认为应该逐渐摆脱对核电的依赖，重点增加其他新能源的研发和利用比例。（3）积极鼓励日本核电技术出口。日本不仅是核电大国，还是核电技术输出大国，日本拥有很强的核工业产业以及装备制造、设计研发能力，该产业对日本经济有着很强的支撑力。日本政府在2010年4月的“能源基本计划”（修正案草案）中，首次提出以资金支持的方式鼓励相关企业出口核电项目。10月，日本国际核能源开发有限公司（JINED）正式成立，标志着日本核能产业“官民一体”重要载体的诞生。目前，日立、东芝、三菱重工等企业都有着强大的核设备供应能力，但民众强烈的反核活动，使得日本想要在国内再上核电项目已非常困难。日本一旦放弃核电，原来的核电工业将只能通过出口另谋出路。

在日本核电出口方面，目前也已有了一些实质性的动向。继2010年蒙古国与日本签署《核能合作备忘录》后，日蒙两国有关方面于2011年8月共同举办了主题为“核能与核不扩散”的研讨会，旨在探讨日本参与蒙古国的核电站建设项目。日本的意图除了出口核电技术及相关设备外，还希望通过合作获得蒙古国包括铀矿等在内的丰富矿产资源。

据估算，如果放弃“核电立国”的政策，日本每年需增加相当于4.7亿桶石油的能源需求量，需再投入370亿美元，用来购买额外的煤、石油和液化天然气，使每年2220亿美元的能源进口成本进一步膨胀，为低迷的日本经济平添沉重的负担。同时，日本的二氧化碳排放量也将上升，企业将不得不购买更多的碳信用。国际环境经济研究所所长泽昭裕及日本能源经济研究所常务理事黑木昭弘都不赞成废弃核电。泽昭裕认为，“不新建核电站，而只是畏首畏尾地继续使用现有的核电站，在安全与效率方面都是最差的”。内阁官房参赞、国际协力银行国际经营规划部部长前田匡史也担心道：“将核能变成一个衰退产业，就有可能导致技术人员流向国外，从而影响到日本核电站的安全。”能源经济学家秋藤泽也严厉地批评道：“长期通缩、人口老龄化和减少、财政赤字，已导致经济增长困难重重，在这种环境下推动去核电的政策，将有可能导致经济陷于混乱。”与此同时，日本工业也在抱怨其支付的电价是中国和韩国竞争对手的两倍，更高的电价会导致更多的日本企业转移至海外，导致日本国内产业的“空洞化”。甚至有人担心，没有核工业，日本将失去一项核心技术，同时将丧失紧急事态下建立核威慑的能力。

在 2012 年 1 月 31 日，日本政府在内阁会议上正式通过《核物质和反应堆管制法》的新修正案，明确核电站运转上限原则上为 40 年；决定将原子能安全保安院从经济产业省剥离出来，并与原子能安全委员会等机构合并重组，建立新的核能监管机构——“原子能规制厅”，这一新机构将隶属于环境省。若日本国会能够尽快通过这一修正案，原子能规制厅将在 2012 年 4 月正式运转。修正案明确限制核反应堆的运转期限为 40 年，不过也规定，在认定反应堆符合安全标准的情况下，可以批准一次不超过 20 年的延期运转。修正案还规定了发生福岛第一核电站事故那样的严重事故时企业的责任，而且规定企业要对正在运转的核电站进行符合最新标准的更新改造。根据修正案，为了核查原子能规制厅的工作成效，将新设负责调查核电站事故的原子能安全调查委员会。该委员会由 5 人组成，必要时可以对环境大臣和“原子能规制厅”长官提出建议。

参考文献

中国核能行业协会编《亚洲核安全网络简讯》、《世界核电发展概况》，2010、2011。

〔日〕日本原子能安全保安院编《日本原子能安全保安院核泄漏事故报告》，2011。

国际原子能机构：《日本福岛核事故调查报告》，2011 年 6 月。

〔日〕环境省:《福岛第一核电站周边区域辐射量监测的中期报告》, 2012 年 2 月。

〔日〕文部科学省:《福岛第一核电站周边采样测定放射性铯强度分布图》, 2012 年 2 月。

〔美〕卡内基国际和平基金会编《东日本大地震中核泄漏事故研究报告》, 2012 年 3 月 6 日。

日本福島原発の事故はそのエネルギー安全を脅かす

馮　毅　程建秀　常　氷

要　旨: 日本では、20 世紀 70 年代から原発優先の国家戦略が確立されていた。2011 年 3 月の福島第一原子力発電所の放射能漏事故までは、日本の総発電電力量に占める原子力発電の割合は、約 30% であった。福島原発の事故を受け、日本の原子力発電政策は見直しを迫られている。福島原発の事故の発生と進展は、今後全世界の原子力の安全利用のために重要な経験と教訓を提供した。日本国内における原子力発電の割合が次第に縮小されていくなか、原子力発電設備と技術輸出は、日本が原子力技術の開発を継続し、原子力産業を発展させていく重要な手段となる。日本国内における原子力発電の割合の減少は、日本の省エネ・排出削減目標の変化にもつながるであろう。

キーワード: 福島原発の事故　日本原子力政策　日本原子力発電能力

政治外交篇

Politics and Foreign Policy

B.3

东日本大地震与民主党政治的蜕变

张伯玉*

摘　要：民主党政府追求的政治模式是“脱官僚”、“政治主导”政治，其实质是内阁“一手”负责政府决策，充分发挥领导作用。鸠山政府为此在制度层面上推行了一系列政治改革措施。民主党政治在2011年3月的东日本大地震考验中暴露了本质缺陷。以东日本大地震为契机，民主党政治进入调整阶段。尤其是野田佳彦就任首相后，进一步调整“政治改革”方向和重新评估政府决策机制，事实上导入了以“政调会长事前承认原则”为支柱的执政党事前审查制，“内阁决策一元化”被“政府执政党一体负责决策”取代。民主党政治向自民党政治回归，政府行为体现出进一步自民党化倾向。

关键词：民主党政治　脱官僚　政治主导

* 张伯玉，法学博士，中国社会科学院日本研究所副研究员，研究专业为日本政治，研究方向为日本政党制度与选举制度。

自2009年8月民主党在大选中赢得众议院过半数议席成为执政党以来，内阁更迭频繁，三度换相，不仅对外政策逐步向自民党执政时期回归，而且对内政策亦未能体现出民主党的特色。2011年3月东日本大地震后，民主党政府加快调整其政治运营模式以及对内政策，“政治主导”政治模式难以为继。民主党政治逐渐自民党化。

一 民主党政权追求的政治模式：“脱官僚”、“政治主导”政治

民主党2009年7月23日公布的竞选公约提出了政权构想五项原则。其中最重要的一项原则，就是在民主党治下，实现由“官僚主导的政治”向“政治家主导的政治”转换。

（一）鸠山政权政治改革的主要措施

民主党夺取政权后，时任民主党代表的鸠山由纪夫领衔组成了以民主党为主的首届联合内阁。2009年9月16日，鸠山首相在组阁后的记者会上宣布要“打造脱官僚政治”。民主党政府成立伊始，便在制度层面迅速推行一系列削弱官僚权力，确立首相官邸主导、内阁决策机制一元化的改革措施。

首先，根据内阁决议，在内阁府增设新的机构，如“国家战略室”、“行政革新会议”、“阁僚委员会”等，废除事务次官会议，政府决策过程中的事前协调不再委任给事务次官等官僚。重要政策的调整，由“阁僚委员会”展开实质的讨论和协调。“国家战略室”和“阁僚委员会”是鸠山内阁确立“官邸主导”、“决策机制一元化”的关键组织机构，是内阁政权运营的中枢。这两个机构被称为鸠山内阁推行并确立政治主导的两个轮子。同时，“国家战略室”和“行政革新会议”的设置，对长期垄断政府财政预算编制和宏观经济管理的财务省和经济产业省来说，是一个强烈的冲击。但是，“国家战略室”是根据内阁决议设置的，还需要完善相关法律依据。

其次，在各府省设置“政务三役会议”，改革各省的决策机制，削弱事务次官等高级官僚在省厅内的权力和影响力，以期在各府省彻底贯彻政治主导机制。各府省以大臣、副大臣、大臣政务官为中心设置“政务三役会议”，作为讨论、

决定各府省方针的最高决策机构，同时负责府省之间协调。此举旨在各省彻底贯彻“政治主导”决策机制，即由以“政务三役”为中心的政治家执掌政府行政机构的政策立案、调整和决策过程，从而排除高级官僚对各府省决策的影响。在此基础上，规定“行政干部的行动规范”，禁止行政干部与政党接触。

再次，废除执政党的事前审查制度。2009 年 9 月 16 日，鸠山首相宣布“废除执政党的事前审查制度”，旨在使传统的政府、执政党二元决策体制向内阁决策一元化转变。

从上述民主党夺取政权后采取的制度层面的改革措施，以及 2009 年 7 月公布的民主党竞选公约中的政权构想来看，民主党政权追求的政治模式是摆脱过度依赖行政官僚、充分发挥内阁领导作用的政治。

（二）民主党政权“脱官僚”、“政治主导”政治的实质

民主党治下的“政治主导”政治的实质到底是什么？简言之，就是内阁“一手”负责政府决策。具体来说，就是作为行政权的主体——内阁执掌政府运营、政府决策权，应该由政府执掌的行政决策权回到内阁手中，不再与执政党分享，内阁成为一元权力核心。

在自民党长期政权治下，政府决策权在执政党的“法案事前审查”制度下被执政党分享，甚至可以说被执政党族议员剥夺。负责政策原案起草的官僚与执政党族议员联合，官僚自政策立案时起，就同执政党政治家展开密切的事先沟通。随着精通各领域政策的执政党族议员实力的增强，在政府决策过程中“族议员主导”进而取代了“官僚主导”。在自民党政权下，除少数强势内阁外，政府决策很难做到内阁主导。自民党政权下的政府决策体制形成执政党与政府二元体制，内阁不掌握实质的政府决策权。

二　东日本大地震与民主党政治的蜕变

2011 年 3 月 11 日，日本东北地区发生了里氏 9.0 级大地震和特大海啸。民主党执政后致力追求的“政治主导”政治，在这场史无前例的考验中暴露了本质缺陷——首相缺乏危机管理能力和领导能力，内阁难以主导政府决策。以东日本大地震为契机，民主党“脱官僚”政治进入调整阶段。

(一)“脱官僚”政治向“与官僚合作共生”回归

2010 年 6 月 8 日菅直人就任内阁总理大臣。菅直人在就任后的记者会上回答记者提问时明确表示:“绝不是排除官僚让政治家做决定就可以了。官僚在长期专心研究各种政策以及课题的过程中积累了丰富的专业知识和经验。(内阁)要充分发挥他们作为专家的经验和知识以及力量。还要借助官僚的力量推进各项政策。”① 这意味着菅直人内阁可能会调整官僚在政府决策过程中的地位。以后的施政措施也表明,菅内阁调整了政治改革的方向,使政府决策方式逐渐向自民党时期——“倚重官僚”回归。

这一方面固然是鉴于鸠山内阁“脱官僚”改革遭到官僚的顽强抵制,导致民主党政治家和官僚之间的关系比较紧张,需要适当调整过激的改革措施和过快的改革速度,另一方面也是因为民主党资深政治家认识到确立“政治主导”政治难以“脱离官僚”,甚至需要在官僚的大力支持和良好配合下才能实现和推行各项改革政策。尤其对于执政经验不足、旗下政治家缺乏驾驭官僚能力的民主党政府来说,与确立“政治主导”政治相比,实现稳定的政府运营、顺利地推进各项“新政”更重要,而后者更需要官僚的支持和配合。还有一个更重要的因素,即 2010 年 7 月民主党参议院定期选举失败,以自民党、公明党为首的在野党控制了参议院多数议席。与政权交替之前的自民、公明联合政权一样,民主党政权同样面临国会众参两院分别被执政党和在野党控制的割据结构。在割据结构的国会下,通过民主党政府推进的各项法案绝非易事。菅直人内阁在放缓制度层面的改革措施,主要体现在以下两方面。

首先,放弃“国家战略局”构想。由于鸠山内阁提出的“为在政府政策决定过程中确立政治主导模式修改部分内阁法等法案”难以在国会审议通过(该法案在 2011 年第 177 届国会被撤回),在内阁运营中占有重要地位的“国家战略局”设置日期遥遥无期,菅直人首相实质放弃了“国家战略局”构想。国家战略担当大臣也由菅直人、仙谷由人等民主党内重量级政治家降格为荒井聪和玄叶光一郎等年轻的政治家。国家战略室长一职,菅内阁改组后由担当大臣玄叶光一郎代理。同时,菅内阁还调整了国家战略局职责,明确其职责只是为首相提供咨

① http://www.kantei.go.jp/jp/kan/statement/201006/08kaiken.html.

询，不再负责各省厅间的政策协调。国家战略室的职责和重要性在菅内阁已经“变质”，菅直人首相实质放弃了国家战略局构想。

其次，重视事务次官等官僚的作用，缓和政治家与官僚之间的紧张关系。继在就任首相后的首次记者会上表示还要“借助官僚的力量推进各项政策”后不久，即2010年6月10日，菅直人在首相官邸召集各府省事务次官开会，请他们进一步合作时表示：“官僚站在官僚的立场，政治家站在政治家的立场，互相配合支持国家的发展。在某种意义上，双方能够充分发挥各自的作用时，才能使日本的政治和行政向着更好的方向发展。”① 2010年12月28日，菅直人内阁决定让各省事务次官和官房长出席“政务三役会议”。内阁官房长官仙谷表示：“一些事务次官和官房长也可出席的议案，要确保政、官之间密切、及时的相互沟通和构筑政、官一体体制。”②

2011年1月21日，菅直人在首相官邸召集各府省事务次官等，就省厅间的政策调整、事务次官与政务三役等政治家之间的关系作出指示。菅直人指出：“关于省厅间的调整。一般认为以前是由事务次官等会议来进行省厅间的调整。实际上，省厅间的调整，既需要各大臣或副大臣等政治家之间的调整，也需要各省厅事务次官、局长等各级别之间的调整。请充分发挥各自作用。”关于事务次官与政务三役等政治家的关系，菅直人承认“有各种错误尝试”，并希望“各事务次官在各自的政府机关，坦率地与大臣、副大臣沟通。什么情况只有政治家出席会议就可以，什么情况还是需要以事务次官为首的干部诸位参加会议，请分别在各自的省厅展开讨论，达成共识”。③ 菅直人期望找到政官之间最佳的合作方式并形成良好的合作关系。菅直人就任首相后，一直在寻求以政务次官为首的行政官僚的支持与合作，不断修正“脱官僚”政治的轨道。该谈话标志着菅首相将政治主导改革的方向从“摆脱官僚依赖”转向“与官僚合作共生”，向自民党执政时期的“政官一体”体制回归。

民主党政权虽有打破自民党长期执政下形成的“政官一体”结构的决心和勇气，却没有构筑新的政官关系、顺利运营政治的统合能力和政治手法。当民主

---

① http：//www. kantei. go. jp/jp/kan/actions/201006/10shiji_ jikan. html.

② 2010年12月28日〔日〕《产经新闻》。

③ http：//www. kantei. go. jp/jp/kan/actions/201101/21kunji. html.

党政权政治运营出现问题后，不得不以“反省”政官关系，政治主导也需要“政官协调”的口实再次回归“与官僚合作共生”的旧轨道。

（二）东日本大地震凸显民主党政治的本质缺陷

客观而言，东日本大地震这场前所未闻的特大灾害，对任何一个政党、任何一个内阁来说，都是一场重大的考验，救灾、震后处理以及灾后重建等不可能做到尽善尽美。尤其对执政不满两年的民主党政权来说，更是对其领导能力和危机管理能力的重大考验。但是，民主党执政后致力追求的“脱官僚”、“政治主导”政治，在这场史无前例的震后救灾和核电站事故处理的考验中暴露了本质缺陷——首相缺乏危机管理能力和领导能力，阁僚缺乏组织管理能力，内阁不能有效调动官僚组织的积极性和主动性，难以主导政府决策。

首先，在这场复合型特大灾害发生后，菅内阁未立即启动相应的危机管理机制。就是说，菅直人就任首相后，并未根据地震、台风等自然灾害频发的国情，指示官邸和主管大臣与有关省府部门认真研讨，预先建立相应的危机管理机制。这与自民党福田康夫内阁形成鲜明对照。2008 年 6 月 14 日，在岩手、宫城内陆发生 7.2 级地震。其规模虽不能与此次大地震相比，但也属于强震。时任首相的福田康夫在接受采访时指出：“很早之前我就担心：日本与其他诸国相比，地震、台风等自然灾害频发，遇难者也会相对较多。于是，在就任首相一职之后，我便下指示要求主管大臣负责制定‘自然灾害零遇难者作战’计划，经过协商讨论，最后成立了‘紧急灾害应急派遣队’。在不久之后发生的岩手、宫城内陆的地震中正好派上了用场，发挥了很大作用。”① 如果菅首相有一定的危机管理意识，像福田前首相那样，指示主管大臣和有关部门做好应对危机的计划和系列措施，有完善的危机管理机制，那么应对此次特大灾害，应该不会被动到被批评为“人灾”的程度。可是，缺乏危机管理意识的菅首相，既没有建立相应的危机管理机制，也未设置专门负责预防灾害的大臣职位，而是由国家公安委员会委员长或环境大臣兼任。与防灾演练等业务相比，环境大臣更重视环境省的相关业务。直至 2011 年 6 月 27 日，环境大臣由法务大臣江田五月兼任，松本龙才得以专任防灾担当大臣。如果菅内阁成立之初即设立专职防灾担当大臣，由其专门负

① 〔日〕《文艺春秋》2011 年 6 月号。

责预防灾害的工作，也许震后救灾状况会有一定程度的不同。

其次，“政治主导”不力、缺乏组织管理能力，以菅首相为首的民主党政治家难以驾驭官僚。特大地震发生后，即使菅内阁没有预先储备完善的危机管理机制，不能立即启动相应的危机管理程序，如果菅首相能够发挥强有力的领导能力、充分调动有危机管理经验的官僚的积极性和主动性，也不会造成政府指挥系统复杂、救灾现场混乱的局面。民主党对行政机构官僚有根深蒂固的不信任感，认为“官僚与其说是为国民利益，不如说是为‘本省利益’而工作”。可是，面对特大灾害，官僚组织的危机意识不亚于政治家，只要政府下达确切的指示或指令，官僚组织必然会竭尽全力执行并配合。更何况，官邸和官僚组织从阪神淡路大地震、新潟县中越海沟地震等教训中积累了相当的经验，有一套应对大地震的基本体制和规则。菅首相如果有“自己承担全部责任”的决心和勇气，赋予官僚组织在现场随机应变的权限，从而调动官僚组织的积极性和主动性，政府的救灾指挥系统会高效、有效地运转起来。

但是，菅首相在特大灾害面前忽视或无视既有的经验，一切从零开始，随意设立十余个赈灾对策本部或会议等机构，没有充分利用政府既有的专门负责防灾和核电安全的组织机构，导致新设机构与既有机构重叠。如政府本来有专门负责核电站安全运行的经济产业省下辖的原子能安全保安院，菅首相却于 2011 年 3 月 15 日设置由政府和东京电力公司组成的“对策统合本部”，并让经济产业大臣海江田万里和首相助理细野豪志常驻东电公司。众多组织机构从零开始，不仅组织机构内部需要熟悉适应，而且组织机构之间也需要相互配合、协调，短时间内很难按照预想的那样开展工作。政府指挥系统复杂，导致救灾现场混乱，救灾物资迟迟不能到位。

时任菅内阁总务大臣的片山善博在接受《世界》杂志采访时，以石油调配为例，详细讲述了菅内阁在地震发生后“政治主导”不力、石油迟迟运送不到灾区的情况。“地震发生后，到处都是石油不足、请求调配石油的声音。在内阁会议上，石油也成了议题。海江田万里经济产业大臣只是说‘正在研究合适的对策’。菅直人首相和枝野幸男官房长官可能是受其影响吧，在记者会上也表示‘石油的量是够的，正在研究合适的对策’。可是，从灾区的状况来看，石油不足并无改善的迹象。如果输送石油的设施等因地震受损、石油的总量不足，则应该必须研究从外国进口等措施。在首相官邸举行的会议上，即使问经济产业省石

油‘真的够吗’，他们也只是回答‘够’、‘正在研究合适的措施’。我记得是3月16日，我去灾区视察防灾组织的物资支援小组工作。灾区到处都是石油不够的呼声……在掌握这些情况后，在3月17日召开的紧急灾害对策会议上，我问经产省：‘一直说石油够、正在研究合适的对策，正在研究怎样的具体对策呢?’经产大臣的目光转向身后的工作人员，工作人员回答说‘正在想办法’。我不禁哑然。后来通过办公室询问经产省的资源能源厅，他们坦率地回答说满脑子都是核电站事故的应对和计划停电的事情，还顾不上石油运输问题。对于石油运输，当然是石油业界最精通。我劝能源厅请业界中枢帮助改善这种状况。后来，事态很快改善。”① 片山善博是自治省官僚出身的政治家，曾担任过8年的鸟取县知事，具有丰富的组织管理经验。在面对具体问题时，能够找到快速解决问题的关键所在和具体途径。因此，作为总务省大臣越界向经济产业省能源厅官僚提出解决问题的建议。可是，菅内阁中精通组织管理、能够充分调动官僚组织积极性的阁僚很少，特别是本应与官僚组织保持良好合作关系的枝野官房长官不擅长与官僚打交道，加之其全力应对核电站事故，2011年3月17日，菅首相起用与高级官僚保持良好关系的前官房长官仙谷由人出任副官房长官，期望通过仙谷调动各省官僚的积极性，从而使各行政组织运转起来，充分发挥行政组织的作用。

（三）民主党政治的蜕变

应该说，民主党执政后致力追求的“脱官僚”、“政治主导”政治，抓住了自民党长期执政产生的根本弊端，也开出了根治其弊端的正确处方。但是，由于民主党政治家自身的原因，如“政务三役”缺乏组织管理经验和能力难以驾驭官僚组织，导致“脱官僚”政治难以推行下去，不得不重新回到“政官一体”的老路。缺乏领导能力又拘泥于“政治主导”的政治家（如菅首相）除上演“政治秀”外，在关键时刻也不能迅速调动官僚组织的积极性，导致政府系统无效运转。加之制度因素的制约，即朝野政党分别控制国会众参两院，使民主党政权开出的这张处方不能发挥应有的效力。

以东日本大地震为契机，已经难以继续推行的民主党政治顺势“名正言顺”地进入调整阶段，甚至向自民党政治回归，进一步“自民党化”。尤其是野田佳

---

① 〔日〕《世界》2011年12月号。

彦就任首相后，以东日本大地震为口实进一步调整了“政治改革”的方向。野田首相在2011年9月13日的施政演说中指出：内阁应解决的最大、最优先的课题是“东日本大地震后的重建和复兴”。他在谈到“政治改革”时表示，最优先解决的课题是纠正“选票价值偏差”，通篇施政演说未提及“政治主导”。要而言之，民主党政治的蜕变主要体现在以下几方面。

首先，“各府省联络会议”的设置是民主党政治蜕变的典型象征。2011年3月22日，为顺利推进支援受灾民众等相关对策，在“支援受灾者特别对策本部”设置由各府省事务次官组成的“受灾者生活支援各府省联络会议”。实际上，这一举措主要是为修复在处理救灾事务中以菅首相为首的政治家过分拘泥“政治主导”导致官僚组织不作为的政、官关系，期望得到官僚组织对民主党政府救灾等各项对策的积极支持。2011年3月24日，“受灾者生活支援各府省联络会议”举行第一次会议。此后，会议一至两周召开一次，官房长官是否出席也不固定。“受灾者生活支援各府省联络会议”的设置，标志着被鸠山内阁废除的事务次官会议事实上变相复活。

2011年9月6日，野田首相在官邸召开事务次官会议，财务省、外务省等16位事务次官出席，野田首相要求各事务次官对其政权运营给予全面配合。此前仅限于处理东日本大地震的“各府省联络会议”，在野田内阁负责所有政策的协调事务。各府省联络会议每周召开一次，除负责事务的副官房长官，官房长官也出席联络会议。这意味着以东日本大地震为契机变相复活的事务次官会议，在野田内阁进一步被惯例化，发挥的作用也被进一步强化。主张通过“政治家和官僚的密切沟通确立真正的政治主导”的野田内阁，实质在推进“政官一体”体制。若“各府省联络会议”发展成为内阁会议的事前审查机构，则与自民党政权时期的事务次官等会议性质无异。

其次，重设政策调查会，导入政调会长“事前承认”原则。民主党在2009年竞选公约中提出内阁决策机制一元化的方针。鸠山内阁据此废除了执政党政策审议机构——政策调查会，各省决策也由大臣、副大臣、大臣政务官等政务三役一元化决定。此举招致民主党非政务三役议员的强烈不满，面对这种状况，菅首相决定重设政策调查会。在菅内阁时期，民主党政策调查会的主要功能是总结整理国民和国会议员就政府政策提出的各种意见，并向政府提出建议。同时，政调会也是民主党与政府协调意见的平台。政调会长玄叶光一郎兼任菅内阁阁僚。政调会下设与国会

常设委员会相对应的部门会议和负责中长期课题的调查会以及研讨跨部门会议课题的项目研究小组。菅内阁时期，民主党政策调查会并不掌握法案的决定权，即政调会并不具备“如果政调会不承认就不能进行政府议决”的权力，其核心职能是向政府提出政策建议，是“建议机构”。但是，作为政调会长的玄叶光一郎深度参与了菅内阁的很多重要政策制定，如社会保障和税制一体化改革等。

2011 年 9 月，野田内阁重新评估并强化了政调会的功能。野田佳彦在就任首相之前就提出“政府的政策决定原则上需要得到党的政调会长承认”的方针。2011 年 8 月 31 日，前原诚司在民主党两院议员总会上被任命为政调会长。前原在国会对记者团表示：“随着政调会功能的重新评估，野田代表和我明确了政府提出法案的事前审查，以法案、预算案和条约为对象，在内阁会议决定前作为原则需要得到政调会长的承认。”① 民主党根据这一原则完善并强化政调会的人事安排及政策审议功能。

2011 年 9 月 5 日，起用仙谷前官房长官出任新设的政调会长代行一职。同一天，在政策调查会重设税制调查会，藤井裕久前财务大臣就任会长。9 月 22 日，民主党政调会决定在 11 个政策领域设置调查会或项目组，其中包括税制调查会。从人事干部配备，到政调会下设机构的设置，政调会所掌握的权力和发挥的功能被大大增强。民主党政调会由菅直人内阁时期的“建议机构”升格为“事前承认机构”。“事前承认原则”接近自民党政权时期的执政党“事前审查”制。政权轮替后民主党追求的“政府决策一元化”事实上向“政府执政党二元决策体制”转换，执政党民主党决策优先于政府决策。

再次，以“政府、民主三役会议”取代“政府、民主首脑会议”，政府执政党一体决策。2011 年 9 月 6 日，野田首相在官邸与民主党舆石东干事长、前原会长等协商决定政府决策框架。对于预算案和重要法案等的决定，除需要得到前原诚司政调会长的事前承认外，还需要得到新设置的“政府、民主三役会议”承认。“政府、民主三役会议”由野田首相、藤村修官房长官和民主党方面的舆石干事长、前原政调会长、平野博文国会对策委员长、樽床伸二干事长代行 6 人组成。“政府、民主三役会议”与此前的“政府、民主首脑会议”不同，它不是政府和执政党意志疏通的平台，而是政府和执政党一体对政策决定负责的决策机

① http：//www. dpj. or. jp/article/100279.

构。野田首相一度给予前原政调会长事实上的政府法案事前审查权限，基于前原政调会长权限突出的意见予以修正。

2011 年 9 月 12 日，前原政调会长公布了重新调整后的政府决策程序。政府向国会提出的一般法案首先要在政策调查会下设的“部门会议”或“项目研究小组”予以说明，经过讨论和审议之后，经政调干部会或干事会的承认，进入内阁会议决议程序。关于预算案和重要法案等，还需要得到“政府、民主三役会议”的承认，即最终由“政府、民主三役会议”决定。

如上所述，野田就任首相后，重新评估和调整了政府决策机制和程序，事实上导入了以“政调会长事前承认原则”为支柱的执政党事前审查制，民主党政策调查会成为执政党的事前审议机构。“内阁决策一元化”事实上被撤回。尽管民主党认为“政府政策决定的政调会长事前承认原则”与“政府决策一元化”并不矛盾，在“担保”执政党和政府同心协力推进政策这个意义上，是“政府决策一元化”的一种形态，但是，这一决策机制与自民党政权的内阁执政党二元决策体制并无本质区别，二者都是执政党决策优先于政府决策。

三　结语

2009 年政权轮替后，民主党政权锐意打造“脱官僚”、“政治主导”政治，以实现自民党型政治向民主党型政治的根本转换。鸠山内阁在制度层面迅速推行一系列削弱官僚权力，确立官邸主导、内阁决策机制一元化等改革措施。民主党“政治主导”政治的实质是内阁“一手”负责政府决策。

民主党执政后致力追求的“政治主导”政治，在东日本大地震这场史无前例的震后救灾和核电站事故处理的考验中暴露了本质缺陷——首相缺乏危机管理能力和领导能力，阁僚缺乏组织管理能力，内阁不能有效调动官僚组织的积极性和主动性，难以主导政府决策。以东日本大地震为契机，已经变质的“脱官僚”、“政治主导”政治顺势“名正言顺”地进入调整阶段。

尤其是野田就任首相后，进一步调整“政治改革”方向和重新评估政府决策机制，事实上导入了以“政调会长事前承认原则”为支柱的执政党事前审查制，“内阁决策一元化”被“政府执政党一体负责决策”取代。民主党“脱官僚”、“政治主导”政治向自民党政治回归，进一步“自民党化”。

应该说，民主党执政后致力追求的“脱官僚”、“政治主导”政治，抓住了自民党长期执政产生的根本弊端，也开出了根治其弊端的准确处方。但是，民主党政治家自身的原因，加之制度因素的制约，即朝野政党分别控制国会众参两院，使民主党政权开出的这张处方不能发挥应有的效力。

参考文献

民主党网站，http：//www. dpj. or. jp。

首相官邸网站，http：//www. kantei. go. jp。

〔日〕《经济新闻》2011 年相关报道。

〔日〕《产经新闻》2010、2011 年相关报道。

〔日〕《世界》、《中央公论》、《文艺春秋》2011 年相关杂志。

東日本大震災と民主党政治システムの変容

張 伯玉

要　旨：民主党政治システムとは「官僚主導の政治」あるいは「官僚丸上げの政治」から政権党が責任を持つ「政治家主導の政治」への転換である。制度レベルで一連の政治改革施策を推進した。民主党政治システムは2011 年 3 月の東日本大震災と原子力発電所事故の処理と試練の中で本質の欠陥を露呈した。東日本大震災をきっかけに、すでに変質した民主党政治システムは勢いに乗って調整段階に入る。特に野田佳彦が首相に就任した後に、一層に「政治改革」方向と政策決定システムを調整し、見直した。事実上に「政府の政策決定について党政調会長の了承」を原則とすると「事前審査」を導入した。「政策決定の内閣一元化」から「政府・与党と一体となった政策決定システム」に変わってきます。民主党政治システムは自民党政治システムへ逆戻り、一層に自民党化ようにしひる。

キーワード：民主党政治システム　脱官僚　政治主導

B.4
震后新老保守政党在核泄漏灾区的势力消长

高 洪*

摘 要： 受东日本大地震影响，2011 年春季的统一地方选举被迫划分为春秋两个半期举行。大地震发生八个月后，福岛等四个灾区县举行议会后期补选，由于饱受核泄漏事故危害的福岛县选民不满于政府的核电战略，民主党候选人在核泄漏事故应对及核电战略选择上进退维谷，最终输掉了核泄漏灾区的统一地方选举。而自民党等在野党的战绩也只是差强人意。鉴于灾区在 2012 年政治生活中的特殊地位，福岛议会选举结果正逐渐向全国散播，在给民主党造成负面影响的同时，也对新兴政治势力的崛起产生了潜在的推动作用。

关键词： 东日本大地震 福岛核电站 统一地方选举 新兴政党

2011 年 3 月 11 日发生的东日本大地震，以猝不及防的海啸造成了严重的核泄漏灾难，在以福岛县为中心的东北沿海多座核电站中，先后有十几个核反应堆出现了不同程度的放射性物质泄漏，给全日本核电产业敲响了安全警钟，其负面影响至今弥漫在整个社会难以消散。在政治领域中，强震、海啸及核事故“三位一体”的特大灾难，迫使政府不得不面对核泄漏危机、善后处理、损害赔偿等前所未有的政治难题，新老保守政党在国会和地方议会围绕核泄漏应对的较量也一直是政治斗争的主旋律。

* 高洪，哲学博士，中国社会科学院日本研究所研究员，主要研究方向为日本政治及中日关系。

一　东日本大地震发生前后的党派斗争

人们还记得，大地震发生前菅直人内阁就已经处于摇摇欲坠的境地。对当时的菅直人首相来说，党内有小泽集团对峙，党外有占据参议院多数议席的在野党进攻，处于扭曲国会状态下政府提出的财政预算几乎无望通过。而原定于2011年4月10日投票的统一地方选举[①]的选情也变得不利于民主党，在日本中部地区，民主党爱知县地方支部里甚至有人明确要求菅直人辞掉首相与党代表职务，以保障民主党在地方选举中获胜。由媒体引导的社会舆论也同样不支持菅直人政权，据知情人透露，《文艺春秋》等几家主流刊物在暗中策划，在当年4月号杂志上刊发题为《菅直人下台》的特稿。电视与网络上，人们更是公开议论"后菅直人政府"的话题，推测政治舞台上将会出现什么样的爆发点，以及哪个问题会成为"压倒骆驼的最后一根稻草"。

然而，2011年3月11日骤然降临的灾难性大地震与海啸挽救了摇摇欲坠的菅直人政权。核泄漏事故更使得首相官邸启动的"紧急对策机制"有了"必要性"和"长期性"。在野党为了不背负干扰救灾的骂名，只能暂时停止对政府的攻击，纷纷表态参与"万众一心"的紧急救灾。灾害不仅保全了菅直人政权，并且罕见地拉高了民主党政府的支持率。据日本富士电视台2011年3月20日公布的舆论调查结果显示，尽管人们对民主党政府在处理核电站泄漏问题上的作为很不满意，但菅直人内阁的支持率还是从3月初的24%，猛增到震后的35.6%，飙升了11个百分点。[②] 可以说，灾难不仅使菅直人政府意外获得了民众支持，也迫使政治对手偃旗息鼓，进入国会"休战"状态。菅直人首相更是大胆利用地震灾难说服在野党加入政府主导的政治程序，以使自然地震对政治地震的抑制作用最大化。

特大灾害不仅影响到国政层面，原定于2011年4月在全国范围举行的统一地方选举也同样受阻。因为，预定选举日期距灾难发生仅有一个月时间，核泄漏事故尚未度过危机期，地震海啸中死亡与失踪，以及避难中的流动人口难以统计，[③] 至少在受灾严重的宫城、岩手、福岛、茨城四个县，如期选举已经不可

① 即都道府县议会四年一度统一举行的议会换届选举。

② 这项调查是富士电视台于2011年3月17日，对住在首都圈的500名男女采用电话调查的形式进行的。

③ 从法理上讲，候选人需要在特定地点持有三个月以上的"住民票"，才有资格在该地参与投票。事实上，后来发生的"异地投票"是经过法规特别批准方才生效的。

能。日本众议院于2011年3月17日举行会议，通过了一项将统一地方选举推迟2~6个月的决议，[①] 会上朝野双方一致同意将众议院决议立刻报送参议院进行同期表决。这一决定将受灾四县的统一地方选举推迟到深秋，尤其是作为“核泄漏事故现场”的福岛县议会选举成为舆论关注的焦点，也使得各个政党间争夺地方基础的斗争变得更加敏感和复杂。

二　灾区后期选举中进退维谷的民主党人

对执政党而言，灾后选民的政治抉择则意味着党的执政能力行情的涨落。在核泄漏重灾区的福岛县，震后八个月举行的县议会“统一地方选举”补选，恰恰是反映人心向背和民主党在灾区势力消长的试金石。

一般说来，一个政党的地方基层组织建设与纵向权力结构的稳固性，是影响该政党所处的政治生态环境的两个重要因素。随着核泄漏事故不断出现新的情况并引起全社会的广泛关注，核泄漏重灾区的党派力量消长也随之“放大”到国政层面，日本民主党在政治敏感地区福岛县的议会选举的重要性不言自明。

大地震发生前，民主党在福岛县的基础不可谓不扎实。该县曾经多年由亲民主党知事主政，议会中约占半数席位原本就掌控在民主党手中。作为政治招牌，民主党也显然较自民党等反对党光鲜——现任野田政府中的核心人物玄叶光一郎外务大臣就出自福岛选区。过去几年里，风头正劲的松下政经塾毕业生们一面秣马厉兵准备参选，一面通过开办形形色色的“塾”和讲座推动松下政经塾理念，无疑也有给民主党造势的连续作用。在政治资金方面，民主党划拨给该县候选人的资金也比较充足。倘若没有“3·11”大地震，民主党候选人在福岛取得一定程度上的胜利当无大的悬念。在民主党候选人中甚至有人乐观地判断：民主党在当地的力量会随着时间推移不断增强，未来的福岛俨然是一座民主党政权掌控的“牙城”。[②]

正所谓：天有不测风云。核泄漏事故发生后，民主党在福岛县议会选举中的候选人处境变得极为尴尬，整个选举过程一直纠结在政治理念与选民诉求的多种

---

① 参见日本新闻网，2011年3月17日电。

② “牙城”指古代军营中主将居住的内衙的卫城建筑，即主将的拱卫工事。古语中“牙”通“衙”字，日文中至今仍沿用古汉语里“牙城”的表述。

矛盾当中。这些矛盾主要表现为三个方面。

第一，民主党候选人无法处理党的执政方针与灾区民意的矛盾。骤降的核泄漏灾难，使此前准备的所有选举纲领、口号、政策主张均处于次要地位，灾后的选民对各党派推举的候选人大多只有一个焦灼的诘问——“你作为议员的竞选者，是否要在本县放弃核电产业?”谁都清楚，选民所期待的答案与选票流向关系密切。而“标准答案”倒也简单明了，只要候选人回答“我主张废弃核电产业”，就可以轻而易举地赢得选民的支持。但这样的回答只适用于在野党和无所属候选人，与竞争对手纷纷争说“弃核”不同的是，执掌国家政权的民主党当时并未下决心轻言“放弃核电战略”，更何况政府与东电公司之间还保持着千丝万缕的勾连关系。所以，民主党在福岛县议会补选中的候选人进退维谷，既不能说弃核电，也不能按执政党的主张宣称“促进核电产业政策”。据民主党在福岛市选区的候选人透露，当时的情况是，作为执政党推举的候选人自然不能违逆该党奉行的核电能源战略，如果表态“弃核电”，就等于放弃党内配发的高达千万日元的选举资金，选战打响却没有了“弹药”，选举前景不言自明。相反，如果完全按照民主党继续发展核电战略的口径表态，那么，已经被核泄漏事故搞得苦不堪言的选民必然要迁怒自己，下场也同样不言自明。百般纠结之后的民主党候选人为自己选择了在党与选民尖锐对立的立场间“打擦边球”的办法，提出一个既不明显违背党的纲领，又不与选民正面冲突的选举口号——“从核电产业毕业”。①

第二，如何评价政府的救灾政策及作为的矛盾。与在野党候选人、媒体言论领袖不同，民主党的候选人无法迎合社会舆论去痛批民主党政府救灾不力，或者无所顾忌地批判东电与政府官商勾结。原因仍在于自己置身执政党一方，但补选偏偏发生在灾民情绪不稳定的时点上。按照东京都救灾中心编制的《灾民心理救助手册》②，在特大灾难发生后，灾区公众心理变化一般呈现以下几个阶段。

---

① 核电产业在日文中略称作“原发”，即“原子能发电所”之略。政府的核电政策属于“促原发”，民间弃核电要求简称作“脱原发”，民主党候选人绞尽脑汁想出的擦边球选举纲领称作“卒原发”，即从原发产业中毕业。原创出自民主党福岛县支部长、玄叶光一郎的秘书、松下政经塾16期毕业生大场秀树。

② 该手册出自日本医疗系统与心理专家对以往灾后心理救助的经验积累，通过灾民心理辅导的大量临床数据总结而成，有较高的实践验证和大众心理变化规律上的可信性。

首先是灾难发生之初的“茫然麻木期”，这一时期因人而异，但通常在数日之间；此后是短暂的“互助蜜月期”，即在短暂的一个多月时间里亢奋自救，体现出有难同当的奉献精神。麻木与亢奋过后，灾民会普遍进入一种为时一到两年的“消沉幻灭期”，这一时期灾民的心理特点是精神上的剧烈短痛转化为“难以消除的长期隐痛”，抗灾时期的顽强意志与相互扶助精神逐渐消磨殆尽。于是，怨天尤人、指责政府、哀叹易怒、自暴自弃等非理性的负面情绪往往上扬，并在区域性的大众心理共振中造成较为普遍的心理阴影。在这一背景下的选举，候选人为政府张目或开脱，无异于自找麻烦。所以，选举中如何评价政府的救灾政策自然是民主党候选人棘手的两难选择。况且，作为执政党代表的民主党候选人在群情激愤的环境里，因其贴有“民主党的标签”，本身就难免会成为灾民迁怒的对象。

第三，政府外交战略调整与灾区从事农业的选民之间的矛盾。选战大幕拉开之前，民主党政府出于亲美外交战略考量，摆出积极参与 TPP 谈判的政治姿态。2011 年 11 月 10 日是福岛议会选举前两周的关键时刻，野田首相宣布日本将参加 TPP 谈判。而对在如此社会氛围中迎接选举战的民主党候选人来说，政府宣布加入 TPP 谈判简直是雪上加霜。福岛县地处日本东北，属于相对落后的农业县。孱弱的日本农业历来依赖贸易保护屏障，所以福岛县农民大多反对政府加入 TPP 谈判，认为核泄漏救灾不力的中央政府又要开放农业，简直是置灾区选民的利益于不顾，对民主党的愤懑越发强烈。结果，中央政府的政治决断，几乎葬送了执政党在地方补选中候选人仅存的希望，投票前就已经形成了败北的局面。

三　民主党候选人兵败福岛市选区

上述因素使民主党在福岛县议会选举中的选情急转直下，尤其是福岛县议会选举核心地区的福岛市选区，地震前后民主党候选人的境况从自信满满变成毫无胜算。2011 年 11 月 23 日，福岛市选民投票选举本选区县议会议员。根据福岛县议会选举管理委员会当晚发表的选举公报，来自民主党、自民党、公明党、共产党、社民党以及无党派候选人的 11 名参选人争夺 8 个议席。投票结果是所有在野党候选人全部当选，而民主党方面则有两名“种子选手”高桥秀树和大场秀树相继落马。特别是有市议会议员经历，且以玄叶光一郎秘书头衔参选的大场秀

树输得相当惨，所获得的6331张实际得票，还不及原来预期的一半。[①] 在福岛市选区唯一当选的民主党候选人石原信四郎也同样遭遇厄运，与四年前以最高得票当选的辉煌相比，石原信四郎在本次选举中仅得到8258张选票，在所有当选者中排名倒数第二。另外，从福岛县议会整体选举结果来看，自民党推举的32名候选人中有27人当选；公明党推举的3名候选人全部当选；共产党推举的6名候选人中有5人当选；社民党、大众党也各有斩获；而民主党推举的23名候选人[②]中只有15人当选。各党在福岛县议会中的力量对比关系也从势均力敌转变为民主党的相对弱势。

选战结束后，败选的民主党候选人也开始痛定思痛，思考新的发展路径。其实，较之“时运不佳”，候选人在选举策略上的错误并不是失败的主要原因。例如，虽然“从核电产业毕业”确有语焉不详之嫌，但究其根本原因仍在于政府的发展核电战略“撞”到了核泄漏事故，所以只要站在民主党立场上出马竞选，输掉选举基本上是符合逻辑的结果。

此外，从选举政治学视角分析，核泄漏灾难造成的“异地投票”，以及投票率下滑本身也都不利于民主党参选。据2012年3月12日《朝日新闻》刊登的政府公告，在大地震一周年时公布的死难者达为15854人，失踪3155人，避难者343935人，其中大部分成为“异地避难”人群。根据福岛县选举委员会告示，因“3·11”大地震，本次县议会补选推迟七个月举行。2011年11月23日投票时，部分暂时移居埼玉县的灾区选民，由警察押运将投票箱送至200公里外的暂住地投票，结果得到移居选民的14467张选票。处在困顿状态的选民在异地投票中自然很难选择执政党，他们的选票本身并不多，但考虑到“异地选民”对家乡父老的影响，就不能不说是民主党的不利因素了。

再看投票率的总体趋势，在过去相当长的时间里，福岛县议会选举投票相对稳定，呈现缓慢下降趋势，但本次选举则有所不同。2011年11月23日投票时，福岛县选民共计1642363人，投票率不到47.51%，创1947年县议会选举以来最低纪录（参见表1）。而福岛市的投票率更低于全县，仅达到44.48%。

---

① 引自2011年11月21日〔日〕《福岛民友》头版关于“选举结果”的报道，下同。

② 实际上，民主党候选人在选举前已经有人知难而退，或者表面上放弃了“民主党推荐”的资格。所以，与东日本大地震之前的选举准备相比，民主党输得更惨。

投票率整体低下的同时，民主党在福岛县议会选举中的得票率则更是暴跌，从前一次的23.1%跌落至本次选举的16.3%。与之相对应，自民党的得票率却从前一次的40.9%增长至46.7%。[①] 民主党在福岛选区彻底败给了自己最主要的政治对手。

表1　福岛县议会选举投票率变化表

单位：%

次数	时间	男	女	总计
1	1947.4	88.1	84.8	86.3
2	1951.4	92.1	89.1	90.5
3	1955.4	86.5	84.5	83.8
4	1959.4	87.8	84.3	85.9
5	1963.4	87.9	86.5	87.0
6	1967.4	84.0	83.6	83.8
7	1971.4	83.9	85.2	84.6
8	1975.4	83.6	84.7	84.2
9	1979.4	79.3	80.7	80.0
10	1983.4	78.6	80.1	79.4
11	1987.4	75.2	73.3	76.0
12	1991.4	76.8	75.3	74.3
13	1995.4	69.1	71.8	70.5
14	1999.4	65.5	67.3	66.4
15	2003.4	57.0	59.2	58.2
16	2007.4	56.5	57.5	57.0
17	2011.11	47.4	47.6	47.5

资料来源：2011年11月21日〔日〕《福岛民报》，第4版。

四　保守党亡羊补牢应对新兴政党崛起苗头

民主党在灾区福岛县议会后期补选中遭受的打击改写了灾区议会中政治地图的颜色，这一变化宛如一块的“政治晴雨表”，显示出公众对执政的民主党及其菅直人政府、野田政府应对核泄漏事故的评判，并随着时间推移把这种评判广泛

① 参见2011年11月21日至23日〔日〕《福岛民友》关于“选举结果”的连续报道。

传播开来。结果是在全社会散播着一种疏离民主党甚至是不信任新老保守政党中任何一方的政治冷漠情绪。

2012年3月11日，日本迎来大地震一周年祭，社会舆论又一次集中火力批评民主党的核电战略与复兴战略。《朝日新闻》2012年3月6日公布的一项最新民调结果显示，福岛县民中92%认为“复兴之路尚不明确”，对于“消除核污染”的效果，有80%的福岛居民“不抱任何期望”。[①] 由于对除污效果存在质疑，福岛第一核电站周边地区不少民众纷纷远走他乡。尽管这对于国土狭小且土地私有的日本来说，人口集团性迁移并不容易，但随着核事故处理旷日持久，福岛县人口流失问题将日益显现出来。按照灾区的研究显示的趋势，未来30年福岛县人口很可能会减少一半。对此，东京大学教授森田朗发表见解，认为“困扰灾后复兴的一个主要课题是受灾地区原本人口老龄化和少子化程度突出，灾后容易陷入商铺减少、人口进一步流失的恶性循环”。一周年祭当天，《朝日新闻》编委会委员星浩在该报“政治考”专栏发表纪念东日本大地震一周年的署名文章《核泄漏事故的教训》，指责政府在核泄漏事故中应对不力，舆论界出现了支持新兴政治势力的苗头。

在社会政治思潮暗流涌动的同时，民主党内部要求顺应民意的意见开始增多。为了促使民众对灾区重建树立信心，野田于2012年2月10日亲自挂帅“复兴厅”，积极推动复兴经费也陆续到位，并努力采取一些“行之有效”的措施来实现后期处理。[②] 不过，民意测验仍旧显示公众对新老保守政党的失望和摒弃。2012年春季的民意调查显示，多达72%的民众认为灾后重建“没有取得实质性成效”，尤其是东北地区有近80%民众不满于民主党主导下的复兴进程。为了避免被民意彻底抛弃，野田政府也开始作出“安全至上，限制发展核电”的能源战略调整姿态，并把核泄漏责任分摊到新老保守政党双方。2012年3月3日野田首相在回顾一年前由地震和海啸引发的福岛核物质泄漏危机时称，“责任不限于某个个人，而应由大家共担”。言外之意，核电战略以及长期布局均来自自民

① 舆论普遍认为，看不见、摸不着的放射性物质是200万福岛人最大的敌人，而在动辄以数十年、数百年计半衰期的放射性物质前面，政府的应对能力显得很是苍白无力。

② 2012年3月初，日本首相野田佳彦表示，政府计划投入至少1万亿日元用于福岛核电站周边核污染区的除污作业。这是一项史无前例的全民规模的大行动，具体做法诸如掘地三尺，高压水枪冲洗，扫落叶，甚至剥树皮后再栽种向日葵等植物。然而，除污效果如何尚待时间检验。

党执政时期，福岛核泄漏事故缘于长久以来日本核能设施建设安睡在“安全神话”中，没有做好准备应对重大自然灾害。当然，野田承认政府“有不可推卸的责任”，即灾后反应迟缓，未能及时向公众传递信息，表示政府和运营商已从福岛核危机中汲取教训，将在继续汲取教训的基础上，及时向公众发布灾后信息，以便在取得国民支持的前提下作出尽可能快速的反应。

尽管这一切对于福岛县议会选举显然为时晚矣，但对民主党执政来讲仍然有亡羊补牢的意义，而这些补救性质的措施又遭逢来自另一方面的挑战和冲击。由于核泄漏灾区在2012年政治生活中的特殊地位，福岛等灾区县的议会后期补选给民主党造成了相当严重的负面影响，即使选举结果差强人意的自民党也不能高枕无忧。因为，弥漫在社会上的危机意识与再度出现的脱离保守党倾向，也对新兴政治势力的崛起产生了潜在的推动作用。据2011年5月至6月《读卖新闻》的报道，早在春季大阪府议会选举以及大阪市议会和堺市议会的统一地方选举中，民主党就已经败给了新崛起的前大阪府知事桥下彻率领的地方政党“大阪维新会”，民主党在中部地区的地方议会势力减损近半，影响力也在日趋降低。东日本大地震一年后，地方新兴政治势力崛起的苗头越来越明显。2012年3月的《每日舆论调查》显示，在“政党期望值”方面，尚未真正建立起来的“桥下彻新党”与“石原慎太郎新党”的期待值分别高达61%和38%，民主党与自民党均不到30%，难怪舆论界里有人惊呼“山雨欲来，政界骚然”。

而在以桥下、石原为象征的新兴政治力量看来，日本国运急剧衰落，已经到了民族危亡的关键时刻。“过去20年更换15位首相的政治乱局，已经把日本推到‘第三次战败’的危险境地，日本只有打破原有新老保守政党的陈旧体制，从地方对国家实行彻底的改造，才有再生的出路。”① 石原慎太郎更是忧心忡忡地对《富士新闻》表示：“如此下去日本将灭亡，我对此死不瞑目。一定要重组其‘保守新流’，使日本超越今天的困境。”事实上，筹建中的石原慎太郎新党很可能会容纳平沼赳夫的奋起党，以及亀井静香的国民新党，在关东形成一股富有极端民族主义色彩的强硬派政治势力，并努力会同正在关西蓄势待发的“桥下彻新党”，争取在下一场大选中赢得100～200个众议院议席。果真如此的话，大地震发生八个月后的灾区各县补选的结果，客观上就为强硬派新兴政治势力赢

① 参见〔日〕桥下彻、堺屋太一《体制维新——大阪都》，《文艺春秋》2012年第四版前言。

得选举增加了筹码。偏远落后的福岛选区里的地方选举，可能在日本政坛上产生“蝴蝶效应”（The Butterfly Effect）① ——由地方政治的微小变动，发展到改写整个政治版图的重大变化。在这个意义上讲，输掉了核泄漏灾区的统一地方选举的政党不仅是民主党，自民党以及其他温和的在野党派都将面临一场挑战，甚至对日本战后以来的和平发展道路都是一个严峻的挑战，而这恰恰是一个值得人们深思的严肃问题。

参考文献

2011 年、2012 年〔日〕共同网相关报道。

〔日〕地方新闻报刊:《福岛民友》2011 年 9 ~ 12 月。

〔日〕《世界》2011 年 9 ~ 11 月号。

〔日〕福岛县议会选举管理委员会编《选举月报》，2011 年 9 ~ 11 月。

〔日〕东京都福祉保健局编《灾民心理救助手册》，2008。

日本民主党网站，http：//www. dpj. or. jp/policy/manifesto/seisaku2009/08. html。

震災後放射能漏洩地域に於ける新旧保守政党勢力の変化について

高　洪

要　旨：東日本大震災の影響を受けて、2011 年度春の統一地方選挙は春と秋との二つに分けて行われた。震災発生 8ヶ月後、福島など四つの被災地が議会の後期補欠選挙を行った。放射能漏れ事故の危害に深く陥った福島県の選挙民たちは政府の原子力発電戦略に強い不満を抱いた。民主党の候補者が放射能

① “蝴蝶效应”是指在一个动力系统中，初始条件下微小的变化能带动整个系统长期的巨大的连锁反应。这是一种混沌现象。蝴蝶在热带轻轻扇动一下翅膀，遥远的国家就可能造成一场飓风。

漏え事故の対応及び原子力発電戦略の選択に攻められ、挙げ句民主党は同地域の統一地方選挙に負けった。しかし、自民党などの野党も決して圧勝ではなかった。被災地域の特別な政治的意味を考えると、昨年福島県議会の選挙結果は今日本全国に影響を与えている。つまり、民主党勢力にマイナスな影響をもたらした、と同時に、新しい政治勢力の登場の後押しをしている。

キーワード：東日本大震災　福島原子力発電所　統一地方選挙　新しい政党

B.5

大地震后日本外交及对华政策走向

吕耀东*

摘　要： 2011年日本《外交蓝皮书》卷首称“将为实现灾后重建而全力开展外交工作”。菅直人内阁将灾后重建作为日本内政外交的首要问题，野田上台伊始即表示将全力构筑与中韩两国稳定的外交关系，推进日中战略互惠关系。在着手调整日本对外关系过程中，野田以“泥鳅哲学”行现实主义外交政策，借美国全球战略东移亚太之机，在强化日美同盟这一基轴的过程中，开展价值观外交，实行对华疏离政策，以建立亚太地区防灾救援机制为幌子，构建以日美同盟为主的东亚新安全框架；抛弃“去核化”政策选择，加强与部分亚洲国家的核能合作；借“南海问题”拉拢东盟各国及印度，抗衡中国。

关键词： 东日本大地震　核能合作　日美同盟　亚洲外交　中日关系

2011年日本《外交蓝皮书》卷首语指出：日本东北部海域地震是日本战后以来最大的国家危机，政府将为实现灾后重建而全力开展外交工作。① 基于这样的外交理念，菅直人内阁将灾后重建作为日本内政外交的首要问题，野田佳彦上台组阁后，其外交政策及对外关系具体表现为：一是在全球范围内通过公共外交及国际合作，化解福岛核泄漏负面影响；二是借口建立亚太地区防灾救援机制，构建以日美同盟为主的东亚新安全框架；三是抛弃“去核化”政策选择，加强与部分亚洲国家的核能合作。可以看出，野田并未将灾后重建作为其外交根本，却以“泥鳅哲学”②

---

* 吕耀东，法学博士，中国社会科学院日本研究所研究员、外交研究室主任，研究领域为国际关系、日本政治外交、东亚区域合作。

① 〔日〕日本《外交蓝皮书》（2011年版），http://www.mofa.go.jp/mofaj/gaiko/bluebook/2011/index.html。

② 野田佳彦就任党首前后致辞时，把自己比喻为“泥鳅”，表示将身体力行“泥鳅政治”，低亮度、低姿态，埋头苦干，步步推进。

行现实主义外交政策，借美国全球战略东移亚太之机，在强化日美同盟这一基轴的过程中，开展价值观外交；借“南海问题”拉拢东盟各国及印度，抗衡中国，以参与“跨太平洋战略经济伙伴关系协定”（TPP）谈判调整日本区域合作战略。

一　以推进核电出口等国际合作，化解福岛核泄漏负面影响

东日本大地震引发的福岛第一核电站核泄漏事故，成为影响全球环境安全外交的问题，日本政要称之为二战后日本最大的“国家危机”。为了化解危机，日本政府在外交层面进行了全方位的策略部署，以公共外交、联合救灾等组织方式，全力应对邻国及国际舆论质疑日本处理福岛“核泄漏”能力及核废水排入西太平洋等安全问题。日本的外交策略及应对措施具体表现为，以地震受援外交来改善对外关系，力求挽回日本国际形象。

时任日本外相的松本刚明在出席巴黎八国集团（G8）外长会议时，着重就日本政府的抗震救灾措施加以充分解释。在2011年3月19日举行的中日韩三国外长会议上，松本外相就中韩两国对东日本大地震提供的支援表示了感谢，并表示将继续提供有关福岛第一核电站核泄漏的相关信息。松本外相于6月在匈牙利出席亚欧会议与各国外长的会谈中，就东日本大地震的灾后重建措施和福岛第一核电站事故处理进行了说明，并呼吁各国合作，防止日本产品形象受损。① 4月9日，日本和东盟在印度尼西亚雅加达召开有关东日本大地震救灾及重建的特别外长会议。日方表示，将与东盟各个成员国共享福岛第一核电站核泄漏事故的信息。双方还同意强化协调机制以确保自然灾害发生后迅速加强联系并提供援助。该次会议主席声明就福岛第一核电站核泄漏事故对“日本承诺向国际社会提供最大限度的信息”予以肯定，要求日本为提高核电站的安全性发挥典范作用，并汲取从东日本大地震中获得的教训。日本同意和东盟共享相关信息，重申将强化与东盟的防灾合作，表明将与国际社会合作共同提高核电站安全性的决心，并希望以此消除国际社会对日本是否如实公布核电站事故信息的普遍疑虑。5月22日，在日本举行的日中韩三国领导人会议后发布的联合声明表示，日中韩三国将

① http：//china. kyodonews. jp/news/2011/06/10348. html.

在日本救灾援助、灾后重建及核能安全领域强化合作。9 月 19 日，日本新任外相玄叶光一郎在纽约与美国国务卿希拉里举行了上任后的首次会谈。玄叶透露，日本政府考虑在国际原子能机构（IAEA）的协助下在地震灾区举行预定于 2012 年主办的原子能安全国际会议。日本以上针对地震及核泄漏问题的穿梭外交活动，起到了化解福岛核泄漏负面影响的作用，使得国际社会进一步认识到全球核能安全领域合作的重要性。

然而，日本新首相野田佳彦在联合国核能安全峰会上表示将继续推进核电出口。野田首相于 2011 年 9 月 22 日在联合国总部核能安全峰会上发表演讲时表示：考虑到此次会议以福岛第一核电站事故为主要议题，日本将把核电站安全性提升至“世界顶尖水平”，并继续推进面向各国的核能技术提供和核电站出口。野田承诺将向国际社会公开有关核事故的所有信息，并根据事故调查验证委员会的调查力争到 2012 年底发表有关事故的最终报告。野田特别指出，日本在能源安全举措以及全球变暖对策方面一如既往地帮助新兴市场国家探索核能利用，并表示“今后也将切实响应这些国家的强烈需求”。野田还称事故原因“毫无疑问是应对海啸方面存在过度自信，在估计事故会升级到堆芯受损程度方面也存在准备不足的问题”。野田表示，日本将在可再生能源的开发和利用方面发挥主导作用，并称“将以明年夏季为预期出台有关中长期能源构成方式的具体战略和计划”。对于野田首相在联合国核能安全峰会上的观点，就连日本共同社的评论都认为，野田此举被认为意在挽回因核事故而受损的技术大国形象。但是，“在安全对策尚未敲定阶段提出核电站出口势必引发争议”。①

针对如何提高核能安全性，野田首相 9 月 25 日在联合国大会讨论中表示：日本将吸取福岛第一核电站事故的教训，努力在提高核电站的安全性方面作出国际贡献。他还指出了在核能领域共享知识和经验的重要性，强调将全力争取福岛第一核电站年内实现冷停堆。有关防灾减灾问题，野田透露计划于 2012 年在日本的东北地区举行相关国际会议，并争取 2015 年第三次联合国世界减灾大会在日本召开。同时，为了维护日本的国际形象，野田还宣布将提供总额 10 亿美元的日元贷款，援助中东及北非的民主化。可以说，野田首相在联合国核

① 共同社纽约 2011 年 9 月 22 日电。

能安全峰会上的演讲，让国际社会领略了日本化解福岛核泄漏负面影响的外交政策取向。

对于日本继续推进核电出口的政策取向，2011 年 10 月 19 日的共同社分析称：日本核电政策说辞内外有别。因为，日本经济产业相枝野幸男于 2011 年 10 月 19 日明确了日本继续核电出口意愿与国内彻底调整核电政策的区别。当时，枝野对内对外使用了两套不同的说辞，显然是因为经产省希望照顾日本与美法等核电推进国之间的关系。枝野表示将遵从野田首相的方针调整国内的核电政策，但他同时表示，让迄今为止积累的核能技术、知识以及福岛核电站事故经验教训为国际社会所用是“日本的责任和义务”。对此，共同社评论指出：如果国内外差异过大，不仅会被外国理解为日本政府自私，也可能会失去国民的信任。日本政府有必要明确的是在“摆脱核电依赖”的大框架下究竟如何定位核电出口。

但是，日本政府并没有关注国内及国际社会舆论，而是关注“日本与美法等核电推进国之间的关系”，日法首脑率先就加强核能安全合作达成共识。2011 年 10 月 23 日，野田首相与到访的法国总理菲永举行了会谈。关于福岛第一核电站核泄漏事故，双方发表了有关加强核能安全合作的共同宣言，其主要内容为研究设置“国际紧急应对小组”，以便在核电站核泄漏事故发生时提供支援。该宣言强调，“在核能领域实现最高水准的安全性尤为重要”，并明确日法双方将合作推进福岛第一核电站周围的除污工作。该宣言还表明，为了进一步加强日法双边合作，两国相关人士将组建相关委员会。双方还确认，将为启动日欧经济合作伙伴协定（EPA）谈判展开合作，并就签署保护协议，以便相互提供外交及安全相关机密情报达成共识。

在福岛核事故还未平息，世人对核电站安全产生了信任危机之际，野田上台伊始就以日本积累的核能技术、知识以及福岛核电站事故经验教训为国际社会所用，并能确保“世界最高水平的安全性”为由，积极推动核电出口。日本公共外交攻势表现为：一反核泄漏国家的负面形象，以推广日本核能安全技术的正面形象示人。野田首相之所以明确打出了将继续推行核电出口政策的旗号，就是力图以“核能外交”联合相关盟友，挽回日本因福岛核电站核泄漏受损的国际形象，并取得核电出口的经济利益。

二　借地震救援修复、深化日美同盟关系

2011 年日本《外交蓝皮书》指出，“日本的外交方针是以日美同盟为基础并使其不断深化以适应 21 世纪”。野田佳彦上台后，积极主张“日美同盟对日本的安全和外交而言是最大的财产”，对行使集体自卫权持积极态度。[①] 日本充分借地震救援加大修复、深化日美关系的外交力度。

1. 日本震后率先请求盟友美国协助救灾

日本第一时间请求美国方面协助地震救灾是松本外相向美国驻日大使鲁斯提出来的。日方期望美军提供救援物资与运输支援，日美两国防务部门随即研究具体救灾计划。美国国防部命令美军核动力航母“罗纳德·里根”号等 8 艘军舰参与日本地震救援。美国空军驻日横田基地先后接纳了约 10 架无法在成田机场着陆的民航飞机。美国海军陆战队还伺机出动司令部设于日本冲绳的第三远征军，力争向日方表达美国长期驻军的积极作用。对于美国的救援态势，松本外相表示：“盟国美国的支援让我们备受鼓舞。”为了进一步深化日美同盟关系，美国国防部把美军的东日本大地震救援行动命名为“朋友作战”。随后，美国救援队的 150 人于 2011 年 3 月 13 日乘包机抵达青森县驻日美军三泽基地，在岩手县的大船渡地区展开搜救。

在东日本大地震发生后，日美首脑还就地震次生灾害加强密切合作达成了共识。菅直人首相于 2011 年 3 月 17 日和奥巴马总统通话，双方确认日美将密切合作共同应对包括福岛第一核电站核泄漏事故在内的地震次生灾害。奥巴马表示：“除了驻日美军支援以及救援队在日开展救援活动等短期应对措施外，美方还愿意提供包括派遣核问题专家、中长期灾后重建等在内的各种援助。”为协助日本处理福岛第一核电站核泄漏事故，美方向日本派出了核、生物及化学武器等方面的 9 名专家。日美两国专家在处理福岛第一核电站核泄漏事故中共享信息，磋商应对措施。作为世界上首个开发核武器的国家，美国曾经历许多事故，对日方而言，美方就是难得的核问题智库。

① 共同社 2011 年 9 月 6 日电。

2. 日本盛赞盟友美国对日本灾区进行的人道主义救援

菅直人政府在2011年3月22日设置了以首相助理细野豪志为首的协调会议机制，将其作为日本政府、东京电力公司和美方合作的基础。30日，菅直人首相和奥巴马总统通电话，感谢美军给予日本的赈灾援助，奥巴马回复表示将向日本提供长期援助。为了表示对美国的感谢，时任防卫相的北泽俊美在4月4日登上在日执行救援任务的“罗纳德·里根”号核航母，转达了菅直人首相对美军的谢意，并称，“我从未像现在这样为美国是盟国而感到可以依赖和骄傲的”。在4月末华盛顿召开的美日外长会谈上，双方就两国官民携手采取措施，预防日本产品因核泄漏而形象受损一事达成共识。松本外相还表示，日美合作救灾是深化两国同盟协议的“主要议题”之一。5月24日，在美国众议院外交事务委员会亚太小组委员会举行主题为“日本的未来”的听证会上，日本驻美大使藤崎一郎适时就美国对于东日本大地震的援助活动表示感谢，并强调了日美两国合作对于日本灾后重建的重要性。

2011年9月7日，民主党政调会长前原诚司赴美访问，为野田访美铺路。其间，向美国议会的重要人物强调日美同盟的重要性，说明新首相野田佳彦的外交方针。前原在《东日本大地震与日美同盟》为题的演讲中，盛赞美国对日本灾区进行的人道主义支援，对美军开展名为“朋友作战”的救灾援助行动表示感谢，并强调“深化日美同盟对亚太地区和平稳定不可或缺”，表明了日美合作对于日本重建的重要性。

3. 日美确认深化两国同盟关系

首先，日美外长会谈确认将深化同盟关系。2011年9月19日，玄叶外相在纽约与美国国务卿希拉里举行了上任后的首次会谈。有关驻日美军普天间机场搬迁问题，玄叶确认将推进决定将机场迁往县内名护市边野古的日美协议。双方一致同意，将日美同盟作为亚太地区“共同财产”进一步深化。玄叶表示野田内阁将以日美关系为基轴开展外交工作。其次，日美首脑确认将进一步深化同盟关系。9月21日，野田首相与奥巴马总统在纽约举行了首次会谈，双方就继续深化日美同盟达成共识。对于深化日美同盟关系，野田特别强调：“我们一直认为这是日本外交的核心，而东日本大地震后更加坚定了这一信念。”奥巴马也回应说：“日美关系至关重要。希望使同盟关系更与时俱进，顺应21世纪的要求。”关于驻日美军普天间机场搬迁问题，野田表示，将根据日美协议推动将机场搬迁

到冲绳县名护市边野古的相关工作，尽全力谋求冲绳民众的理解。野田还对美军名为“朋友作战”的地震及福岛核事故救援行动表达了感谢。奥巴马表示：“美国再次承诺，将竭尽所能帮助日本开展重建工作。”后来，野田首相还特别强调，将以加强日美同盟为己任。①

4. 野田就驻日美军普天间机场搬迁寻求妥协，努力修复日美同盟关系

野田首相2011年9月27日出席众议院预算委员会会议，就冲绳的美军普天间机场搬迁问题重申：将根据日美协议推动搬迁至冲绳县名护市边野古的相关计划，并强调“将努力谋求冲绳民众，乃至全日本对其定位的理解”。玄叶外相也强调驻普天间机场的美海军陆战队的机动性和应急性，指出“在靠近东亚地区的冲绳，无论如何都需要海军陆战队”。10月25日，野田首相对到访的美国国防部长帕内塔表示，“日美同盟的根基在于安全问题，日方愿与美方保持紧密合作，力图提高防卫能力。”“东日本大地震让我更加坚信，日美同盟是我国外交与安全的基轴”，并对美军的救援行动表示感谢。帕内塔回应称，“美日两国半个多世纪的同盟关系是保障亚太地区安全的基础所在”，双方就在安全领域深化美日同盟达成一致，并进一步确认了两国关系的重要性。

三　日本在核能合作为旗号下的亚洲外交

1. 抛弃“去核电化”政策选择，加强与部分亚洲国家的核能合作

鉴于福岛核泄漏的持续恶化，菅直人首相曾在2011年7月提出“去核电化”方针，但遭到民主党内主张继续出口核电站技术相关人士的批判。8月5日，日本政府在内阁会议上审定了一份国会质询答辩书，其中表示现阶段将继续向海外出口核电。该答辩书称：“如果其他国家希望利用我国的核能技术，政府认为应继续提供全球安全水平最高的技术。”对于与各国的核能合作事宜，该答辩书称，“在合作中将注意避免重复外交谈判和国家间的信赖关系受到影响”。关于已与约旦、越南等四国签订的核能合作协定，该答辩书称将继续谋求国会批准。② 这表

① 据共同社报道，2011年11月8日，野田首相在官邸与前美国国防部长威廉·佩里、战略与国际问题研究中心主任约翰·汉芮等美国著名知日派人士会谈，并表示“加强日美同盟是我最重要的职责”。

② 共同社2011年8月5日电。

明日本政府已经放弃地震初期的“去核电化”政策意向，转向继续推进向海外出口核电站既定目标。

2. 日本与越南率先表示将继续进行核能协定谈判

野田佳彦就任日本首相后随即抛弃菅直人的“去核电化”方针，主张推动国际核能合作。此政策出台的根据是，越南、印度等国家一直希望日本继续提供核电站等方面的援助合作愿望。对此，越南外交部发言人阮芳娥在2011年9月5日接受共同社采访时表示，“越南将为有效履行两国领导人间的约定继续与日本展开紧密合作”，表达了在核电站建设等方面强烈希望日方继续提供合作的立场。越南2010年决定，本国中部地区计划建设的核电站中，将有两座引进日本技术。阮芳娥表示，根据2010年10月越南总理阮晋勇与日本首相菅直人在首脑会谈上就这一事宜达成的协议，越方表明在福岛核电站事故后没有改变与日本携手合作的方针。她还表示，“将继续探索在新项目及新领域内合作扩大的可能性”。为了表达对越南愿继续与日本开展核电合作的感谢，10月24日，民主党代理政调会会长仙谷由人访越时表示，虽然日本在福岛核事故中“制造了人类历史上首个重大事故”，但越南政府仍希望日本能够提供帮助，“这对日本政府的能源战略来说是非常有力的支持”。日方将竭尽全力向越南的核电建设提供援助。随后，日越两国就日本核电出口达成合作协议。10月31日，枝野幸男经产相与到访的越南总理阮晋勇确认将就日本核电出口和稀土共同开发继续加强合作。阮晋勇表示，“希望日本汲取福岛核事故的教训，为越南建设全球最安全的核电站”，希望日本核电出口“成为两国战略关系的象征”。枝野回应称，感谢越方的信任，“将不负所望”。随后，野田首相与阮晋勇总理就上述计划达成正式协议。

3. 日本和印度就推进两国核能协定谈判达成一致

2011年10月29日，玄叶外相与到访的印度外长克里希纳举行会谈，就推进因福岛核电站事故而中断的两国核能协定缔结谈判达成一致。同日，野田首相与克里希纳外长会谈，表达尽早签署两国核能协定意向。野田就两国的核能协定缔结谈判表示，“将对福岛核电站事故做出严格检查，在此基础上研究如何在安全对策方面作出贡献，与印度开展核能合作”。野田首相于12月28日访印发表演讲时表示，希望早日重启因东日本大地震而中断的日印核能协定谈判，并称“正关注其进展”。他强调日本“愿意与世界分享通过彻底调查和检验事故所获

得的知识与教训，为加强全球核能安全作出贡献”。①

4. 日本与土耳其就重启核能协定缔结谈判达成共识

近年来，土耳其的经济增长率平均为6%～7%，为维持这一经济增长水平，计划增建4座核电站。2011年11月3日，野田首相与土耳其总理埃尔多安进行会谈，就重启福岛核事故后中断的两国核能协定缔结谈判达成一致。野田称，日土两国“将共享事故的知识和教训，基于信任展开合作”，表示愿意推进谈判。埃尔多安回应称，关于土耳其国内正在计划的核电站建设，“将听取日本的想法，为合作深入谈判”。

在福岛核事故后出现了批评从日本出口核电技术的意见的形势下，日本主动开展核能外交攻势，力争进军越南、印度和土耳其等国家巨大的核电市场，通过加快缔结协定谈判的步伐，化解福岛核泄漏负面影响。

四　日本调整针对中国的亚洲政策

野田上台执政后，表面上开展以地震赈灾为中心的核能外交，实际上，日本的亚洲外交政策发生重大调整。其外交重点从民主党执政初期重视东北亚地区，发展日中、日韩关系，逐步发展到突出日本与东盟及南亚的国家关系，挑起地区安全冲突，营造南海问题多边化、国际化。

1. 日本分别与菲律宾、越南两国达成“战略伙伴关系”，意在以南海问题抗衡中国

2011年9月27日，日菲两国首脑就所谓“加强南海安全合作”达成一致，在遏制中国正当维护海洋权益的联合声明中宣称，“南海的和平与稳定极为重要”，借所谓南海海上通道安全保障，为在南海遏制中国领土要求释放和平烟幕。该联合声明还宣称，两国以民主主义等共同价值观为基础加深了“战略伙伴关系”，将把两国副部长级双边政策磋商升级为战略对话，日本海上保安厅将支援菲律宾沿岸警备队提升能力，以促进两国防卫系统间的交流，等等。具体来说，首先，日菲两国将举行定期海洋问题磋商。日本认为，南海对于日方而言是重要的海上通道，应就“有关中国加强东海和南海主权主张的动向”进行日菲

① 共同社新德里2011年12月28日电。

政府间定期磋商。双方还确认将推进合作，以确保日本在此海域的航行自由和船只安全。其次，日菲两国力图使“南海问题”多边化、国际化。日菲联合声明宣称，“在航行自由、和平解决纷争等方面遵守国际准则将对整个地区有所裨益”，大有将南海问题国际化、复杂化的企图。

日本与越南达成防务合作意向。2011 年 10 月 24 日，日本防卫相一川保夫与到访的越南国防部长冯光青共同签署了有关加强两国防卫合作与交流的备忘录。双方围绕亚太地区安全局势、多边安全磋商方式等议题交换了意见。10 月 31 日，野田首相与到访的越南总理阮晋勇签署了《日越联合声明》后强调，越南是日本的战略伙伴，“双方就推动核能领域和稀土共同开发合作达成了共识”。有分析认为，此举旨在拉拢越南在南海问题上共同对抗中国。

2. 以“南海问题”为契机，力图绑架东盟，离间中国与东南亚国家的关系

日本政要前往菲律宾、越南、马来西亚、文莱等国穿梭沟通，就加强南海合作谋求“共识”。玄叶外相于 2011 年 10 月中旬出访印度尼西亚、马来西亚和新加坡东盟三国，就南海的安全合作与三国展开磋商。11 月 18 日，日本与东盟国家的首脑会议在印度尼西亚通过了《巴厘岛宣言》，该宣言加入促进和深化日本与东盟在海洋安全领域的合作内容，强调“连接东盟与日本的海域的和平与稳定对地区繁荣不可或缺”。日本与东盟的“2011 ~2015 年行动计划”提及双方将在海事机构及海岸警备队的训练、信息共享和能力强化等方面开展合作。这表明日本力图通过与东盟的合作意向，形成对中国遏制的战略意图，明确展示日本在“南海问题”上与中国抗衡的姿态。

3. 日印双边关系升温，展开全方位合作态势

首先，日印两国就经济、安全等领域合作达成共识。2011 年 10 月 29 日，玄叶外相与印度外长克里希纳举行“战略对话”会议，双方确认推进稀土开发合作。玄叶强调：“日本与印度要作为战略伙伴在经济、安全等广泛领域加强合作。”双方一致认为，考虑到中国的海洋活动，有必要在南海地区构筑安全准则，这也将成为 11 月中旬东亚峰会（EAS）的主要议题。其次，日印两国防长就海上联合军演达成协议。两国计划在 2011 年年内召开日美印三国的首次工作级协商会，讨论南海的海上安全问题。日方还表示，在中国的海洋活动日益活跃的形势下，希望加强与印度的防务合作。11 月 2 日，一川保夫防卫相与到访的印度国防部长安东尼举行会谈，就 2012 年举行日本海上自卫队与印度海军的首

次联合军演达成协议。两国还计划促进日本陆上、航空自卫队与印度陆空军的对话与合作。12 月 28 日，出访印度的野田首相与辛格总理举行会谈，双方就进一步扩大海上安全领域的合作达成了共识，双方还签署了加强“全球战略伙伴关系”的联合声明。

五　日本变动对华政策

野田上台后随即表示将全力构筑日中两国稳定的外交关系。他认为，改善日中双边关系，要加强多层次、各领域的交流与合作，增进两国国民感情。但在钓鱼岛领土主权及东海海洋权益等问题上须坚持对华采取强硬政策。

1. 表示将继续推进日中战略互惠关系，但仍在一些敏感问题上制造摩擦

2011 年 9 月 6 日，当选首相野田佳彦与温家宝总理举行了电话会谈，双方就深化两国的战略互惠关系达成了共识。11 月 3 日，野田首相在 20 国集团峰会会场与胡锦涛主席进行了简短交谈，双方又于 11 月 12 日在美国夏威夷举行的亚太经济合作组织（APEC）峰会期间进行首次正式会谈。野田对东日本大地震后中方的援助表示感谢，愿意进一步深化两国的战略互惠关系。

但是，中日关系因 2010 年 9 月钓鱼岛撞船事件而处于低潮，尤其是负责外交及安全保障事务的日本首相助理长岛昭久等人于 11 月 7 日在东京与第十四世达赖喇嘛会谈，这是民主党执政后首次有政府高官与达赖会谈，直接冲击中日关系的底线。

2. 日本领会盟国美国的对华战略意图，就“南海问题”说三道四

随着美国全球战略东移亚太地区，并力争将东亚峰会作为发展建立亚洲安全和政治机制的平台，对此，日本与菲律宾等国家积极响应，从战略上迎合美国。近来，日本政府表现出对南海事态的密切关注，表示将致力于强化国际多边讨论机制。日本和菲律宾希望通过联手美国将“南海问题”国际化，利用东盟地区论坛（ARF）部长会议讨论南海安全议题，大有将本属双边范畴的“南海问题”纳入多边机制之中，进而实现国际化的图谋。

3. 谋求深化日美同盟，加强价值观外交

野田上台后就确认了日美同盟的重要性，并积极开展价值观外交。玄叶外相在 2011 年 10 月进行的日韩外长会谈时强调“两国共同拥有生死攸关的利益”。

随后，玄叶外相出访印度尼西亚、马来西亚和新加坡东盟三国，据日本共同社称：玄叶光一郎此行宣传了以日美关系为基轴，加强同亚洲民主国家的合作，以此防范正在崛起的中国。可以说，玄叶外相一系列的东亚出访都以强化日美同盟为背景，力图扩大“在亚太地区结交拥有共同价值观的战略合作伙伴”。野田首相于 12 月 27 日访印时特别强调，日印“两国拥有共同的普遍价值观，是亚洲两大民主国家，将加强在政治、安全、经济等广泛领域的合作”，构建日印两国“全球战略伙伴关系”。

六　中日确认进一步推进两国战略互惠关系

对于野田内阁对华政策的调整，中国从中日关系的大局出发，重申中日“四个政治文件”的原则，坚持推进两国战略互惠关系的既定方针，通过谈判对话和协商妥善处理重大敏感问题，保持中日关系大局稳定。

1. 中日确认进一步推进两国战略互惠关系

2011 年 9 月 6 日，温家宝总理电贺野田佳彦出任日本首相并表示：中日两国是一衣带水的邻邦，彼此在广泛领域均拥有共同利益，保持中日关系长期稳定健康发展有利于增进中日两国人民的福祉，以利于促进亚洲乃至世界的和平和繁荣。中国政府愿与日本新内阁一起，坚持中日“四个政治文件”的原则，保持两国高层交往；积极扩大在各领域交流和合作，密切在地区与国际事务中的协调和配合；以迎接中日邦交正常化 40 周年为契机，推进两国战略互惠关系取得新的进展。

2. 中国始终从战略高度与长远角度重视发展中日双边关系，坚持中日两国友好政策

野田就任首相后也表示将努力推进日中战略互惠关系，明确这是日本的基本外交政策，表明了对日中关系的重视。胡锦涛主席于 2011 年 11 月 12 日在美国夏威夷会见野田首相时，就发展中日关系提出五点意见：第一，保持高层交往，增强政治互信；第二，深化互利合作，打造合作亮点；第三，扩大人文交流，增进友好感情；第四，推进区域合作，加强国际事务协调；第五，妥善处理分歧，维护稳定大局。野田首相回应称，日中互为一衣带水的邻国，经济关系日益紧密，中国的迅速发展是巨大的机遇，日中关系对两国乃至世界都十分重要。日方愿意与中方

共同努力，加强各个领域的合作与交流，深化两国战略互惠关系。

3. 中日对于两国关系前景充满期待

野田首相在2011年12月25日访华时说，他很高兴在即将迎来的日中邦交正常化40周年之际访华，希望此次访问能够对深化日中战略互惠关系发挥作用。他表示，增进日中两国政治互信是发展日中关系的重要基础，中国的发展对于包括日本在内的国际社会是一个机遇。日方愿意继续秉承日中“四个政治文件”精神，加强与中方的高层往来，开展政党、议会与民间交流，密切在重大地区与全球性课题上的沟通与合作，携手应对挑战，为推动日中双边关系的发展，促进地区和平和繁荣作出努力。日方愿意加强两国在经贸、金融、能源环保、灾后重建等领域的密切合作，做共同发展的伙伴。温家宝总理回应称，发展中日关系需持之以恒地增进两国人民的彼此了解与友好感情，这是中日友好的重要基础。双方将以纪念中日邦交正常化40周年为契机，开展“中日国民交流友好年”相关活动，加强教育、文化、媒体、青少年交流。

七　结语

日本民主党执政以来，对外关系调整并没有偏离日美同盟的外交基轴，只是亚洲外交的内涵变动频繁，不断随着美国战略东移起舞，炒热“南海问题”成为当下日本外交新热点。事实上，日本搅乱亚太地区睦邻环境的功利性外交策略，并不一定能够满足其对外战略的根本目的。在民主党执政初期的《政权公约》中指出：“日本作为国际社会的一员，以构筑自立和共存的友爱精神为基础的国际关系，力争成为受到国际社会信赖的国家。”日本民主党基于这样的理念，在实现政权更迭和上台执政伊始，刻意提出有别于自民党联合政权时期的对外目标及外交方针及政策。民主党确定的对外关系总体目标是：在取得与国际社会利益一致的同时，为保证本国的安全及实现国家主体性而努力实现“外交立国”；在坚持以宪法和平主义为基础的防卫政策的同时，本着现实且富有灵活性的战略目标，确立日本外交的独立性和活力。① 但是，上述外交战略理念并没有在野田内阁的外交政策中得到充分体现，强化日美同盟、介入“南海问题”和

---

① 日本民主党网站，http://www.dpj.or.jp/policy/rinen_seisaku/seisaku.html/基本政策。

离间周边睦邻关系等作为，大有背离民主党执政初期外交战略目标的趋向，表现出日本外交政策的不确定性和非连续性特征。

长期以来，中日双方均视两国关系为最重要的双边关系之一。中日关系的改善与发展，不仅能够给两国带来重大利益，也能够为亚洲乃至世界的和平、稳定和繁荣作出积极贡献。推进中日战略互惠关系，就是要不断扩大战略共识，在具有共同战略利益领域加强合作，增强抵御政治摩擦的能力，有效消弭互不信任与战略性竞争带来的负面影响。中日双方只有坚持“以史为鉴，面向未来”，才能开拓中日两国战略互惠的新时代。双方按照中日“四个政治文件”确定的各项原则，在双边、地区与全球三个层面，从政治、经济、人文等领域加强对话、交流与合作，对于推动中日战略互惠关系意义重大。

参考文献

日本民主党网站，http：//www. dpj. or. jp/policy/manifesto/seisaku2009/08. html/民主党政策集。

日本外务省网站，http：//www. mofa. go. jp/mofaj/gaiko/bluebook/2011/index. html。

〔日〕《读卖新闻》相关报道，2011 年。

〔日〕《日本经济新闻》相关报道，2011 年。

〔日〕《朝日新闻》相关报道，2011 年。

〔日〕《产经新闻》相关报道，2011 年。

〔日〕共同网相关报道，2011、2012 年。

震災後日本外交および中日関係趨勢

呂 耀東

要　旨：2011 年、日本の「外交青書」の巻頭言には、「（震災後の）復活を果たすためにも、外交に全力で取り組む決意」とある。菅直人内閣は震災後復興を日本の内政外交の最重要課題にしようとしていたが、野田氏は、首相に

なってまもなく全力で中国・韓国と安定した外交関係を構築し、日中の戦略的互恵関係を推進すると表明した。ところが、野田首相は、日本の対外関係の調整に着手する過程で、「ドジョウ哲学」で現実主義的な外交政策をとり、米国の世界戦略の東進・アジア太平洋回帰を利用し、日米同盟という機軸を強化するプロセスで、価値観外交を展開して対中乖離政策を進め、アジア太平洋地域に防災緊急時メカニズムを設立するという名目で、日米同盟を中心とした東アジアの新しい安全保障の枠組みを構築している。また、日本は「非核化」を放棄する政策を選択し、一部のアジア諸国と原子力エネルギーで協力を強め、「南中国海」問題の名を借りて、アセアン諸国やインドを懐柔し、中国に対抗しようとしている。

キーワード：東日本大震災　原子能協力　日米同盟　アジア外交　中日関係

B.6

“暖”中有“寒”：震后中日关系及其走向

——2011年中日关系回顾与展望

姜跃春*

摘　要： 2010年中日之间发生的钓鱼岛撞船事件使两国关系再次进入“冰河期”。2011年3月11日日本发生特大地震后，中国政府和人民对日本国民表现出种种善举和诚意，给两国关系的改善带来了契机。尽管如此，由于中日之间种种结构性问题的存在，日本对华疑虑不仅没有减少，反而呈明显上升趋势，2011年日本在舆论和外交行动上都表现出对华的强烈戒备，为两国关系健康发展蒙上阴影。构建“战略互惠”的中日关系已经成为两国政府的重要共识，通过深化互惠内涵、扩大民间交流等措施增进政治互信对两国关系的健康发展至关重要。

关键词： 中日关系　战略互惠　钓鱼岛撞船事件　政府共识

2010年，中日钓鱼岛撞船事件①发生后，两国关系再次下滑至近年来“冰点”。2011年东日本大地震，给改善中日关系带来契机。中国政府和人民在日本发生大地震之后对日本国民表现出的种种善举，以及日本政府对此作出的友好回应，使中日关系出现转暖迹象。但因中日两国种种问题的存在，日

---

* 姜跃春，中国国际问题研究所研究员、主任，研究方向为中日关系、东亚区域合作。

① 2010年9月7日上午，一中国渔船在钓鱼岛海域先后同日本巡逻船两次相撞。随后日方以涉嫌违反《渔业法》为由逮捕中方船长，扣押17日后于9月24日将其释放。中方多次抗议并暂停中日省部级以上交往。

本对华的疑虑仍在加深，2011 年日本在对外舆论和日本外交中均表现出对华戒备姿态，为两国关系的健康发展蒙上阴影。中日"战略互惠"是两国首脑达成的共识，在中日两国关系面临内外变数增多的复杂环境中，如何丰富"战略互惠"关系的内涵，维护中日关系的稳定、健康发展是两国面临的共同课题。

一 "救灾外交"使中日关系的改善出现转机

2010 年由于中日之间出现"撞船"事件，两国关系再次陷入"冰冷"状态。2011 年 3 月 11 日，日本发生 9.0 级大地震，以及由此引发的海啸与核泄漏事件，使日本陷入前所未有的三重危机之中。中国政府和人民对日本灾区表现出国际主义和人道主义的种种善举，使陷入困境的中日关系出现转机。

（一）中国民众对日本灾区表现出种种善举

东日本大地震发生后，中国政府对此高度关注，以各种形式为日本灾区提供了帮助和支援。2011 年 3 月 14 日，由 15 名救援人员组成的中国国际救援队抵达东京后，立刻赴受海啸袭击严重的大船渡市，协助日本方面人员开展救援行动。3 月 16 日，百名中国学者提出倡议，"伸出我们中国人温暖的手，奉献我们中国人仁爱的心"，在社会上产生很大反响。尽管在互联网上不乏极端言辞，但中日两国民众日趋冷静和客观。据媒体统计，大多数中国网民认同政府派遣救援队和提供救援物资援助日本。在中国媒体报道了日本灾民处于生活困境时，不少中国民众感同身受，在网上留言，安慰日本灾民，鼓励日本民众树立信心，共渡难关。中国民间这种积极拉近中日两国民间感情的姿态还体现在中国媒体对此次东日本大地震进行了全方位的客观报道，尤其是日本某企业老板舍身救助中国研修生被海潮卷走的事迹、日本灾民感谢中国救援队等相关新闻事件。中国民众对日本灾区民众在大灾大难中表现的冷静克制、日本社会的井然有序予以高度评价，对日本民众的防灾训练、防灾意识以及救助工作赞赏有加。

（二）中国首脑对日本人民多次表达诚意

2011年3月18日，中国国家主席胡锦涛前往日本驻华使馆吊唁日本大地震遇难者，这是中日交往史上中国国家领导人第一次前往日本驻华使馆吊唁逝者。同年4月12日，中国国务院总理温家宝与日本首相菅直人通电话。温家宝对日本东北地区遭受强烈地震和海啸灾害再次表示慰问，并强调中方全力支持日方抗震救灾，愿同日方加强救灾与灾后重建等方面的合作。4月15日，胡锦涛主席在博鳌亚洲论坛演讲中特别提出了“亚洲人民是一家”的温馨理念，他以此次日本特大地震、海啸灾害为例，强调亚洲人民历来具有同舟共济的团结精神，守望相助，患难与共。5月21日，中国国务院总理温家宝在赴日参加第四次中日韩领导人会议之前，赶往此次特大地震和海啸的重灾区之一——宫城县名取市，实地察看受灾情况，并在废墟上为遇难的日本民众献上致哀鲜花，之后温总理在讲话中高度评价了日本人民在灾难面前表现出的镇定、团结、忍耐和不屈不挠的精神。

日本方面对来自中国的善举也给予很好的回应，在日本大地震发生一个月的4月11日这一天，日本首相菅直人向中国国家主席胡锦涛发送了亲笔信，对中国为日本大地震提供的援助深表感谢。同日，菅直人首相还在中国官方报纸《人民日报》① 上刊登了感谢中方援助的文章《情谊纽带》，言辞质朴，真诚感人。从中国元首亲赴使馆吊唁到日本首相亲笔写信感谢，都是中日外交史上的罕见特例，无疑可见处于低谷的中日关系出现“回暖”迹象。

（三）“温菅通话”激活中日首脑热线

2011年4月12日，中国国务院总理温家宝与日本首相菅直人互通电话。菅直人表示，日本发生地震和海啸灾难发生后，中方派出国际救援队，向日本灾区提供了大量无私援助，胡锦涛主席亲往日本驻华使馆吊唁遇难者，对此，他本人代表日本政府和人民向中方表示衷心感谢，并对在灾难中遇难的在日中国公民表示哀悼。菅直人称，日中两国是一衣带水的友好邻邦，日方

---

① 参见2011年4月11日《人民日报》，http：//world. people. com. cn/GB/1029/42354/14352239. html。

高度重视两国关系，愿同中方共同努力，加强日中两国在防灾救灾、核安全、清洁能源、人文等领域的交流与合作，推动日中战略互惠关系向前发展。[①] 中日两国总理的通话，实际上宣告了两国政府首脑热线机制得以恢复。高层沟通互动，是中日增进政治互信和发展互惠关系的重要基石。从"温菅通话"获知，双方对改善两国关系都抱有强烈愿望，都期望推动两国"战略互惠"关系向前发展。

（四）"温菅会"标志着双边关系实现转圜

2011 年 5 月 22 日，赴日本参加中日韩首脑会议的中国国务院总理温家宝与日本首相菅直人举行会晤，双方就改善两国关系、加强互利合作交换了意见，达成重要共识。温家宝强调，中方支持日方灾后重建与经济振兴，愿继续提供必要帮助，推动两国在相关领域的合作。中方愿派遣考察团和贸易投资促进代表团访日，考察日本灾后重建，恢复和扩大中日旅游及交流。在确保安全的前提下，适当调整对于进口日本食品的限制措施。中日双方要交流防灾救灾经验，探讨建立有效的合作机制；加强在可再生能源、清洁能源以及绿色低碳、循环经济和高科技等领域的合作，积极推动大型合作项目建设，打造新型经济增长点；持续开展两国人文交流，中方将邀请 500 名日本灾区学生来中国休养交流，与日方一道办好双方"影视周"、"动漫节"活动和 4000 名青少年互访等活动，巩固中日友好的民意基础。菅直人也表示，日本大地震灾害发生后，中国政府和民众立即表示亲切慰问并提供宝贵援助。特别是温家宝总理一抵达日本就专程赴灾区慰问，使得日本人民深受感动和鼓舞，有力增进了两国人民的友好感情。他再次感谢中方有关进一步支持日本救灾和灾后重建的相关措施和建议，表示这将有力支持日本的灾后重建。日方愿进一步密切两国高层交往与各级别磋商，加强节能环保、经贸、人文、旅游等领域的交流合作，推动日中"战略互惠"关系向前发展。菅直人就福岛核电站核泄漏事故造成的严重影响表示歉意，并表示日方将尽全力积极应对，及时通报准确信息，加强同中方在核能安全领域的合作。[②] "温菅会"

① 参见 2011 年 4 月 13 日《人民日报》，http：//paper. people. com. cn/rmrb/html/2011 - 04/13/nw. D110000renmrb_ 20110413_ 4 - 01. htm？ div = - 1。

② 新华社 2011 年 5 月 22 日电，http：//news. xinhuanet. com/world/2011 - 05/22/c_ 121444549. htm。

是中日两国发生钓鱼岛撞船事件后中国领导人首次登上日本国土，它不仅意味着中日两国首脑互访机制得以继续，也说明因“撞船”事件降温的中日关系出现回暖的迹象。

二　日本对华疑虑上升影响两国关系的健康发展

尽管两国关系的改善出现转机，但日本面临的内外环境的变化，特别是日本对美关系因普天间基地问题面临麻烦，经济上实力对比发生变化，中国 GDP 实现赶超成为世界第二位经济大国等因素存在，日本无论在舆论上还是在外交行动上都对中国未来走向表现出前所未有的疑虑和担忧，对两国关系的健康发展带来负面影响。

（一）发表《防卫白皮书》，在舆论上蓄意夸大中国的“威胁”

2011 年 8 月 2 日，日本政府于 8 月 2 日发表了《2011 年度防卫白皮书》,①进一步把中国锁定为主要防范对象。对中国的海洋活动使用了“趋于频繁化”和“常态化”等新词，表现出较强的警戒感。② 白皮书称，中国的军事力量现代化正在大范围地快速推进，战斗力的远程投射能力不断增强，并提出“有必要对中国海军舰艇的活动及活动据点设施的建设情况等加以关注”。白皮书在描写中国在与周边各国的利害关系问题上，首次使用“高压”一词，指出中国在与周边各国对立的问题上往往采取“高压”的应对姿态。③ 白皮书表示这令日本及国际社会感到“担忧”，对今后中国外交的方向性表示“不安”，并建议继续对中国军事动向保持“警戒”，也再次敦促中国提高军事透明度。此外，《2011 年度防卫白皮书》中刊登了中国第一艘改良型航母“瓦良格”号的照片，并指出中国以高昂的国防开支，来支撑军力的扩大和现代化。白皮书还首次绘制了一张以北京为中心的“中国导弹射程图”，研判中国目前拥有的导弹可覆盖 14000 公里。

---

① 参见〔日〕防卫省《2011 年度防卫白皮书》，日本防卫省网站，http：//www. mod. go. jp/j/publication/wp/index. html。

② 参见〔日〕防卫省《2011 年度防卫白皮书》，日本防卫省网站，http：//www. mod. go. jp/j/publication/wp/index. html。

③ 参见〔日〕防卫省《2011 年度防卫白皮书》，日本防卫省网站，http：//www. clearing. mod. go. jp/hakusho_ data/2011/2011/index. html。

（二）实施“南进”战略，在行动上全面介入“南海问题”

2011年，日本在中国周边活动频繁，大肆炒作“中国威胁论”，并不顾中国对南海拥有主权的事实和相关立场，积极介入南海问题。10月16日，日本首相野田佳彦在强调中国军力日趋强大、海上活动日趋增多之后，郑重警告日本自卫队要“忘战必危”，大肆宣扬“中国威胁论”。[①] 2011年10月31日，野田佳彦在接受英国《金融时报》的采访时表示，中国军队在东海和南中国海的活动日趋频繁，为日本的安全环境带来“不确定性”。[②] 他说：“（我们将）在各类会议上呼吁中国遵守规则。重要的是营造一个环境，让中国为亚太地区的和平与稳定作出积极贡献。”野田首相在呼吁亚洲国家加强合作，共同劝说中国越来越强势的军方遵守海上规则的同时，还在东亚地区展开了一系列动作。9月27日，在日本访问的菲律宾总统阿基诺三世与日本首相野田佳彦举行会晤。野田佳彦表示：“日本与菲律宾有着共同的基本价值观和战略利益，希望双方能在区域合作的框架内密切合作，对地区稳定和繁荣作出贡献。”阿基诺则强调：“希望双方在海上安全保障和防卫方面全面加强合作。”双方在会后发表的“共同声明”称：“南海的和平与稳定极为重要，在航行自由、和平解决纷争等方面遵守国际准则将对整个地区都有所裨益。”双方一致同意“增强两国海洋安全部门的合作与协调”，包括派遣日本海上保安厅的巡逻舰为菲律宾海军提供训练等内容，以确保两国在南海的重要利益。[③] 10月24日，日本防卫相一川保夫与越南国防部长签署了《防务合作与交流备忘录》，一致同意加强日越防务合作。在南海问题上，采取统一政策，以牵制中国在此问题上的强势动作。[④] 10月29日，印度外长克里希纳访问日本，并与日本外相玄叶光一郎举行一年一度的“部长级日印外交战略对话”，为野田年内访问印度

---

① 参见〔日〕野田首相在出席自卫队阅兵式上的讲话，2011年10月16日首相官邸网站，http：//www. kantei. go. jp/jp/noda/statement/201110/16kunji. html。

② 2011年11月1日〔日〕《日本新闻速报》，http：//news. searchina. ne. jp/disp. cgi？y =2011&d =1101&f = politics_ 1101_ 012. shtml。

③ 〔日〕《日菲共同声明》，日本外务省网站，http：//www. mofa. go. jp/mofaj/kaidan/s_ noda/philippines_ 1109. html。

④ 2011年10月24日〔日〕《朝日新闻》，http：//www. asahi. com/politics/update/1024/TKY201110240549. html。

做前期准备。① 日本首相野田佳彦计划于2011年12月访问印度，就如何确保日本船舶在印度洋的“航行安全”、扩大两国的贸易和投资等问题与印度领导人进行协商。日本新闻网称，日本通过这一系列的动作，进一步凸显了在地区战略中的重要地位，其“南进”战略也将完成从南亚和东亚对中国的战略包围。

（三）宣布参加TPP谈判，在地区合作问题上制衡中国

继2010年11月日本菅直人首相在横滨召开亚太经合组织（APEC）领导人会议上表示日本将与有关国家开始协商谈判“跨太平洋战略经济伙伴关系协定”（TPP）后，野田新内阁不顾国内的反对，在2011年11月11日举行的记者招待会上，宣布将加入TPP多边谈判。据美国的设想，TPP将是一个史无前例的区域自由贸易区设计，也是一个高标准、宽领域的自由贸易协议。它是美国重返亚太，制约中国崛起，实现主导亚太合作未来的重要战略之一。野田首相利用参加APEC峰会之机，表示日本将参加TPP谈判的意愿，其主要目的：一是希望通过参加TPP来支持美国亚洲战略与亚太自由贸易战略的立场，借此修复因普天间基地搬迁问题造成的日美裂痕，修好和巩固日美同盟关系，增加其与中国抗衡的砝码。二是为日本争取与美国建立自由贸易协定（FTA）谈判机会，达到日美经济的有力捆绑，既有助于重振日本经济，也有利于提升日本在亚太区域合作中的地位。但对日本而言，更为重要的意图是以此牵制中国日趋上升的主导地位。20世纪90年代以来，随着中国经济高速增长，中国与该地区国家经济联系日趋增加，中国在该地区地位逐渐上升。到目前为止，中国—东盟自由贸易区在2010年1月正式启动，大陆与台湾签署了促进两岸经济关系的《海峡两岸经济合作框架协议》（ECFA），中国在区域合作中的地位和作用日趋突出。与之相反，近年来日本经济低迷，在亚太经济合作中的影响力相对下降。日本作为亚太区域合作最早的倡导者和积极推动者，无论如何都不能接受这一现实。尤其是在中国经济规模超越日本之后，日本在亚太地区合作的自信心更加下降，因而，日本希望借助于TPP框架，给美国在亚太地区合作中确立领导地位提供重要支持，同时给

---

① 〔日〕《第五次日印外长战略对话》，日本外务省网站，http://www.mofa.go.jp/mofaj/kaidan/g_gemba/india_1110.html。

持续上升的中国实力提供一种制衡，为改变其在地区经济合作中的被动地位，重新获得地区合作主导权创造条件。

三　如何从战略高度深化中日“战略互惠”关系

（一）坚持“战略互惠”是中日两国政府的基本政策取向

2006 年 10 月，日本首相安倍晋三在实现访华的“破冰之旅”时，提出日中构筑“基于共同战略利益的互惠关系”的主张。2007 年 4 月，中国国务院总理温家宝访日时，中日双方进一步就“中日战略互惠关系”的基本精神和内涵达成共识，并就此发表了联合新闻公报。2008 年，中日两国首脑共同签署了《中日关于全面推进战略互惠关系的联合声明》，成为指导中日关系发展的第四个重要文件。2011 年 11 月 12 日，中国国家主席胡锦涛与日本首相野田佳彦在美国夏威夷檀香山举行会谈，双方一致同意继续深化中日战略互惠关系。胡锦涛主席指出，中方始终从战略高度与长远角度重视发展中日关系，坚持发展中日友好政策。在双边、地区、全球三个层面和政治、经济、人文等各领域，全面加强对话、合作、交流，推动两国战略互惠关系持续深入向前发展。野田首相表示，日中两国互为一衣带水的邻国，经济联系日益加强，中国的发展是巨大机遇，日中关系的发展对于两国和世界都十分重要。双方需要从大局出发，稳定发展两国关系。日方愿意与中方共同努力，加强各领域合作与交流，进一步深化两国战略互惠关系。野田在中日首脑会晤后对记者说：“明年是中日建交 40 周年纪念，我想在此前加强双边关系。从大局来看，有必要使日中关系平稳发展。”双方同意从大局出发妥善处理两国间存在的问题。胡锦涛就发展中日双边关系提出五点意见，包括坚持通过对话协商，妥善处理矛盾和分歧。野田则提出希望建立两国联络机制以管理危机，他还就钓鱼岛（日本称尖阁诸岛）主权争议和历史认识等问题表示：“虽然有时会发生难解的问题，但为了不影响日中关系全局，双方都必须从大局出发作出努力。”

（二）增加民间交流是增进两国国民互信的重要途径

中日邦交正常化已经进入“不惑之年”。“不惑之年”的中日关系理应进入成熟期，但从目前日本对华种种戒备来看，要么可以认为是日本对中国国防现代化有误解，要么就是蓄意制造“中国威胁论”。中国作为世界上国土面积较大的国家，拥有一定的国防力量无可厚非，何况中国一贯奉行与邻为善、以邻为伴的外交方针，奉行防御性的国防政策，中国国防现代化建设不仅现在不会、将来也不会对任何国家构成威胁。作为构筑战略互惠关系的中日双方，互信是基本的要求，也是深化合作与实现互惠的前提条件。然而，中日两国之间最大的问题恰恰在于相互间缺乏信任。据2011年中国日报社和日本言论NPO共同实施的第七次《中日关系舆论调查》结果显示，受钓鱼岛撞船事件和福岛核危机的影响，中日双方受访公众对于对方国家的好感度在2011年再度下降。调查表明，中国公众对日好感度从上年的38.3%下降到28.6%，同比下降了近10个百分点；日本公众和知识分子对中国的好感度为20.8%和40.6%，分别比上年下降了6.5%和10.8%。[①] 在中日双方缺乏信任的背景下，怎样将“战略互惠”这一新的定位从文字落实到实践中，是摆在今后中日两国面前的重要课题。中日之间存在着历史认识、台湾问题、东海争端等问题，要解决这些问题既需要智慧，也需要一个长期过程。在解决这些问题的过程中，加强两国之间的相互信任是极其重要的。既要增加两国政府之间的相互信任，也需要增加两国国民之间的相互信赖。特别是在目前两国国民之间对立情绪仍然存在的情况下，需通过进一步加大包括民间在内的多层次的交流力度，使各种层次的交流机制化、恒常化、规模化，才能营造良好的舆论环境，培育两国人民的亲近感，从而达到彼此增信释疑的目的。

（三）利用灾后重建是进一步加强中日经贸关系的重要内容

中日经贸关系始终在两国关系发展中占有重要地位。在经贸关系上，中国已成为日本不可撼动的第一大贸易对象国。中日两国在经济上的相互依存日益加深，如何在新的世界经济环境中提升两国的经贸合作，攸关两国经济的持续增长，更是涉及两国共同发展的共同利益。中国从2003年起就取代美国而成为日本最大的贸易伙伴以来，中国在日本外贸中的比重稳步上升，2010年占比达到22.3%；2007

① 参见2011年8月12日《人民日报》，《中日关系舆论调查》，http://paper.people.com.cn/rmrb/html/2011-08/12/nw.D110000renmrb_20110812_10-03.htm?div=-1。

年（包括香港）又跃升为日本最大的出口市场。2010 年中日两国间的贸易总额为 3018.5 亿美元，其中，出口、进口及贸易总额等三项指标都创下历史新高，单是对中国大陆的出口额就比对美出口额高 1/3 以上。日本也已成为中国第三大贸易伙伴。[①] 同一贸易国的贸易总额超过 3000 亿美元，在日本经济史上尚属首次。在对外投资方面，尽管近年日本对华投资出现分流现象，开始关注越南、印度等其他亚洲国家，但中国仍然是日本对外直接投资的主要场所。2010 年，日本对华投资项目数达 1762 个，同比增长 38.2%；合同外资金额为 84.5 亿美元，增长 21.4%，实际到位金额为 40.8 亿美元，增长 -0.5%。截至 2010 年末，日本对华投资累计项目数达到 44163 个，实际到位金额为 735.7 亿美元。中国企业对日投资起步较晚。近年来，华为、海尔、尚德、苏宁等有实力的中国企业通过直接投资或并购涉足日本市场，与日本企业开展了良好的合作。2010 年，对日本非金融类直接投资 2.1 亿美元，同比增长 120.1%。截至 2010 年底，中国对日本非金融类投资存量 7.2 亿美元。[②] 此次地震推动了日本制造业在日本国内以及全球的重新布局。一些原本留在国内或者被政府强制要求不准转移到外国去的生产厂商，今后可能调整其全球产业布局，不排除将一些技术含量较高的制造业转移到成本较低而自然灾害相对少的国家去。中国作为日本海外投资的重要国家，作为全世界最大建材、钢铁生产国，全球建筑市场份额较大的国家和名列前茅的建筑工程服务输出国，希望在今后日本灾后重建中发挥作用，使两国经济关系再上一个层次，为两国战略互惠关系的进一步健康发展创造条件。

（四）推进中日韩 FTA 是深化中日战略互惠关系在多边领域的重要体现

中日韩三国经济总量占亚洲经济总量的 70%、占世界经济总量的 17%，人口达 15 亿。其实，亚太地区任何形式的区域合作都没有中日韩合作对中日两国利益最现实、最直接。近年来，三国互为重要的贸易伙伴，经贸依存度不断提升，建立 FTA 的基本条件已经成熟。首先，中日韩三国间贸易额不断

① 参见〔日〕日本贸易振兴会，http://www.jetro.go.jp/indexj.html。

② 参见中国驻日本大使馆商务处《中日经贸合作简况》，http://jp.mofcom.gov.cn/aarticle/zxhz/hzjj/201103/20110307455650.html。

上升，互为重要贸易伙伴。日韩之间经济关系发展很早，有深厚的基础。近年中日、中韩贸易也有长足的发展。中国成为日本第一大贸易伙伴以来，在日本外贸中的比重稳步上升。中国自2007年以来已经连续三年成为韩国第一大贸易伙伴。2010年，中韩贸易额达2071.7亿美元，同比增长32.6%。[①] 2008年中日韩外贸进出口总额接近5万亿美元，占全球贸易总额的比重已逼近1/3，其中内部贸易额占到东亚各国外贸总额的54%，已经超过北美自由贸易区45%的水平。[②] 其次，推动三边经济合作已经成为三国首脑的共识。2008年12月13日开始的中日韩首脑峰会标志着中日韩合作将进入全新的历史阶段。到目前为止的四次峰会每次峰会都对三方合作提出具体合作计划，使得三方合作取得较快的进展。2011年5月在日本进行的第四次会晤，三国领导人讨论了日本发生的灾难性地震、海啸和核事故。在会后发表的《第四次中日韩领导人会议宣言》中，三国首脑一致表示愿意进一步加强三国之间面向未来的全方位合作伙伴关系。再次，三国间经贸合作还有广阔的发展空间。中日韩虽然都是世界贸易和对外投资大国，但是相互之间的贸易额仅仅占到三国对外贸易总额的11%，相互投资额占三国对外投资总额的比重还不到10%。中日韩三国处于不同的发展阶段，各自的优势比较突出，经济的互补性远远大于竞争性。中日韩三国人均资源占有水平比较低，大力发展循环经济、绿色经济，实现可持续发展是其共同目标，三国在此领域也有更大的合作空间。同时，三国在地缘、人文等其他方面也拥有得天独厚的优势，合作潜力可谓巨大。建设自贸区，也将为进一步扩大三国贸易投资合作提供新的动力。当然，由于各种敏感的历史、经济和政治等原因，中日韩三国建立FTA的难度，远远超过欧盟和北美自贸区的建立，也超过东盟自贸区的建立，甚至超过其中任何一国和东盟所建立的“10+1”自贸区。只要中日两国在这一问题上采取积极做法，就一定会在不远的将来实现三国之间自贸区的美好前景，这不仅是中日“战略互惠”关系在多边领域的体现，也将为加快东北亚乃至东亚区域合作进程作出重要的贡献。

---

① 参见《2011年中韩经贸简况》，中华人民共和国商务部网站，http://kr.mofcom.gov.cn/aarticle/zxhz/hzjj/201103/20110307437496.html。

② 参见《中日韩经济调查》，2008年12月29日《人民日报》，http://ccnews.people.com.cn/BIG5/8591402.html。

参考文献

《人民日报》，2008 年 12 月和 2011 年 4 月、8 月相关报道。

http：//kr. mofcom. gov. cn/aarticle/zxhz/hzjj/201103/20110307437496. html.

http：//jp. mofcom. gov. cn/aarticle/zxhz/hzjj/201103/20110307455650. html.

http：//www. jetro. go. jp/indexj. html.

http：//www. mod. go. jp/j/publication/wp/index. html.

「暖」中に「寒」のある中日関係及びその行方

—2011 年の中日関係の回顧と展望—

姜 躍春

要　旨：2010 年の「漁船衝突事件」によって、中日関係は再び「氷河期」に堕ちいてしまった。2011 年 3 月 11 日の東日本大震災後、中国政府と人民は、日本国民に様々な形で善意と誠意を示したことによって、両国関係の改善に契機をもたらした。それにもかかわらず、中日両国間に存在する様々な構造的な問題によって、日本の中国に対する懸念は減少されないどころか、むしろ明らかに上昇の傾向を示している。2011 年、日本では、世論と外交行動において、皆中国に対する強い警戒心を表し、両国関係の健康発展に陰りを生じさせている。「戦略互恵関係」の中日関係の構築が、すでに両国政府の重要な共通認識になっているし、互恵の内包の深化、民間交流の拡大などの措置を通じて、相互信頼を強化することは、両国関係の健康発展に最も大事なことである。

キーワード：中日関係　戦略互恵　漁船衝突事件　政府共通認識

B.7
2011年日美关系：震后的同盟深化

吴怀中*

摘　要： 2011年日美关系的总特征和基调，是两国在前一年关系转圜和回暖的基础上，力图加固和深化双边同盟。2011年3月发生的大地震灾难及美军救灾极大地促进了这一势头，6月召开的日美安保磋商委员会（"2+2"）会议体现了震后同盟深化的政策成果，9月登场的野田政权则给后地震时代的同盟深化带来初步的新迹象。由于美军普天间基地搬迁等遗留问题难以解决，加上日美双方各有难念的"内经"，震后日美同盟的深化也非一帆风顺。2012年日美双方的政策处境应该与2011年基本相似，不仅需要"安内"，着力处理经济和内政问题，用于外交的精力和资源受限，还需要"攘外"，在共同应对全球、地区及中国问题上要有所作为、共赴时艰。这种"纠结"决定了后地震的同盟关系还将更多地显现求同化异、相互借重、维稳寻进的基调。

关键词： 日美关系　赈灾合作　同盟深化　战略趋向

日美关系从2010年中段起已经开始触底止跌，下半年起日本痛感在安全保障上只能靠美国而大幅回调政策，一心想"重返"东亚的美国据此拉日防华，成功地阻止了日本可能的离心倾向。进入2011年，日美同盟关系已经基本站在重启和深化的起跑线上，[①] 1月初日美外相会谈上前原诚司向希拉里提出"日美

---

* 吴怀中，法学博士，中国社会科学院日本研究所副研究员，研究专业为日本外交，研究方向为日本安全防卫政策。

① 日本防卫大学校长五百旗头真表示："现政权竭力重新强化受伤的日美同盟，已取得很大成功。"参见五百旗头真《2010年代日本再生战略》，2011年1月9日〔日〕《每日新闻》。〔日〕约瑟夫·奈在与外务省前次官薮中三十二的对谈中表示："曾经对民主党政权疏美亲中的担忧，现在已经完全消失了。"参见2011年1月3日〔日〕《读卖新闻》。

新同盟元年”口号,[①] 就是应对这一形势而作出的反应。

总的说来，日本民主党政权（当然也是日美双方）拿出的2011年度“同盟成绩单”，相较于其上台以来前两个年份的业绩，无疑是“闪光”的一份。

首先，贯穿全年，日美同盟关系在战略层面稳中有进，双方高层同步持有稳定及深化同盟的共识和意向，并为此频密互动。虽然多数互动没有解决实质问题，但其本身还是释放出双方强烈的政治志向和沟通意愿。同时，日本的主流舆论和战略界也以高度的一致性，不惜为深化同盟关系摇旗呐喊、推波助澜。[②]

其次，东日本大地震极大地牵引和助推了全年的同盟深化。日美抓住机遇，合演赈灾公共外交，宣传同盟功效与美军作用，增进了双方的政治互信和国民感情。不仅如此，通过联合救灾行动本身，双方还检验、提升了防务合作及军事一体化能力，并使救灾等非传统安全合作进一步成为同盟深化的新方向和新内容。

再次，震后日美双方趁热打铁，在日美安保磋商委员会（“2+2”）会议上第三次制定了新的日美共同战略目标，规划了新阶段深化防卫合作的具体路线和方策，意义重大。而2011年9月野田内阁上台后，少壮派权势大幅上升，左右核心决策，短短数月即在深化同盟关系的具体项目上突破良多，预示了后地震时代日本深化同盟的方向和前景。

同时，影响同盟关系的障碍因素仍然存在，主要就是驻日美军普天间基地搬迁以及日本参与“跨太平洋战略经济伙伴关系协定”（TPP）谈判等问题。这些并非2011年出现的新问题，也非短期之内能够解决。但双方鉴于前辙，以求同化异的务实态度进行处理，没有使之动摇全局或影响根基。而日本内政的老问题——政局动荡、领导人频繁更送等，也被认为影响到了日美关系。[③]

---

① 参见2011年1月7日〔日〕《日本经济新闻》。

② 据粗略统计，日美首脑、外长及防长在2011年至少会晤十数次以上，远高于往年平均水平。而日本各大报均以大量的文章和报道来助推日美同盟的重建与深化，例如《读卖新闻》为此全年竟然刊登了20篇左右的社论，《日本经济新闻》刊登了8篇社论，《朝日新闻》相对较少，但也有5篇左右。

③ 对此，美方的典型评论是：“东京领导能力的孱弱和政治乱象的糟糕组合，已经严重妨害了日美同盟。”参见〔美〕帕特里克·克罗宁等《从“危机的同盟”走向进一步深化》，〔日〕《外交》第7期，2011年5月，第19页。日本国内也普遍认为菅直人穷于应付内政，在外交和日美关系上缺乏作为。参见〔日〕田中明彦《变革期的政治领导能力经受考验》，2011年9月13日〔日〕《日本经济新闻》；〔日〕添谷芳秀《重树外交安保政策》，2011年9月21日〔日〕《日本经济新闻》。

一　赈灾与同盟关系强化

2011 年伊始，日美就迫不及待地将强化同盟关系提上议事日程。为此，双方提早谋篇布局、兴利除弊，重点做了五大功课：（1）高层密切互动、频繁放话，确认同盟基轴路线，为深化同盟关系升温、定调；（2）推动“2+2”磋商，加快同盟深化协议，制定新的共同战略目标；（3）在前两项基础上，争取菅直人春天正式访美，发表重要的“日美联合宣言”；（4）为免影响大局，以延缓或脱钩处理的方式解决普天间机场搬迁事宜；（5）日方承诺尽快参加 TPP 磋商，解决“体贴预算”等问题。① 可以看到，在东日本大地震发生之前，日美双方已经为全年工作做了某种规划和铺垫。在此基础上，大地震及美军的救灾行动又从以下三个层面加强了日美同盟。

（一）基础层面：国民感情与政治互信得以增进

菅直人政权汲取 1995 年阪神大地震时村山内阁拒绝“美援”的教训，在第一时间请求美国的救灾援助。奥巴马则在第一时间回应表示：“两国的友情与同盟是坚定而不可动摇的。”② 从 2011 年 3 月 12 日到 4 月底，美军发起了代号为“朋友作战”的大规模救灾行动。在这期间，日美高层几乎每天都进行密切的互动，③ 而其中出现的高频关键词总是“友情”、“纽带”和“信赖”等。并且即使在美军 4 月行动结束之后，一直到年底，日美高层数十次会谈的保留话题之一仍然与灾害有关，内容包括日方表示感谢、美方誓言继续施援、日美将救灾等非传统领域作为同盟深化的重点方向等。

日本各界遍刮赞“美”之风，菅直人发表感谢：“日美是真正的朋友。拥有贵国这样的朋友，使我感受到了前所未有的信心和依靠。”北泽防卫大臣则表

---

① 双方高层为达以上目的而展开的相关行动有：1 月 7 日前原外相访美，1 月 13 日美国国防部长盖茨访日，1 月 21 日菅直人首相举行“破例的外交演说”，1 月 22 日日本政府原则通过“体贴预算”，1 月 30 日菅直人在达沃斯宣布日本将尽早参加 TPP 谈判等。

② 参见 2011 年 3 月 23 日〔日〕《朝日新闻》。

③ 据笔者初步统计，美军“朋友作战”行动期间，菅直人与奥巴马举行了三次电话会谈，奥巴马公开发表挺日谈话五次，日美外长在地震发生后一个半月内会晤了三次，其他层面的互动则次数更多。

示："我确信，这次的日美共同作战行动，将深深打动并铭记于日美两国国民的心中，也必将有助于今后的日美同盟深化。"[①] 2011 年 6 月的日美"2 + 2"会议文件特别指出："双方对日美同盟的信赖焕然一新，加深了日美在过去半个世纪构筑的友情"，"本次美军的救灾证明了日美之间特别的纽带关系，为深化同盟作出了贡献"。[②] 据日本内阁府同年 12 月 3 日发布的外交舆论调查显示，日本国民对美国感到亲切的比例达到 82%，创下历史新高，"凸显了国民对美国的好感"。[③]

（二）战略层面：基地、美军以及同盟的必要性得到宣示

首先，日美双方都意识到美军参与救灾是展现同盟重要性的绝好机会，双方的媒体开足马力宣传驻日美军的救灾贡献，掀起了"美军赞颂"运动，其高度统一的论调有二：一是阐发救灾离不开美军的大规模行动，尤其包括美军冲绳基地及海军陆战队的作用；二是强调美军尽心尽力帮助日本赈灾的原因，是日美属于同盟关系，美国负有义务。日美各级官方部门及新闻媒体还不厌其烦地以事实——美军救灾成果（参见表 1），来证明冲绳基地、驻日美军以及日美同盟的必要性。[④] 日本媒体皆认为，这种放大了的美军救灾效应是为基地问题的解决缓和了气氛、创造了条件，[⑤]"美军的存在不仅拯救了灾区，也挽救了日美同盟"。[⑥]

其次，大地震发生后，自卫队动用其兵员总数一半的 10 万官兵用于救灾，日本主流舆论借此渲染：日本在防卫上兵力不足，国防空虚，正是因为有驻日美军的存在，日本的安全才得到了切实的保障。例如，2011 年 3 月 29 日，日本各大报都登载了俄罗斯和中国军用飞机接近日本领空进行"挑衅"的报道。此举

① 参见美军第七舰队网站，http：//www. c7f. navy. mil/2011/04 – april/010. htm。

② 〔日〕日美安保磋商委员会联合声明《站在 50 年伙伴关系的基础上，迈向更加深化和扩大的日美同盟》，日美安保磋商委员会文件《应对东日本大地震的合作》，2011 年 6 月 21 日，参见防卫省网站，http：//www. mod. go. jp/j/approach/anpo/index. html#ann。

③ 参见 2011 年 12 月 30 日〔日〕《读卖新闻》。

④ 例如，日本各主流大报清一色称颂"朋友作战"行动的社论多达十余篇，重点报道则更多。只有《冲绳时报》和《琉球新报》等极少数地方媒体刊登了较为冷静的观点，批评了日美双方借赈灾之机宣传驻日美军及其基地重要性的做法。

⑤ 参见 2011 年 3 月 12 ~ 20 日〔日〕《读卖新闻》相关报道。

⑥ 参见 2011 年 4 月 14 日〔日〕《朝日新闻》。

表1　日美双方公布的美军“朋友作战”行动成果

<table>
<tr><th colspan="3">美军“朋友作战”行动(3月12日~4月30日)</th></tr>
<tr><td>规模</td><td colspan="2">美军总共动员了航母等24艘军舰、189架飞机、24500人</td></tr>
<tr><td>任务</td><td colspan="2">运输、搜索及救难、基础及生活设施复兴、核事故处理、其他</td></tr>
<tr><td rowspan="4">灾区援助(共运送货物3100吨、配发粮食280吨、水770万升、燃料4.5万升)</td><td>海军</td><td>“里根”号航母作战群为宫城县运送相当于3万顿饭的救灾粮食。在岩手海岸进行搜索救助活动和运送救援物资。在八户港和宫古港清理废墟。4月1~3日集中投入人员9000名、舰船6艘、飞机10架在三陆海岸与自卫队举行联合搜救活动。上述舰船的舰载直升机在三陆海岸等地实施搜索和救助活动。</td></tr>
<tr><td>陆军</td><td>联合从事仙台机场的修复工作。提供燃油等人道主义援助物资(包括2500床毛毯)、清理损坏车辆。4月10日约110名官兵与自卫队联合举行失踪人员搜索活动。4月还有数十名官兵从事日本铁道仙石线的清理作业。</td></tr>
<tr><td>海军陆战队</td><td>“埃塞克斯”号登陆舰运送提供大量救援物资,驻冲绳的海军陆战队使用约150辆水陆两栖车、20架直升机,来运送发电车、给水车、药品、毛毯等物资,进行人道主义救援活动。从事仙台机场和松岛机场的修复工作及人员搜救。</td></tr>
<tr><td>空军</td><td>下属的横田机场和三泽机场被分别开放用于接收民航飞机临时降落以及美英法等国救援队的中转;动用C130运输机等空运燃料、医疗用品、净水器和发电机等,将“全球鹰”无人机拍摄的灾区图像及时提供给日方。</td></tr>
<tr><td>福岛核电站事故处理</td><td></td><td>向日本派遣150名海军陆战队的核辐射处理专业部队(CBIRF)人员。为日本提供“全球鹰”无人机拍摄的照片等信息。提供核、生物、化学(NBC)兵器防护服99套。运送并提供控制核分裂反应的氟素9吨。提供两艘驳船,装载用于向核反应堆注水的真水1140吨、淡水190万升。运送并提供消防车2辆、压力泵5台。</td></tr>
</table>

意在提醒国民：自卫队在忙于救灾而疏于国防时，“敌人”有可能乘虚而入，威胁日本的安全，这个时候，美军和同盟的存在无疑是日本安全的最大保证。

（三）战术层面：同盟的军事协同能力得到检验和提高

第一，双方把联合救灾当做“有事状态”或“准有事状态”下的联合作战行动，实地检验了双方联合指挥、作战和后勤支援等局势一体化的能力。

日本主流媒体多次引用防卫省和外务省官员的话表示，美军“朋友作战”和日美联合救灾行动的真正意义，是想定“日本有事”或“周边事态”情况下的同盟联合作战行动，而且是日美历史上最大的作战行动。[①] 6月召开的日美“2+2”会议也从这个角度高度赞扬了美军的“朋友作战”行动，指出自卫队和

① 参见2011年3月28日〔日〕《读卖新闻》、2011年4月4日《日本经济新闻》相关报道。

美军前所未有的联合作战行动极富成果，加深了同盟的信赖和友情。① 日本 PHP 综合研究所的报告认为，“朋友作战”行动表明自卫队与美军之间的联合作战及沟通能力没有问题，向国内外展示了双方在不测事态下遂行大规模联合作战的能力。②

第二，双方建立了联合协调机制，为将来积累了实践经验。

日美联合协调处是根据 1997 年“日美防卫合作指针”的规定设立的。但指针规定的是，当日本发生“武力攻击事态”或“周边事态”时，日美适时设立联络机构。此次日美破例在发生灾害而不是“有事”时设立协调处，是根据需要而首次采取的特别尝试。③

在联合协调处（参见图 1），自卫队和美军高官就每天的联合救灾事务进行密切磋商和具体协调。担任美军联合支援部队司令的美军太平洋舰队司令沃尔什上将在回顾两军的合作情况时曾透露：“与自卫队参联会主席折木良一每天就‘朋友作战’行动至少沟通 30 分钟。陆上自卫队参谋部防卫部部长番匠幸一郎

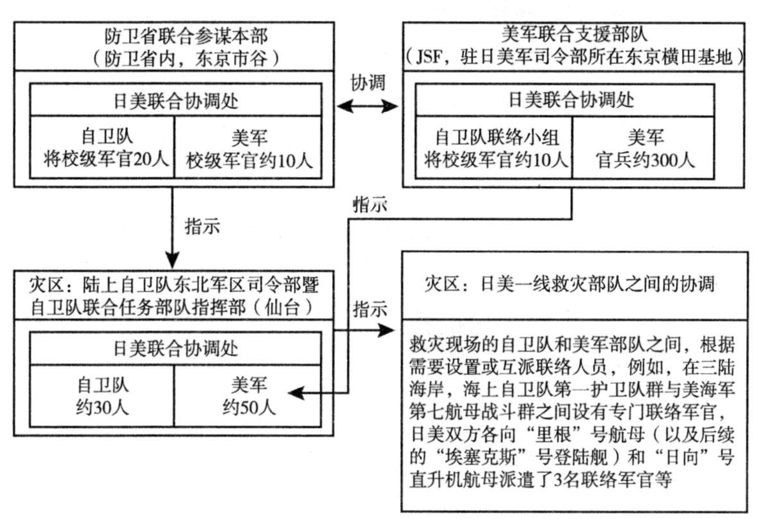

图 1　自卫队与美军赈灾协调体系示意图

① 参见〔日〕日美安保磋商委员会文件《应对东日本大地震的合作》，2011 年 6 月 21 日，防卫省网站，http：//www. mod. go. jp/j/approach/anpo/index. html#ann。

② 〔日〕PHP 综合研究所：《“先进的安定势力—日本”的大战略建议》，2011 年，第 29 页。

③ 参见 2011 年 4 月 13 日〔日〕《读卖新闻》。

每天都会在横田基地出席 JSF 的会议。”① 而番匠本人的评论是：“日美双方配合默契，协调顺畅，完全没有问题。”② 6 月召开的日美“2 +2”会议对这种状态的评价是：“自卫队和美军在市谷、横田和仙台，设立了‘日美协调处’，作为联络通信和运用协调的中心发挥了作用。这个经验，将成为双方应对将来各种不测事态的标本。”③

第三，经验教训的总结被运用于今后的合作。

日美在弘扬美军救灾“主旋律”上具有高度的一致性，但双方在联合救灾中也不时暴露出种种的不协调。防卫省在事后的总结中专门就“有关应对东日本大地震的教训事项”进行研讨，并提出了多项针对性的改进建议。这些建议的主要内容有：应该首先明确大规模灾害情况下的日美协调机制及联合协调处的定位和职能；明确各级日美联合协调处的人员、职责，构筑双方信息沟通的对应窗口；制定应对日本国内灾害（尤其是复合型灾害）的“日美共同要领”——包括规定自卫队和美军的作用、任务以及相互支援的具体程式；强化包括有关部委在内的日美政府整体的协调框架和机构，等等。④ 日美双方还在 6 月的“2 +2”会议相关文件的最后一段作了如下重点阐明：“（从救灾中）认真学习一切经验，提高日美两国在将来应对多样化事态的能力。”⑤

二　震后同盟深化：变与不变

（一）大地震与同盟深化的提速

大地震发生前夕，日本政局围绕营直人下台问题已经陷入严重混乱状态。日美双方均对同盟深化协议的前景表示深刻的担忧。⑥ 但大地震和美军救灾行动为

① 参见 2011 年 4 月 21 日〔日〕《日本经济新闻》。

② 参见 2011 年 4 月 12 日〔日〕《读卖新闻》。

③ 参见〔日〕日美安保磋商委员会文件《应对东日本大地震的合作》。

④ 参见〔日〕《防卫省和自卫队应对东日本大地震的活动情况——与驻日美军的合作》，防卫省，2011 年 10 月，日本内阁府网站，http://www.bousai.go.jp/3oukyutaisaku/higashinihon_kentoukai/。

⑤ 〔日〕日美安保磋商委员会文件《应对东日本大地震的合作》。

⑥ 参见 2011 年 3 月 3 日〔日〕《读卖新闻》。

此带来了强大的推动力。地震发生两周后，《日本经济新闻》就在评论中指出："灾害和核事故的合作，应该会被反映到一个月后有关同盟深化的'2 +2'磋商中。'共同战略目标'正在向应对灾害和核事故等的新方向进行调整。"① 2011 年 4 月以后，日美政治精英及各大媒体都力主把联合赈灾的余热带到同盟的重建和强化中去。北泽防卫大臣认为，美军的救灾业绩"象征日美同盟的深化"。②美国的知日派高官迈克·格林在接受采访时也表示："大地震为民主党政权下纠结的日美同盟提供了前进的机会和方向。"③ 日本主流大报也都发表了社论或重头评论，主题几乎都是主张利用赈灾机遇，修复和深化日美同盟。④ 在这种氛围下，4 月末访美的松本外相向克林顿国务卿提出"把加强救灾合作置于同盟深化磋商的支柱位置"。5 月菅直人与奥巴马在法国举行会谈时，双方也一致同意把日美关系从非常时期的"地震阶段"推向协商战略深化的"后地震时代"。

2011 年 6 月 21 日，日美"2 +2"磋商正式举行。这是民主党政权与美方首次举行的"2 +2"会议，其里程碑式的意义在于民主党政权首次与美方制定了深化同盟的联合文件。⑤ 鸠山政权对同盟路线的"离经叛道"，曾让日美两国的同盟拥护者担忧不已。菅直人上台后虽然有志于"拨乱反正"，但因政局混乱而有心无力，最后连正式访美都未能成行。这种情况下，日美双方都在寻求一种制度性的成果对同盟深化加以落实和规范。此次"2 +2"会议的召开，实际是在制度层面上坐实了民主党对美政策回调及深化的框架和方向。从更大的范围来说，2010 年底新《防卫计划大纲》的出台加上此次"2 +2"会议的举行，不但可以证明民主党政权的政策回调已经定型，而且可以证明经过政权轮替后"日本 80% 以上的政治势力所赞成的同盟政策"，因而"对下一个 50 年（的同盟）来说意义非常重大"。⑥

---

① 参见 2011 年 3 月 27 日〔日〕《日本经济新闻》。

② 参见〔日〕《防卫大臣记者招待会》，2011 年 4 月 5 日，防务省网站，http：//www. mod. go. jp/j/press/kisha/2011/04/05. html。

③ 参见〔美〕迈克·格林《大地震推动日美同盟前进》，2011 年 4 月 17 日〔日〕《读卖新闻》。

④ 例如，典型的社论就有：《"朋友作战"是日美同盟深化的重要一步》，2011 年 4 月 10 日〔日〕《读卖新闻》；《巩固日美同盟强化的潮流》，2011 年 4 月 18 日〔日〕《日本经济新闻》；《把"朋友作战"的成果带向明天》，2011 年 4 月 18 日〔日〕《朝日新闻》。

⑤ 参见 2011 年 6 月 23 日〔日〕《日本经济新闻》。

⑥ 参见〔日〕《日美外长防长联合记者招待会会见概要》，2011 年 6 月 21 日，外务省网站，http：//www. mofa. go. jp/mofaj/area/usa/hosho/kaiken1106. html。

（二）从“2+2”磋商看同盟深化的创新部分

此次日美“2+2”磋商公布四份政治文件，被认为取得了五项成果（参见表2的相关部分）。其中，名为《应对东日本大地震的合作》的文件是历次“2+2”会议公布的第一份涉及抗震救灾的文件，它首次正面强调在同盟的安全合作中要加强防灾救灾的国际合作、共同应对核能事故以及将来可能发生的多样化事态等，因此也是此次“2+2”会议的一大新意和亮点。对此，外务省发布的公报认为，东日本大地震的合作“显示了今后日本安保合作在广泛领域内的多种可能性”，应将这种合作作用于“建设下一个50年的日美同盟”。①

灾害是害，但日美在震后意图变害为“利”：一是在国际社会疾呼建立全球救灾机制，倡导非传统安全合作的重要性，争取议程主导权和提升软实力；二是把应对自然灾害等非传统安全因素正面纳入同盟合作的范畴，使非传统安全合作成为同盟深化的新方向和新内容。两大举措体现了日美“与时俱进”地改造同盟、为同盟寻求存在意义和发展方向的意图。日美在推动面向21世纪的转型和深化时，就已经在意图尽量更多地将非军事领域的合作纳入同盟的范畴之内。大地震使日美双方很快找到了这一方面的切入口和新方向，它主要具体体现在三个方面。

第一，日本国内救灾首次正式成为同盟合作和深化的业务内容。大地震之前，驻日美军或日美双方重视的是地区联合救灾行动，目光朝外，如2004年印度洋海啸发生后自卫队和美国海军陆战队之间实施的联合救灾行动。但以大地震为契机，双方目光向内，开始讨论日本国内发生重大灾害时日美联合抢险救灾的前景和计划。这一点在“2+2”磋商中得到了具体的体现，包括强调两国建立救灾综合协调机制、美军参加日本各地防灾训练的重要性等。

第二，进一步倡导国际救灾活动和构筑救援机制成为同盟深化的内容。从自卫队和美军实施对印度洋海啸的联合救灾以来，开展国际及地区联合救灾就稳步

---

① 参见〔日〕《“2+2”会议——迈向日美同盟的下一个50年》，外务省网站，http：//www.mofa.go.jp/mofaj/press/pr/wakaru/topocs/vol77/index.html。

进入了日美同盟的合作议程。2010 年 1 月，双方在纪念《日美安全条约》修改 50 周年发表的联合声明中明确表示，“在亚太地区及超出这个范围外的区域，日美将合作应对自然灾害，进行人道主义援助”。① 显然，日美双方都认为，对外联合救灾不仅有助于深化和拓展同盟关系，而且由于双方快速反应和救灾能力强大，通过强强联合可以提升同盟的道义形象，增强国际影响力。此次“2 + 2”会议公布的文件中重点强调“大地震及复合型灾难是国际社会的教训，应对这种非常事态也是所有国家的责任”,② 立意即在于此。

第三，在救灾议题的基础上，进一步开展非传统安全合作并使之成为同盟深化及转型的切入口。冷战结束后，非传统安全问题逐渐进入日美同盟的合作视野。进入 21 世纪后，日美在 2005 年和 2007 年“2 + 2”会议制定的共同战略目标中，都有包括推动非传统安全合作的内容。大地震后，日美制定的新共同战略目标中更进一步包含了这方面的内容。从这一趋势来看，日美同盟的核心虽仍是军事合作关系，但其属性和范畴从应对传统威胁扩展到非传统威胁领域，从单纯军事倾向转型扩容到军事以外的多种领域再到兼顾全球治理，从而为同盟的深化、扩容乃至走向世界提供着重要的新路径，显然也是一个不争的事实。

（三）从“2 + 2”磋商看同盟深化的连续部分

在某种意义上，震后同盟深化的基本面是其“既定部分”，因为这是日美同盟的基干部分，也是同盟需用更多的资源来加以应对的部分。也可以说，2010 年下半年民主党政权调整政策以来日本战略界形成的一些主要思路，并没有因大地震而产生重大的调整和改变。大地震为同盟深化找到或确认了一些新方向和新内容，对同盟强化有一定程度的促进和拉升作用，但对同盟的基本性质和主打方向并没有决定性的改变作用。对此，美国学者克罗宁给出了自己的解释。他认为，“日美应该确认东日本大地震并没有使两国的战略前景产生结构性变换。3 月 11 日之前存在的复杂的安全课题，现在仍然存在”，同盟需要应对的课题主要

① 〔日〕日美安保磋商委员会联合声明《迈向日美同盟的深化》，2010 年 1 月。参见〔日〕西原正、土山实男编《日美同盟再考》，亚纪书房，2010，第 299 页。

② 〔日〕日美安保磋商委员会文件《应对东日本大地震的合作》。

还是应对中国和朝鲜“问题”、构筑地区安全架构、确保海空以及宇宙和网络等国际公共空间的安全、应对环境和资源能源问题等。①

从这个角度来说，此次日美“2+2”磋商在同盟深化协议上取得的两项重要成果是“重新审视和确认共同战略目标”和“深化和扩大日美安全防卫合作”。

共同战略目标可以分为亚太和世界两部分。日美同盟在亚太地区所要致力解决的重要课题——地区共同战略目标，是应对“朝鲜问题”，构筑与中俄的信赖关系，加强日美澳、日美印及日美韩等三边或多边安全合作。同时，反恐及防扩散、核安全、海上安全、宇宙及网络空间的安全等目标，是日美需要合作解决的全球性的新问题，即全球共同战略目标。

此次会议的看点是决定了促进安全防卫领域合作的各种具体政策措施。例如，自卫队与美军的共同训练，设施的共同使用，情报共享以及联合进行情报搜集、警戒监视、侦察活动，保持美军的延伸威胁等。另外，关于向第三国转让日美共同开发的“SM-Ⅲ布洛克2A”反导导弹也得到了有条件的认可。会议还磋商了宇宙及网络空间的安全保障措施、有关灾害救援及人道主义活动、环保合作、应对武器装备的国际共同开发和生产等事项。

两项成果当中，“新共同战略目标”的出台无疑更加引人关注，与以往两次共同战略目标相比，意义清晰可见。（参见表2）

从历史上看，日美“2+2”会议在2005年和2007年曾制定过两次“共同战略目标”，而后者只能算是前者的一次补充。2011年的这一次是重新评估和全面修订，意义不亚于2005年那一次，而且在与以往两次的对比中还凸显了如下一些新的阶段性特征。其中的第一点和第四点，又可以说是重中之重。

第一，本次的共同战略目标，表明日美开始真正打造面向21世纪的全球同盟。例如，它高调主张日美共同维护海洋安全及航行自由、宇宙及网络安全、应对多样化事态等。这表明日美意欲合力共管和控制全球公共空间，占领21世纪的战略制高点和新边疆。

① 参见〔美〕帕特里克·克罗宁《从“危机的同盟”走向进一步深化》，〔日〕《外交》第7期，第19页。

表 2　日美“2 +2”会议制定的三次共同战略目标比较

会议年份	达成的主要成果	“共同战略目标”部分的比较
2005	(1)确认日美合作的既有成果(尤其是关于全球问题的合作)； (2)重点评判东亚安全环境； (3)制定共同战略目标,重新评估双方的角色、任务和能力以及军事态势； (4)确认加强今后日美安全防卫合作,重点包括确保美军能够稳定驻扎日本。	(1)确认 6 项全球共同战略目标:推动实现民主主义等基本价值,参与国际和平合作,反恐与防扩散,改革安理会,维护世界能源安全等； (2)确认 12 项亚太地区共同战略目标:确保日本安全以及维持地区和平与稳定、和平解决有关朝鲜的问题、欢迎俄罗斯建设性参与地区事务、支持和平与发展的东南亚、维护海上交通安全等； (3)上述 12 项地区目标中,涉华 3 项,并首次具体提到台海问题:“与中国发展合作关系,欢迎中国在区域以及全球扮演负责而有建设性的角色”;“鼓励中国提高军事透明度”;“鼓励以和平方式并通过对话解决台湾海峡问题”。
2007	(1)在确认 2005 年的共同战略目标基础上,根据形势发展重点确认 11 项新的重点目标； (2)确认落实驻日美军整编及日美角色、任务、能力分担的落实进程,重点确认推动实施 2006 年达成的“驻日美军整编路线图”； (3)重点确认强化导弹防御系统的运用合作及其能力提升。	(1)确认 2005 年公布的共同战略目标,同时再确定 11 项新共同战略目标,内容涉及朝鲜、中国、东盟、澳大利亚、印度、阿富汗、伊拉克、伊朗、北约以及应对非传统安全问题等； (2)11 项目标的第 3 项涉及中国:“认识到中国对地区及世界安全贡献的重要性,但也要进一步促使中国作为负责任的国际利益攸关方去行动、提高军事透明度以及保持政策宣示与实际行动之间的一贯性”。
2011	(1)确认以《日美安全条约》修改 50 周年为契机而推进的同盟深化成果； (2)根据日本的安全环境,对 2005 年及 2007 年制定的共同战略目标进行重新评估和修订； (3)深化和扩大日美同盟的安全和防卫合作； (4)完善并落实 2006 年制定的“驻日美军整编路线图”； (5)充分利用日美联合救灾的经验和教训,强化日美应对灾害及多重事态的能力。	(1)重新确定 24 项共同战略目标,内容涉及朝鲜问题、中国、俄罗斯、地区军力增强、日美韩及日美印合作、支援脆弱国家、应对恐怖主义和灾害、核能及能源安全、国际救灾、海洋安全及航行自由、宇宙及网络安全、应对多样化事态； (2)上述 24 项目标中有 2 项涉及中国:“构筑日美中之间的信赖关系,推动中国在地区安定及繁荣上承担负责任的建设性的角色和在全球问题上进行合作以及遵守国际行动规范。提高中国军事现代化及活动中的开放性和透明度,加强达成相互信赖的措施”;“欢迎两岸在更新改善关系上所取得的已有进步,促进通过对话和平解决两岸问题”。

第二，之前的两次共同战略目标在提倡“日美 + X”型的三边安保合作时，主要指的是日美澳合作等。在此基础上，本次目标又新加进了日美印和日美韩合作等内容。这意味着，日美意图以同盟为轴心，联合一切可以“团结”的对象，

从而建立起某种“全面覆盖型”的地区多边安全网络。而“与韩印的合作，无疑具有‘中国包围网’的含意”①。

第三，透露出美方要求日本分担责任的浓重意味。从战略目标及其他项目作出的宏观设计中，可以看到“力不从心的美国正在加大要求日本分担其全球和地区重责”②，尤其是联合应对中国崛起局面、支持其维持全球霸权的暗示。而日本也正在领悟并意欲执行美国的战略要求，《日本经济新闻》对此发表社论认为：“日本应认识到日美同盟和美军在保障亚洲安全上承担的最终责任，担负起支持美国领导亚洲的责任。”③

（4）目标的重点是应对朝鲜半岛局势和中国的强盛崛起，而后者更甚。24 项共同战略目标中，与中国间接有关的至少有 10 项以上，直接点名的为 2 项，从确保宇宙和网络等国际公共空间安全，到维护地区的海洋通道和航行自由，从“负责任”和“守规矩”到提高“军事透明度”和“和平解决”台海问题，对华指向更加明确、直接和高压。可以说，新目标的相当一部分是对华“量身定做”的。为此，日美确定了各自的任务及职责分担，日方将更多地在对华前沿承担情报搜集、监视、侦察等活动。对于这一点，即使日本主流媒体也不否认。④

三　野田政权与后地震的同盟走向

2011 年 9 月上台的野田政权，对后地震时代的日美同盟深化起到了进一步的推动作用。之所以能如此，除了震后日美关系升温以及战略磋商取得进展等情势使然外，也与野田个人及其外交安保执政团队——少壮派群体主政后的对美政策取向密切相关。

作为“坚定的日美同盟主义者”⑤，2007 年野田曾在自己的著述中清晰地表

① 《“2+2”：日美分担责任与韩印合作》，2011 年 6 月 23 日〔日〕《日本经济新闻》。其后，并非巧合的是，2011 年 7 月日美韩外长举行会谈，一致同意在南海加强合作；2011 年 12 月日美印举行首次局长级会谈，磋商海洋安全以及应对中国海军力量增强等问题。

② 《“2+2”：日美分担责任与韩印合作》，2011 年 6 月 23 日〔日〕《日本经济新闻》。

③ 《中国在南沙应言行一致》，2011 年 6 月 7 日〔日〕《日本经济新闻》社论。

④ 《日美应抓紧制定对华战略》，2011 年 6 月 23 日〔日〕《日本经济新闻》社论。

⑤ 〔日〕大下英治：《顽强的泥鳅——野田佳彦研究》，青志社，2011，第 327 页。

明了“日美同盟无疑也是战后日本外交的基轴，不但贡献于日本的安全保障，而且对东亚的和平与稳定来说也是一种公共产品。同盟虽然中途也有变质的部分，需要进化，但日本现在完全没有解除同盟的积极理由”。[①] 在上台前夕的2011 年 8 月，野田在文章中进一步表示，“对日本的安保来说最大的资产和基石是日美同盟。同盟不仅为了现实利益，而且还共同拥有民主主义、基本人权、法治、航行自由、维护宇宙和网络空间安全等基本价值”。[②] 在就任首相前夕的 9 月，野田再次强调“日美同盟是基轴中的基轴”，并对自己的心腹透露：“只有日美关系牢固了，才能谈得上日中和日俄关系。明年各有关国家都有选举或领导人换届，可能导致地区不稳。正因为如此，首先必须夯实日美基轴关系。”[③] 2011 年 9 月 13 日，野田作为内阁总理大臣在国会发表执政演说，专门强调“美军在大地震中的‘朋友作战’行动，使经过半个世纪深化的日美同盟关系的意义得到了重新确认”。[④] 9 月下旬在纽约会见奥巴马时，野田再次强调了这一观点。

野田对美虽有拉近距离的意愿，但缺人脉。野田的松下政经塾同窗老友山田宏就透露：野田的对美外交需要依靠精通日美关系的前原诚司和长岛昭久等人，前原以民主党政策调查会会长身份负责相关的党内协调，长岛作为首相助理则被委以“全权负责官邸外交”[⑤]，两人分别在党政两口担纲野田政权的对美事务。而民主党的“国防族”基本是以前原为顶点，除了长岛还有松本刚明（民主党国会对策委员长代理）、渡边周（防卫省副大臣）、吉良州司（民主党防卫部门会议议长）、榛叶贺津也（原防卫副大臣）等。这些少壮派占据了民主党和政府的重要职务，如果再与思想及政治理念高度同质的自民党国防族联手呼应，在同盟政策或涉美事项上取得一些突破性进展并非困难的事情。

事实上这种进展正在变为现实。野田上台三个月后，在事关同盟深化的事项上取得了不俗的战绩，令人刮目相看。首先是美国比较看重、直接施压日本要求解决的两大问题：普天间基地搬迁和加入 TPP 谈判问题。美国高调

---

① 〔日〕野田佳彦：《民主之敌》，新潮社，2007 年，第 119 ~ 120 页。

② 〔日〕野田佳彦：《我的政权构想》，《文艺春秋》2011 年 8 月号，第 95 ~ 102 页。

③ 参见 2011 年 9 月 8 日〔日〕《日本经济新闻》。

④ 参见 2011 年 9 月 13 日〔日〕《读卖新闻》。

⑤ 〔日〕大下英治：《顽强的泥鳅——野田佳彦研究》，青志社，2011，第 324 ~ 327 页。

重返东亚所依赖的军事和经济两个抓手，无非是西太平洋的军事同盟及基地体系和以 TPP 为依托的美国主导的经济体系。这两个抓手能否成立，很大程度上取决于日本是否鼎力配合美国。《读卖新闻》9 月 23 日就此评论道："美国无法轻视普天间搬迁和 TPP 交涉的迟延，因为对其来说事关其回归东亚及对华战略的成败。"

野田政权在普天间机场问题上采取的仍然是"对冲绳进行政治说服与经济补偿并用的一贯做法",① 野田在 9 月的施政演说中宣称"要遵循日美达成的协议，并全力求得冲绳民众的理解"② 之后，接着便以顽强的"泥鳅"精神取得了两个阶段性的成果（参见表 3）。虽然这个问题的解决并非朝夕之事，但日美双方都倾向于相信：在野田手上，事态将进一步被作为技术性的内部问题来处理，而且肯定会得到某种推动并日益接近于目标。

表 3　野田内阁的同盟修复及深化业绩

普天间基地搬迁	武器出口三原则	F－35 采购	参加 TPP 谈判
(1)以综合对策带动基地搬迁,如制定新的"冲绳振兴特别措施法"等以代替 2012 年 3 月到期的旧法,在新法中尽量满足冲绳县的要求,如在 2011 年底,野田内阁决定 2012 年度冲绳相关预算为 2900 多亿日元,其中 1500 亿日元为可自由支配的"一揽子拨付款"; (2)2011 年底前后野田政权向冲绳地方政府提交机场搬迁对环境影响的评估书。按照程序,3 月由冲绳向中央提交意见书,如果获得通过,中央政府再于 2012 年 6 月向冲绳县申请填海造田和建设新机场。	2011 年 12 月,日本政府决定大幅放宽"武器出口三原则"的相关规定。其实质内容为两点:放宽对武器和关联技术出口的限制,使日本可以与美欧发达国家共同研发和制造武器装备;在用途是关于"和平贡献"及"人道目的"时,日本可以出口相关的武器装备。	2011 年 12 月,日本政府决定引进由美国主导研制的最新型隐形战机 F－35,作为日本航空自卫队下一代主力战机。先期购买 4 架 F－35 的费用将被计入 2012 年度预算,最终日本将购入约 40 架 F－35。	(1)2011 年 11 月,野田在 APEC 会议上向奥巴马表示将推动日本参加美国主导的 TPP 谈判; (2)12 月,玄叶外相在访美演讲中表示将"全力推动日本参加 TPP"; (3)野田政权正在努力统一党内外共识,以便早日参加 TPP 谈判。

另外，TPP 问题对同盟关系来说看似间接却意义重大，看似经济问题却政治属性极浓，即日本参与这种"战略性贸易"谈判，"政治战略理性要大于经济理

① 参见李薇《2010 年日本形势回顾与展望》,《日本蓝皮书：日本发展报告（2011）》，社会科学文献出版社，2011，第 9 页。

② 2011 年 9 月 14 日〔日〕《朝日新闻》。

性，是出于政治和战略上的考量”。① 日本主流媒体在野田执政后连发多篇社论强调，参加TPP既可以深化日美同盟关系，也可以牵制作为经济军事大国而具有强大存在感的中国。② 把日本参加TPP的政治含义说得明白无误的，是首相助理长岛昭久在2011年11月初的演讲，他明确表示：这是强化与美国协同、抗衡中国、主导地区安保和经济秩序的角力场。③ 在此种认识和氛围之下，虽然党内外反对意见众多，实现前景不容乐观，但野田仍然在11月的APEC会议上向奥巴马表态日本将尽力加入TPP谈判。

野田还在推动放宽武器出口三原则问题上发挥了巨大的政治主导作用。据《读卖新闻》报道，野田认为三原则严重阻碍了日本和美国的安全合作，“野田就任首相伊始就向周围的人显示出放宽三原则的强烈愿望。对于这次的放宽决定，藤村修官房长官鉴于种种因素主张推迟到2012年新年以后，但野田毅然决定在2011年内作出决定”。④ 野田如此急迫并不奇怪，盖因日美双方都认为放宽三原则是有利于日美防卫合作和同盟关系深化的，例如美国从小布什政府开始就一直鼓励日本进行政策突破。而对于采购F－35，日本媒体认为这将提高日美之间武器装备的合作水平以及美军和自卫队的一体化程度，日本也可以凭此高技术装备配合美国战略重心东移，通过联手围堵中国从而加强同盟关系。⑤

由上可见，野田内阁在推动同盟深化上不仅态度积极，而且胆子较大、手法很快。假以时日，其在推动同盟深化的直接和间接事项上很有可能取得不同程度的突破。⑥ 当前的美国比以往任何时候都希望看到一个更强有力地发挥对外军事安全作用的日本，因而对这种趋向美方自然乐于纵容。同时，野田以及少壮派的现实主义思想和实用主义志向注定这种深化会带有某种“新思维”，而不仅仅是

---

① 参见郑永年《地缘政治大转移和中国外交》，早报网，http：//www.zaobao.com/special/forum/pages8/forum_zp120214.shtm。

② 参见《应尽早表明参加开国的TPP》，2011年10月19日〔日〕《读卖新闻》社论；《参加TPP是对日本有益的开放》，2011年11月12日〔日〕《读卖新闻》。

③ 参见2011年11月9日〔日〕《读卖新闻》。

④ 参见2011年12月27〔日〕《读卖新闻》。

⑤ 参见2011年12月17日〔日〕《产经新闻》、2011年12月21日〔日〕《读卖新闻》。

⑥ 直接事项有发表新的《日美安保联合宣言》、修改“日美防卫合作指针”和“周边事态法”，间接事项有行使“集体自卫权”和通过“海外派兵法”等。民主党的少壮派外交安保团队中，虽程度不同，但野田、前原、长岛和玄叶等对这些均持赞成和推动态度。

过去的单纯重复。[①] 从世界格局深度演变、日本政治精英尤其是少壮派的思想以及日美相互战略需求等因素来看，日本在后地震时代的一个时期的同盟方略将更具有以下色彩：一边加固和强化同盟，一边利用美国增长的对日战略需求，[②] 推动同盟转型升级，[③] 谋取自主权和双向化，积极分担责任并发挥义务，使同盟为己所用——为自己的安全、繁荣和体面（政治大国）等国家利益目标服务。日美之间不是没有矛盾和摩擦，但在当前外忧内困的严峻形势下，只能求同化异、"阋于墙而外御其辱"。在今后可预见的一个时期内，巩固深化、抱团取暖、相互借重、协同对外，仍将是日美同盟关系的主基调。

参考文献

〔日〕《外交》2011 年 1 ~6 卷，时事通讯社。

〔日〕外务省编《外交蓝皮书 2011》，山浦印刷，2011。

〔日〕防卫省编《防卫白皮书 2011》，行政出版社，2011。

〔日〕世界和平研究所编，北冈伸一、渡边昭夫监制《日美同盟是什么》，中央公论新社，2011 年。

〔日〕《海干校战略研究——经历东日本大地震》第 1 卷第 2 号，海上自卫队干部学校，2011 年 12 月。

〔日〕东京财团、新美国安全中心编《更新旧的承诺，开拓新的前沿》，2010 年 10 月。

〔日〕日本首相官邸、外务省及防卫省（包括各自卫队）等官方网站相关报道资料。

---

① 例如，野田表示："很明显，从经济因素来考虑，仅靠日美关系日本已无法生存。日美同盟是今后也必须珍视的基轴，但另一个支轴是必须与新兴国家搞好'经济外交'。在这种平衡中展开自立的战略性外交，将是 21 世纪日本外交安保的课题。"参见〔日〕野田佳彦《民主之敌》，新潮社，2007，第 119 ~122 页。而 PHP 研究所主席研究员金子将史认为，在这一点上玄叶外相与野田完全一致，都主张立足于现实主义的外交方针。参见〔日〕金子将史《国内政治决定"玄叶外交"的成败》，http：//research. php. co. jp/jijicolumn/20111107. php。

② 美国在大地震之际倾力挺日，被认为也是为了防止日本过度沉沦而不能为美国的全球霸权及战略重心东移分担相应的责任。参见日经 · CSIS 研讨会报告《东日本大地震与日美同盟的未来》，2011 年 11 月 18 日〔日〕《日本经济新闻》。

③ 菅直人和野田在施政演说中都强调："以安保、经济、文化和人才交流这三个领域为中心，加强各种层级的合作，进一步深化并发展符合 21 世纪的日美同盟关系。"而野田实际上很早就表明要让"同盟进化"，参见〔日〕野田佳彦《民主之敌》，新潮社，2007，第 120 页。同时，大地震以后，日美也在推动同盟向兼顾非传统安全问题的"全球治理型"扩容。

〔美〕美国国务院、国防部、驻日美军司令部、驻日大使馆等官方网站相关报道资料。
〔日〕《朝日新闻》、《读卖新闻》、《日本经济新闻》2011 年相关报道。

大震災後における日米同盟の深化

呉 懐中

要　旨：2011 年における日米同盟の特徴は両国が前年度の関係修復の上で深化を図ることである。3 月の東日本大震災は一気にその気運と方向性を促進し、続いて6 月の日米安保協議委員会会議は同盟深化の政策文書を作りあげ、9 月の野田政権誕生がさらに日米同盟の深化を前へと推し進めようとする。勿論、普天間問題に象徴されるように以上の同盟深化は全て順風満帆とは言えない。なお、これから先のポスト震災の日米同盟は、種々の内政や外交上の要因に規定されながら、それなりの深化を遂げて行くだろうと予測される。

キーワード：日米関係　災難救助　同盟深化　戦略的展望

经　济　篇

Economy

B.8
大地震对日本产业的强烈冲击与迅速恢复

张季风　张玉来*

摘　要： 东日本大地震对日本工矿业生产造成巨大冲击，国内产业供应链断裂。其中汽车和半导体电子产业损失最为惨重。但是由于日本产业实力雄厚，企业及时应对，在较短时间里，产业供应链条很快得到修复，拉动了宏观经济的V形复苏。日本迅速恢复产业供应链的经验很值得借鉴，同时受大地震的影响，再加上日元升值和长期电力不足引发的新一轮产业海外转移很值得关注。

关键词： 东日本大地震　产业供应链　灾后重建　产业转移

* 张季风，经济学博士，中国社会科学院日本研究所研究员、经济研究室主任，研究专业为世界经济，研究方向为日本经济、中日经济关系、区域经济；张玉来，历史学博士，南开大学日本研究院副教授，研究方向为日本经济、日本产业。

东日本大地震对日本国内的经济产业环境造成严重破坏：强震、巨大海啸以及核危机导致了日本国内供应链断裂、电力供应紧张、核污染阴云笼罩。从汽车产业、半导体电子产业到普通机械产业、家电产业、钢铁产业，以及农林水产业和旅游服务产业等都或多或少受到影响。其中，受损最严重的是汽车和半导体电子产业。但是，在震后短短两个多月的时间里，日本产业便很快得到恢复，其速度出人预料。由于日本处于全球产业链条的高端，因此对世界产业链的冲击也不小。限于篇幅，本文只讨论大地震对日本产业的冲击以及迅速恢复的原因。

一 大地震对日本产业链的巨大冲击

（一）产业供应链的各个环节几乎都遭到破坏

产业供应链是现代产业发展的重要组成部分，特别是在经济全球化的今天显得尤为重要。在产业界，产业供应链管理（Supply Chain Management，SCM）这一概念被普遍接受。如果从理论上更广义地解释产业供应链的话，可作如下表述，即产业供应链是指从原材料采购到作为最终顾客的消费者产品和服务阶段为止的整个供应过程（参见图 1）。为了将价值提供给最终顾客的各个消费者，整个供应链有效发挥作用，以及整个供应链的运作效率成为最根本的战略课题。

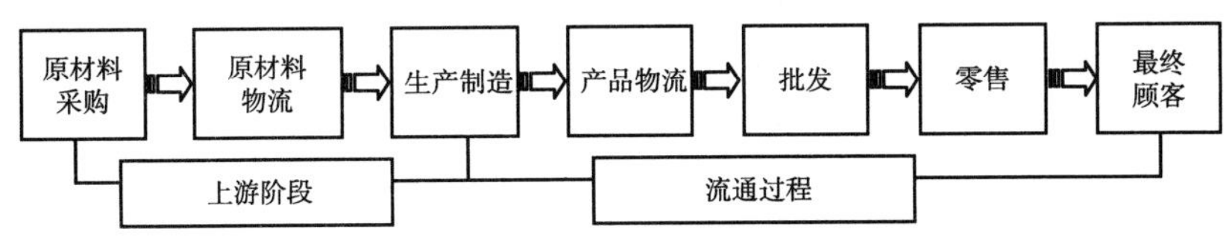

图 1 产业供应链的全貌

由于大地震、大海啸和核泄漏同时发生，日本产业供应链从上游阶段的原材料采购、原材料物流、中间产品（材料）生产、成品生产到物流过程的产品物流、批发以及零售等各个环节都受到冲击，其中上游阶段的零部件供应环节所受打击最为沉重。日本处于全球产业链条的高端，其制造业的核心零部件又基本在

国内生产，加上日本制造业普遍实行零库存管理，一旦零部件供应断档就会影响到整个生产体系。

日本帝国数据银行2011年4月的调查数据显示，77.9%的日本企业受到此次大地震影响，特别在东北、关东北部和南部地区，有80%以上企业因地震受损。从产业类别来看，运输仓储、大宗批发特别是制造业的企业受灾率都在80%以上；而从企业规模来看，受灾企业中，大型企业达2036家（超过大型企业总数80%以上）、中型企业为6332家（占中型企业总数的77%）、小型企业1736家（占小型企业总数的74%）。①

由于产业供给链条的断裂，导致全国性工矿业生产大幅度下降。2011年3月全国工矿业生产指数环比下降15.5%（参见图2），这是1953年以来的最大降幅。从不同地区来看，东北灾区工矿业生产指数降幅最大，下降了35%，关东地区下降18.6%，东海地区下降20.3%，九州地区下降9.6%。② 灾区以外的地区出现生产下降，很显然是产业供应链断裂造成的。从不同产业来看，下降幅度最大的是运输机械工业，生产指数骤降46.4%。另外，半导体产业也遭到重创，其他产业也受到直接或间接打击，由于生产的减少直接导致对外出口的减少。4月日本的出口额为51557亿日元，同比下降12.5%，而进口额为56195亿日元，增长8.9%，出现了4638亿日元的贸易逆差，5月又继续出现8537亿日元的贸易赤字，日本连续两个月出现贸易逆差。③ 2011年，由于受震后产业供应链断裂、日元升值和泰国大洪水的影响，出口减少2.7%，相反，受福岛核电站事故影响，全国电力短缺，大量进口石油、天然气等火电燃料，导致进口剧增12.0%，结果出现了2.49万亿日元的贸易逆差，成为自1980年以来31年间第一个贸易逆差年。④

---

① 帝国数据银行此次调查对象涉及日本全国22097家企业，得到10747家企业的有效回答，占调查对象总数的48.6%。参见帝国数据银行：《TDB景气动向调查（特别策划）》，《关于震灾影响与复兴援助的企业意识调查》，2011年4月5日，http://www.tdb.co.jp/report/watching/press/keiki_w1103.html。

② 〔日〕内阁府：《区域经济动向》，2011年5月。

③ 〔日〕财务省2011年6月20日，http://headlines.yahoo.co.jp/hl?a=20110620-00000024-jij-bus_all。

④ 时事通讯社：《日本：2011年时隔31年贸易赤字（2.5万亿日元），大地震造成出口疲软》，2012年1月25日。

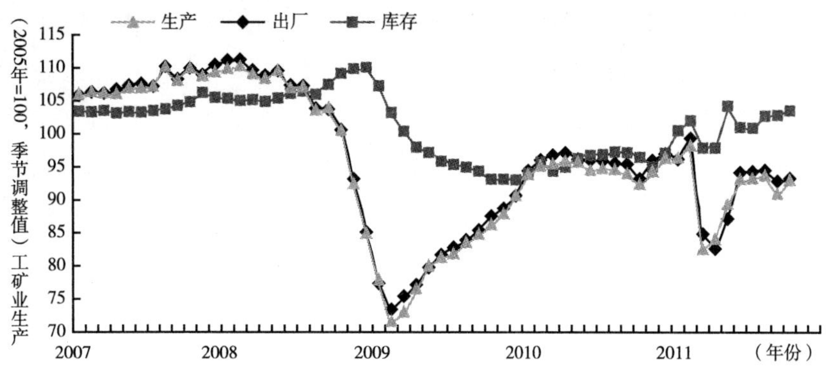

图 2　日本工矿业生产指数

资料来源：〔日〕经济产业省：《经济产业统计》。

（二）汽车产业受波及损失最大

此次大地震损失最大的产业是运输机械产业。① 这主要是因为日本汽车生产普遍采取“零库存”的丰田生产方式，汽车整车厂商零部件库存普遍不足。受地震影响，位于东北及附近地区生产的汽车零部件以及 IC 等电子部件等供应链中断，很快传导到整车生产的企业，最终造成日本汽车厂商普遍停产。震后第三天的 3 月 14 日，包括丰田汽车、本田技研、日产汽车、铃木、马自达、三菱汽车工业、富士重工业、大发工业等日本八大汽车厂商相继宣布停产。

受到此次地震直接冲击最大的是本田技研、日产汽车和丰田汽车这三家整车厂商。其主要原因在于：本田的汽车研发与关键车型的生产都在关东北部的受灾地区；日产公司的发动机生产线以及高附加价值车型布局在福岛和栃木县；丰田尽管大本营设在远离地震灾区的日本中部名古屋周围，但东北地区的岩手和宫城县却是其零部件生产的重要基地，而且该地区也是丰田国内整车生产的第三大基地。

丰田汽车占日本汽车市场份额的 44%，再加上日产和本田，三家公司的市场份额接近 80%。从 2011 年 3 月的实际产量来看，丰田同比减少了 34.7 万辆，日产减少了 9.99 万辆，本田减少了 9.37 万辆，三家企业减少 54 万余辆。② 也就

① 参见〔日〕经济产业省《通商白皮书（2011）》，第 193 页。

② 参见〔日〕日本汽车工业会《汽车统计月报》2011 年第 3 期，Vol. 44，No. 12。

是说，大地震至少已经造成日本汽车减产 54 万辆，若以平均每辆 200 万日元计算的话，日本汽车产业损失规模早已超过 1 万亿日元。

另据日本汽车工业会公布的数据显示，3 月份汽车的生产量仅为 40.4 万辆，同比下降 57.3%，4 月份同比下降 60%；5 月份生产 48.97 万辆，同比下降 30.9%，下降幅度收窄。其中，乘用车 41.97 万辆，同比下降 32.5%；卡车 7.48 万辆，同比下降 18.7%。5 月份日本汽车出口 20.28 万辆，同比下降 40.5%。2011 年 1 ~5 月累计生产汽车 268.75 万辆，同比下降 32.5%，和金融危机后 2009 年 1 ~5 月的产量（263.75 万辆）基本上处于同一水平。①

（三）半导体产业受损最严重

此次地震重灾区岩手、宫城、福岛等东北三县，以及关东北部枥木、茨城等两县，是日本半导体及电子产业生产基地，聚集着数量众多的半导体产业链上游及半导体材料相关企业。在此次地震中，日本半导体产业几乎全部受到影响，特别是销售额排名前十的企业，如东芝、松下、日立、富士通、瑞萨电子等企业的损失严重。

1. 半导体产品及关联产品生产：34 家企业受损

日本最大的半导体厂商东芝公司旗下三家子公司严重受损：岩手东芝电子（岩手县北上市）、东芝电子部件（千叶县茂原市）和东芝手机显屏（埼玉县深谷市），其中，岩手基地经过两周半抢修，于 3 月 28 日部分恢复生产，但深谷基地受损较重，复产时间在一个月以上。

日本最大也是全球最大的微电脑生产商瑞萨电子公司受损严重：所属八大生产基地均因地震受损，即群马县的高崎工厂、茨城县的那珂工厂、山梨县的甲府工厂、青森县五所川原市的津轻工厂、青森县北津轻郡的高性能部件工厂、山形县的米泽工厂和鹤岗工厂，以及设在东京都青梅市的瑞萨东日本半导体东京驱动本部等。那珂工厂受损最为严重，直到 7 月以后仍只实现部分生产。

索尼公司在此次地震中受损相当严重，而且不仅限于其半导体事业部门。索

① http：//www.nikkei.com/news/category/article/g=96958A9C93819696E1E2E290958DE1E2E2E4E0E2E3E-38698E3E2E2E2.

尼旗下的索尼化学所属三个基地受损，即宫城县多贺城事业所、栃木县鹿沼事业所、宫城县登米事业所；索尼半导体事业的白石半导体（宫城县）；索尼能源事业的郡山事业所（福岛县）、本宫事业所（福岛县）、栃木事业所（栃木县）。索尼公司所属七个生产基地在此次地震中受损，其中多贺城事业所遭到海水浸泡，损失最为严重。

除东芝、瑞萨电子和索尼等三家公司之外，其他半导体企业也遭受不同程度的损失。

2. 半导体装置与半导体材料生产：33 家企业受灾

作为全球最大的半导体硅晶圆生产商，信越化学工业公司在此次地震中严重受损，其旗下白河工厂（福岛县西乡村）、鹿岛工厂（茨城县神栖市）均因厂房及设备损坏而被迫停产。信越公司的白河工厂是全球最大的 300 毫米硅晶圆生产工厂，该工厂关键生产设备在地震中受损严重，直至 2011 年 4 月中旬才实现部分恢复生产。

全球最大的异方性导电膜（ACF）生产商，日立化成工业公司也在此次地震中受损，该公司与索尼化学共同垄断了该领域全球市场 80% 的份额。ACF 是液晶面板与周边零部件衔接不可或缺的重要材料，也就是说，没有 ACF 就根本不能制造触屏电子产品。日立化成旗下的下馆事业所（茨城县）以及索尼化学公司旗下鹿沼事业所（栃木县）均因地震受损。

尼康公司和佳能公司是全球电子产业曝光装置生产的垄断者，两家公司几乎占到 100% 的市场份额。[①] 此次地震中，尼康设在宫城县刈田郡、名取市，栃木县大田原市等地的四个生产基地均受到影响，包括电子曝光装置生产线以及高端数码相机生产线被迫停产；佳能公司设在栃木县的三个生产基地也受到冲击，这里是其曝光装置和镜头生产线，其生产设备受损严重。

全球竞争力最强的高精细液晶玻璃生产商旭硝子公司也在此次地震中受损，它也是苹果公司 iPhone 系列产品液晶玻璃的唯一供应商。该公司所属鹿儿岛工厂（茨城县）、AGC 显示装置工厂（山形县米泽市）、AGC 工厂（福岛县郡山市）等三个基地均因建筑损害而停产。此外，作为其供应商的仓元制作所公司

① 参见〔日〕中根康夫《东日本大地震，对 FPD 的影响》，http：//techon. nikkeibp. co. jp/article/COLUMN/20110323/190535/。

的两大基地（岩手县、宫城县）受损严重。

此外，三菱瓦斯化学公司是全球半导体封装材料的最大生产商，其设在福岛县和茨城县的两座工厂受损严重，而该公司与日立化成公司共同占据着世界半导体封装材料90%的市场份额。东京电子公司是日本第一大半导体制造装置生产厂商，其在此次地震中受损较重，设在岩手县奥州市、宫城县松岛町、仙台市的工厂严重损毁，这里是其热处理成膜装置以及蚀刻装置的生产基地。

（四）农林水产业区域性损失惨重

东北地区是日本农林水产业的重要基地之一。该地区水产品产量占全日本的1/4左右（参见表1），而受海啸冲击最严重的石卷、气仙沼、女川、大船渡和宫古等地，都是日本最著名的渔港之一。而且，东北地区也是日本重要的农产品生产基地，大米产量约占全日本的1/5，苹果产量也占2/5左右。此外，这里还盛产蔬菜和牛、牛奶等农牧产品，是东京等地农产品主要供应地。

表1　日本地震灾区6县的水产能力

	全国	青森	岩手	宫城	福岛	茨城	千叶	6县合计(占比)
全国渔产排名	—	7	8	3	13	8	4	—
产量(万吨)	543	26	20	37	9	15	21	128(24%)
产值(亿日元)	13834	531	399	791	160	138	300	2319(17%)
渔港数(个)	2917	92	111	142	10	24	69	448(15%)
就业人数(人)	221908	11469	9948	9753	1743	1551	5916	40380(18%)
经营组织(家)	115196	5146	5313	4006	742	479	3118	18804(16%)

资料来源：〔日〕《（特辑）不屈的日本》，《钻石》周刊2011年4月2日，第47页。

以宫城县为例，根据宫城县灾害对策本部测算，此次地震给该县造成20754亿日元的巨大损失，其中仅农林水产业损失就达8492亿日元，主要影响是农地被海水侵蚀、仓库受损、养殖基地被毁等。宫城县是日本国内海苔、裙带菜、牡蛎等水产品的重要养殖基地，仅此项损失就达332亿日元。此外，加上渔船、渔港设施等被毁，宫城县水产业整体损失达3742亿日元。①

---

①〔日〕《宫城的受害额2万亿日元，农林水产8492亿日元》，《MSN－产经资讯》2011年3月31日。

根据日本农林水产省调查显示，截至2011年4月14日，大地震给日本农林水产业带来损失已达14298亿日元。其中，水产业损失约为6026亿日元，主要是由渔船、渔港以及养殖设施等被毁导致；农业损失超过7000亿日元，包括农业用地以及农用设施受损6907亿日元、农作物损失471亿日元；林业损失则将近1000亿日元，主要因林地及相关设施被毁以及林业加工损失等。

（五）其他相关产业的损失

1. 机械产业

在此次大地震中，许多生产基地设在东北及关东地区的机械行业企业遭受到地震直接冲击，如小松、久保田、日立建机以及石川岛播磨重工公司等。但是，就机械产业整体而言，地震的影响还主要源于零部件供应链中断而造成的问题，如丰田自动织机和TADANO的主力工厂均远离地震灾区，但都因供应链中断而被迫停产。

2. 家电产业

此次大地震不仅直接导致日本家电企业生产受阻，而且，因半导体电子产业受损而给家电产业带来的间接损失也非常巨大。因为与汽车产业相比，数码家电产业与半导体电子产业之间的关系更为息息相关。在全球市场上，日本家电产业之所以能够构筑起强大的竞争优势，其半导体产业技术优势也是重要原因之一。

3. 旅游产业

日本不仅是个经济大国，而且是个旅游大国，旅游消费收入每年超过900亿美元，占其GDP的近2%，仅次于美国而位居世界第二。然而，此次大地震却给日本旅游业带来巨大打击。据宫城县灾害对策本部的统计显示，仅该县的商业店铺及商品损失就高达1200亿日元，而因旅馆住宿设施损毁所带来的经济损失，也达200亿日元。① 此次地震和海啸摧毁了东北及周边地区部分旅游设施，但是，更严重的问题并不止于此，福岛第一核电站爆发的核危机对日本旅游经济形成史无前例的重创：地震之后，不仅大批外国驻日人员纷纷撤离日本，即便是日本人也被核泄漏问题深深困扰。

---

① 〔日〕《宫城的受害额2万亿日元，农林水产8492亿日元》，《MSN－产经资讯》2011年3月31日。

4. 炼油产业

位于东部地区的炼油企业受到直接影响。地震发生时就有两座炼油厂引起大火：一是位于仙台市附近的 JX 日矿日石能源公司的仙台炼油厂，再就是位于千叶县的 COSMO 公司千叶炼油厂。JX 仙台炼油厂大火，是地震发生时油罐车正在装载柴油，因设备起火而导致的。直到 2011 年 3 月 15 日下午，大火才最终被扑灭。COSMO 公司千叶炼油厂大火是因地震发生时原油精炼过程中起火，引发十座液化石油气大型储罐接连发生爆炸。该公司在日本国内共有四座生产基地，千叶炼油厂不仅是其最大炼油厂，日炼油能力 24 万桶，同时也是该公司设在日本东部地区的唯一炼油厂。

5. 化学产业

地震灾区的化学产业也遭受打击。三菱化学公司设在茨城县神栖市的鹿儿岛事业所的乙烯生产被迫关停，而该事业所是三菱化学以粗挥发油生产加工乙烯和丙烯的重要基地，它一直在为花王、旭硝子以及信越化学工业等近 20 家厂商供应化学产品。丸善石化学公司所属的千叶工厂也因厂房受损而停产，它与三菱化学公司的乙烯产量共计达 130 万吨规模，占日本整个产业 15% 的份额。

6. 食品产业

食品相关产业的损失，既包括加工企业，也包括那些饮食店铺的损失。麒麟啤酒公司在此次地震中受损较重，其所属宫城县仙台工厂和茨城县取手工厂都出现建筑受损现象。由于仙台工厂存储库被震塌，该公司已决定扩大神奈川县横滨工厂的生产能力，实施替代生产战略。地震灾区的饮食店铺也遭受直接冲击，例如，元气寿司公司所经营的回转寿司，在关东及东北地区都非常受欢迎，此次地震一度致使其所属 158 家寿司店中的 117 家店因受损而停业。

二　日本产业供应链条的迅速恢复及其原因

（一）灾后恢复之快出人预料

尽管大地震对日本产业以沉重打击，但是经过受灾地区企业、地方政府等各方面的努力，产业得到迅速恢复，其速度之快，超出人们的预料。据日本经济产业省 2011 年 4 月 26 日公布的《东日本大地震后产业实际状况紧急调查——对产

品供应链的影响》调查结果，4 月 8 ~ 15 日期间，有 65% 以上的灾区企业已经通过各种途径解决了产业链条断裂问题，其中材料、元器件生产企业为 65%，加工型企业高达 76%。受灾地区的企业已有 60% 完全恢复生产，三个月之内完全恢复生产的企业将达 90% 以上。[①] 2011 年 5 月 11 日，索尼公司宣布该公司在东北灾区的 12 家零部件工厂均已恢复生产。丰田公司宣布，到 7 月份该公司在国内的零部件不足问题将完全消除。[②] 5 月，日本的汽车制造行业已经恢复了 80% 的生产。据日本汽车工业会透露，5 月的汽车生产下降幅度与 3 月和 4 月相比明显收窄。由于零部件供应状况得到改善，生产恢复明显。随着状况的改善，2011 年度日本的汽车总产量将达到 800 万辆。占日本制造业产量 15% 的汽车业生产的正常化，将对日本经济的复苏产生重大影响。[③]

另据日本国际协力银行所做的一项抽样调查表明，到 2011 年 9 月前后，被调查的受灾企业中，已有 80.3% 的企业生产能力恢复到震前水平，有 11.9% 的企业年内能够完全恢复，有 2.8% 的企业 2012 年以后完全恢复（参见图 3）。这意味着，在大地震发生一周年之际已有 95% 左右的受灾企业的生产能力完全恢复到震前水平。

另外，我们在分析生产损失与恢复情况时，不仅要看单月损失情况，还应当考察全年度的总体情况。近年来日本企业效益恢复得特别快，多数企业在受灾以外的时期大量增产，这在一定程度上吸收了损失。例如，本田公司 2010 年度（2011 年 3 月决算期，含 2011 年 3 月）净利润高达 5340 亿日元，与上年同比增长两倍。[④] 同期，丰田公司净利润高达 4682 亿日元，与上年同比增长 3.1 倍。[⑤] 也就是说，其他月份的高额赢利吸收了 3 月份的灾害损失。估计 2011 年度也将出现同样情况，即 4 月到 5 月生产量比较小，但下半年出现了生产规模扩大的局面。也就是说，下半年和 2012 年第一季度的生产扩大将会弥补了 4、5 月份的减产损失。

① 参见〔日〕经济产业省《东日本大地震后产业实际状况紧急调查——对产品供应链的影响》，2011 年 4 月 11 日。

② 参见 2011 年 6 月 10 日〔日〕《日本经济新闻》。

③ 参见 2011 年 5 月 27 日〔日〕《日本经济新闻》。

④ 参见 2011 年 4 月 28 日〔日〕《日本经济新闻》。

⑤ 参见 2011 年 5 月 11 日〔日〕《日本经济新闻》。

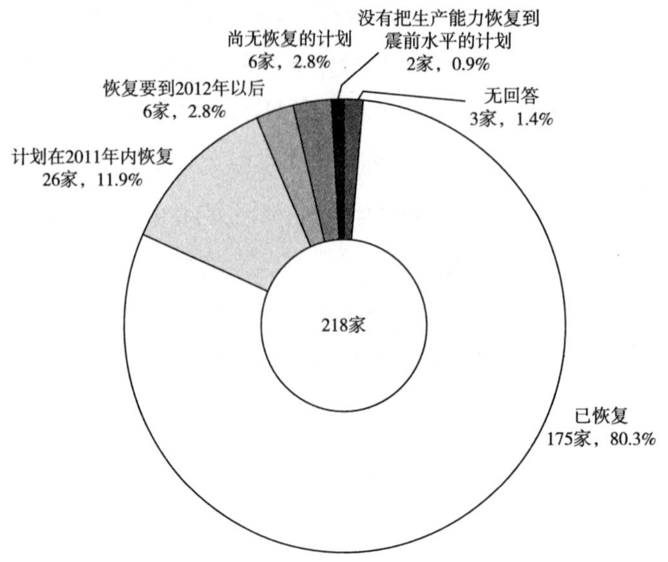

图 3　受灾企业恢复的现状与预测

注：恢复是指工厂的生产能力恢复到震前同等水平。

资料来源：〔日〕国际协力银行：《日本制造业企业海外业务发展调查报告——2011 年海外直接投资问卷调查结果（第 23 次）》，2011 年 12 月。

全国的工矿业生产也是如此。虽然 2011 年 3 月工矿业生产指数骤降了 15.5%，但包括 2011 年 3 月在内的 2010 年度工矿业生产指数同比增长高达 8.9%，为 1988 年以来的最高年度值。进入 2011 年度后，工矿业生产指数出现回升局面，4 月转为 1.6% 的正增长，5 月为 6.2%，6 月为 3.8%，10 月为 2.4%，正在逐步恢复，估计整个 2011 年度也将为正增长。

随着生产的迅速恢复，日本的其他主要经济指标也开始好转，例如，经济增长率 2011 年第一季度同比下降 6.9%，第二季度同比下降 1.2%，尽管仍为负增长，但降幅明显收窄。第三季度实现了 7.1% 的大幅度正增长，呈现明显的 V 形复苏态势。

（二）日本产业迅速恢复的主要原因

1. 灾区产业所受损失低于震后初期的估计

本次大地震对工矿业生产的负面影响在 3 月份达到峰值后逐渐变小，到 7 月份产业供应链基本恢复。之所以恢复得如此之快，其根本原因在于灾区的产业基

础遭受的破坏并未像震后初期人们所预料的那样严重。东北地区的产业主要集中在距离海岸较远的内陆地区，只受到地震的破坏而没有受到海啸的袭击，因此所受损失较小。众所周知，日本是地震灾害频发的国家，其建筑物抗震等级非常高，在本次大灾难中，因地震倒塌的民房极少，工厂厂房倒塌的例子就更少见，损失主要来自大海啸。远离海岸的大部分工厂，在大地震后生产设备所受损失不重，受影响最大的是精密仪器，不过这些紊乱的仪器仪表经过短时间的调试后便可很快实现重新生产。

另外，本次大地震只对有形存量资本造成了巨大破坏，而日本的人才与技术实力并没有受损，这说明日本的产业没有受到致命伤。日本大企业的研发中心大多设在总部或东京等大城市周围，更多的大企业只是将生产基地设置在东北地区，因此日本的技术特别是核心技术几乎没有受损。日本在既无能源、资源又无市场的情况下，战后之所以能从战争的废墟上崛起，依靠的就是人才与技术以及海外市场。本次大地震并没有使日本最具优势的人才、技术受损，而且在地震发生初期国际市场环境又相对较好，促使日本产业很快得以恢复。

2. 缺电与核泄漏事故对产业恢复负面影响不大

停电是地震初期人们最为担心的问题之一，原来预测东京电力管区和东北电力管区，到用电高峰时的电力缺口将分别高达30%和15%。但经过各方面的艰苦努力，9月顺利渡过缺电难关，为产业迅速恢复提供了保障。日本主要采取以下几种措施解决了短期缺电的问题：其一是节约用电，即降低电力消费总量。政府强制要求政府机关、企业、家庭在4~9月比往年同期节电15%。其二是用电部门自行发电。其三是轮流停电。由于用电部门、家庭积极节电，再加上许多大企业和用电大户采取错峰用电等措施，轮流停电实际上几乎没有实行。媒体像播报天气预报一样，每天播报“用电预报”，节电已成为现在日本人生活中的重要组成部分。政府的原则是保证医疗机构、生产部门和居民用电需求，大型超市、商场、娱乐场所、餐饮业、办公室以及路灯等照明用电减半措施对缓解电力紧张起到很大作用。总之，震后电力短缺对企业生产未产生太大影响。

福岛核电站事故是人类历史上遇到的规模最大、最复杂的一次核事故。一旦失控，不仅产业无法恢复，而且恐怕整个日本经济甚至国民生活都将遭到毁灭性打击。但是，由于日本政府有关部门特别是现场工作人员的艰苦努力，终于避免了最严重事态的发生，即没有扩散到日本经济核心地区的首都圈。目前，核泄漏事故正在处理之中，但险情明显缓解。核事故只对30公里半径内的企业造成影响，而这一范围内的企业数量很有限。绝大多数的受灾企业没有受到核事故影响。按照2011年4月23日东京电力公司宣布的《核泄漏处理时间表》：福岛第一核电站的1~4号反应堆温度降至100℃以下的“低温状态”需要6~9个月时间，现在这一目标已经实现；[①] 但要彻底废堆并解决场区与周边环境问题，至少需要30~40年时间。以后在处理核事故的过程中，可能还会出现许多问题，但估计影响只限于核电站厂区及周边的局部地区，对日本的产业以及宏观经济整体影响有限。

3. 日本产业实力雄厚，抗灾能力很强

在全球产业分工体系中，日本占据着核心重要地位。20世纪90年代以来的20年中，东亚地区逐步形成了全球最重要的生产基地。其内部运行模式是：日本生产附加值相对更高的零部件和加工产品→出口到中国和东盟各国，在那里组装作业，生产最终产品→出口到欧美各国。而且，日本的贸易结构也因此而发生了巨大改变：出口构成中的最终产品由1990年占比24.3%下降至2009年的17.3%；相反，零部件出口却由25.8%增长至30.2%，加工产品更是由18.9%增长至28.5%。[②] 也就是说，伴随着东亚全球生产基地的形成，日本从原来传统的最终产品生产基地，逐步转向了生产高附加值的零部件以及加工产品的基地，在一定意义上而言，日本在贸易结构上实现了产业升级的目标。长期以来，日本企业已经逐步占据了全球产业链的中核地位——控制着大部分高技术、高附加值的零部件和半成品的生产与开发，特别是在汽车、化学以及半导体电子产业领域。

半导体产业的竞争优势成为日本产业竞争力最具代表性的特征。这是因为半导体产业不仅是技术创新最为活跃的产业领域，而且伴随着信息化发展，它甚至越来越成为其他产业技术竞争力的核心，同时其产业发展的波及效果甚至已经接近汽车产业的规模。在全球半导体产业的产值中，日本的市场份额为1/4左右；在全球半导体生产装置领域，日本却占到37%的市场份额，即1/3左右；而在全球半导体材料市场，日本更是占到66%的市场份额，即控制了大约

① 2011年12月16日野田首相正式宣布：福岛第一核电站1~4号机组进入冷停机的安全状态，机组内温度已降至70℃。这意味着核事故处理取得决定性的第二阶段成果。

② 参见〔日〕经济产业省《通商白皮书（2011）》，第95页。

2/3 的市场。[①] 更重要的是，在某些装置或材料领域，日本厂商甚至占据着一半乃至 90% 以上的市场份额。在整个半导体材料市场中，日本厂商的平均占有率超过了 66%，其中，市场占有率超过 50% 的品种竟然多达 15 种；尤其在陶瓷基板、树脂基板、金线键合以及半导体封装等材料方面，日本企业的市场占有率甚至超过 80%，占据着垄断优势。

“日本元素”已经占据了全球产业链上的高端，这就使得日本与全球产业链紧密地联系在一起，特别是那些迅速崛起的国家或地区。另外，考虑到近年来日本海外生产比例逐年升高的因素，2009 年日本制造业海外生产比例已经由 2000 年的 11.8% 上升至 17.2%，[②] 日本在最终产品生产环节同样保持着强大的产业竞争优势。产业的雄厚实力以及全国甚至全球的生产基地的分散布局，在客观上分散了灾害风险。一旦某地区出现大的灾难，公司总部就能很迅速地在公司、企业内部实现替代生产。另外，产业实力雄厚，企业规模巨大，也很容易吸收局部生产基地所造成的损失。

4. 企业平时注重危机管理机制，震后措施及时得当

日本产业供应链条之所以如此迅速恢复，企业平时的危机管理机制以及发生地震后的快速反应与得当措施功不可没。灾害发生之前日本企业普遍实施的”事业连续性规划”（Business Continuity Planning，BCP）发挥了重要作用。日本企业的 BCP 体系实际上是一种危机管理机制，其宗旨在于企业无论在任何情况下都要确保生产经营的连续性。BCP 体系建设重点有两项：一是信息把握的及时性与准确性，二是生产或采购的可替代性。日本国际协力银行进行的一项例行调查显示，在 603 家被调查企业中，作为应对发生灾害时的分散风险对策，地震前有 40.3% 的企业在国内设有多处生产基地，有 35.3% 的企业在国外建有可替代国内工厂生产功能及互补功能的生产基地（通用产品），有 37.6% 的企业对产业供应链总体状况进行控制，有 36.7% 的企业实行零部件、原材料采购多元化管理，有 35.3% 的企业推行零部件、原材料的标准化。由于每一项措施可以重复回答，可以断定，绝大多数企业都采取了一种或一种以上分散灾害风险的防范措施。而在东日本大地震以后，则有更多的企业开始采取各种多元化防范对策（参见图 5）。

---

① 参见〔日〕《半导体制造装置数据手册》，《电子杂志》等。

② 参见〔日〕经济产业省《通商白皮书（2011）》，第 56 页。

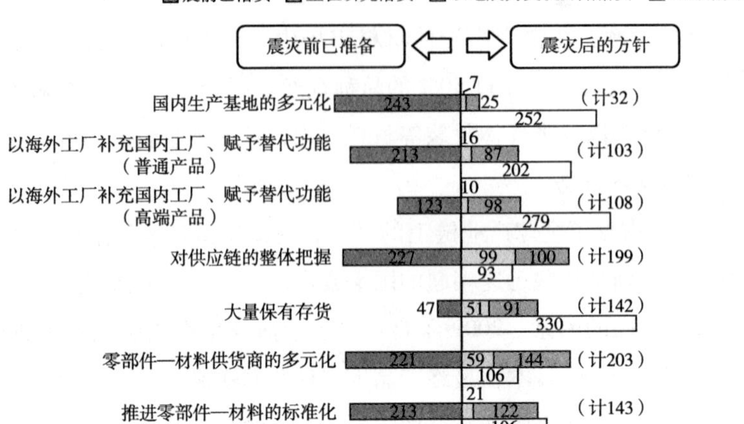

图5　日本企业分散灾害风险的应对

注：( ) 内数字，是“以地震为契机开始落实”和“正在研究落实”的合计值。

资料来源：〔日〕国际协力银行：《日本制造业企业海外业务发展调查报告——2011 年海外直接投资问卷调查结果（第 23 次）》，2011 年 12 月。

另外，地震发生后，企业又采取及时果断的措施，将产业链条断裂的影响降至最低。2011 年 4 月中下旬经济产业省的调查显示，有 60% 材料生产企业和 40% 加工企业表示，在一周之内就准确掌握了供应商的受灾以及原材料供应状况。此后迅速启动替代采购机制。在 4 月中下旬，就有 80% 加工企业和 60% 多材料生产企业表示，完全具备可替代采购能力，而且这种替代能力覆盖了海内外。

从具体案例来看，富士通公司很早就开始筹建危机管理体制。该公司专门成立了“事业持续对策本部”以应对突发问题。地震发生之日起，该部门就试图通过电邮和手机掌握一手受灾情况。但由于受灾严重，相关信息全部中断。两天之后，福岛工厂“二楼台式机生产线严重受损，难以复产”的信息才传至集团总部。公司执行董事斋藤邦彰立即决定，把台式机生产转移到其他工厂。根据其危机管理 BCP 规划，替代厂商被确定为位于岛根县斐川町的富士通笔记本工厂。

生产转移仅仅用了十天时间。该项工作是在岛根分公司、事业持续本部、研发部门以及质量保证部门的共同协作之下实现的。为让岛根工厂终端设备能够顺畅获得台式机订购数据，公司专门更新了信息系统。与此同时，向福岛工厂提供

的零部件及物流服务也全部转向岛根工厂。地震发生12天之后，岛根工厂开始生产台式机，产品主要面向企业法人。为了确保交货期，富士通公司在增加生产线员工的同时，还采取平时加班以及周六日满负荷生产等举措，以此避开电力供应不足的影响。

富士通公司个人商务本部供应商统括部长内藤真彦指出，能把生产转移到岛根工厂，对公司非常重要。特别是能在短短十天之内实现生产转移，成功的关键在于企业早已制定了明确的转移相关文件。① 在供应链问题，富士通也采取了非同寻常的应对方式。正如内藤所强调的，能否实现零部件供应稳定是生产转移成功的重要因素，所以，采购部门必须能够精确掌握零部件供给状况，同时，为应对某些部件的不足问题，富士通甚至更改了产品设计。

此外，全球硅晶圆生产巨头日本SUMCO公司设在山形县的米泽工厂也曾因地震受灾而停产。该公司迅速决定启用其他工厂代替生产机制，这项新的举措不仅使2011年产量不减，反而比原计划多增加12万枚。

其他大企业的情况也大体相同，平时实施的危机管理机制、多元化的灾害风险防范措施，发挥了防患于未然的效果，大大降低了震后产业链条断裂造成的影响，同时也加快了产业供应链的恢复。

三 结语

受东日本大地震的影响，日本产业遭到重创。由于日本产业处于世界产业链条的高端，日本产业链条的断裂也对全球产业造成一定影响，但由于日本产业出现了超过预期的迅速恢复，大大抵消了对全球产业的负面影响。毋庸置疑，日本平时的危机管理机制和快速恢复产业供应链的经验颇值得借鉴。同时，大地震对日本产业的长期影响也值得关注。由于大震灾的影响，加之日元猛烈升值和前所未有的电力紧张形势，日本企业向海外转移的步伐正在加快。根据日本经济产业省实施的一项调查显示，对“大地震后是否会加速向海外转移生产”回答中，给予肯定答复的企业已占到69%。②

① 参见〔日〕《3·11不屈之国》，《日经商务》2011年4月11日，第22页。

② 参见2011年6月22日〔日〕《朝日新闻》。

大地震以后，日本产业国际转移和对外投资已出现了一些新的特点：日本的跨国公司开始以产业链安全为目标而重构其全球战略布局，但战略重心由欧美逐步向东亚转移，而且新兴产业被纳入产业转移与对外投资投范畴；开始注重效率，积极采取 M&A 策略。面对这种新的特点，日本政府在支持企业走向海外开拓市场的同时又担心国内空洞化，因此大力改善国内产业商务环境，极力挽留大企业以及新型战略产业在国内发展。为此，日本政府提出以“防止产业空洞化”和“创造和强化新的增长点”为两大支柱，积极寻找国家发展的新战略。

参考文献

〔日〕经济产业省:《通商白皮书（2011)》。

〔日〕国际协力银行:《日本制造业企业海外业务发展调查报告——2011 年海外直接投资问卷调查结果（第 23 次)》，2011 年 12 月。

〔日〕日本总研:《东北振兴（1）——灾后重建的未来，作为地方经济再生模式的东北》，2011 年 5 月 18 日。

〔日〕经济产业省:《东日本大地震后产业实际状况紧急调查——对产品供应链的影响》，2011 年 4 月 11 日。

张季风:《震后日本对外直接投资的新趋势》，《日本学刊》2011 年第 6 期。

张玉来等:《黑色 3・11——日本大地震与危机应对》，中国财政经济出版社，2011。

東日本大震災によるサプライチェーンの寸断と迅速回復

張季風　張玉来

要　旨：東日本大震災により、日本の鉱工業生産は大きな打撃を受け、国内のサプライチェーンの寸断も厳しいものになった。そのうち自動車産業と半導体・電子産業の損失は甚大なものであった。しかし、日本の産業実力が強く、その上、被災企業も迅速に対策を講じ、短い期間でサプライチェーンがほぼ回

復され、マクロ経済もV字型の回復を実現することができた。日本のサプライチェーンの迅速回復はさまざまな原因があるがその経験は参考する価値がある。同時に、大震災の影響もあり、さらに急激の円高と長期電力不足により国内企業の海外進出のブームになり兼ねないことを注目すべきである。

キーワード：東日本大震災　サプライチェーンの寸断　復旧　復興　産業の海外進出

B.9

财困拖延灾后重建及其教训

张舒英*

摘　要：当一个国家遭遇重大灾害时，财政在救灾和灾后重建中，往往起着最终出资者的作用。最终出资者的决策是否及时到位，对救灾和灾后重建有着至关重要的影响。然而面对东日本大地震，日本财政却因深陷债务泥淖难以自拔，反倒成了拖延灾后重建的“卡壳”环节。如今日本已处在主权债务危机的边缘。日本财政落到如此境地，是长期累积的结果。本文对日本2011年度财政预算的特点、政府应对震灾的财政措施、2012年度的财政形势等进行了分析，其中的教训，值得认真总结和汲取。

关键词：灾后重建　财政困局　补充预算　主权债务危机　教训与启示

2011年10月28日《日本经济新闻》头版报道：政府确定了正式展开东日本大地震灾后重建的第三次补充预算方案。① 这则报道实际上告诉人们：正式展开灾后重建的政策尚未落实到财政预算上。政府编制的这份补充预算以及有关征收“复兴税”的法案，需经国会审议通过后方可实施。后续的报道告诉人们：2011年11月21日，第三次补充预算获参议院通过。也就是说，大地震发生八个月零十天后，正式展开灾后重建所需要的财源才得以落实。面对千年一遇的特大灾难，日本政府的对策竟是如此拖沓，个中原委值得探讨，其中的教训更值得汲取。

一　2011年度预算的三大特点

2011年度预算是日本民主党执政后编制的第二个财政预算。此次，民主党

---

* 张舒英，经济学博士，中国社会科学院日本研究所研究员，研究专业为日本经济。

① 参见2011年10月28日〔日〕《日本经济新闻》。

没再提“零基预算”。上年度搞的所谓“零基预算”，除加深“改朝换代”的烙印外，与本来意义上的健全财政和科学管理并不相干，不仅未能有效控制财政支出规模，反而使财政赤字和支出规模双双创出历史新高。

2011 年度，日本经常性财政预算在上年度显著增加的基础上，再创历史新高，总规模达 924116 亿日元。通观 2011 年度，日本财政有以下三个突出特点。

（一）“撒砂糖预算”成“空头支票”

兑现民主党上台时承诺的所谓“竞选公约”，是日本 2011 年度财政预算的突出特点，同时也是置政府于被动局面的主要节点。诸如按户为农民提供收入补偿，支付“孩童补贴”①，试行取消高速公路收费，推行高中教育免费制度等，这类措施所涉及的财政资金约达 3.6 万亿日元。从在野党的角度看，这些是民主党为笼络民心而撒的“砂糖”。因此，这类兑现民主党“竞选公约”的措施，遭到在野党的坚决抵制。虽然预算方案本身倚仗执政党在众议院的多数议席得以自然生效，但是“撒砂糖”的钱并未落实。

2011 年度，日本正常的财政收入（包括 409270 亿日元国税收入和 71866 亿日元杂项收入）总计 481136 亿日元，仅能满足预算支出的 52.1%，相对于 924116 亿日元的支出预算而言，财政收支缺口高达 47.9%，将近一半的财政资金得靠发行国债解决。政府计划新发行 442980 亿日元国债，这比国税收入总额还多 8.2%。在计划新发行的国债中，赤字国债占 86.3%，达 382080 亿日元，占 2011 年度经常性预算总额的 41.3%。也就是说，现任政府“撒砂糖”的钱在相当大程度上指望发行赤字国债解决。

依照日本的法律规定，政府若发行赤字国债，须向国会提交特别法案②，经国会审议通过后方可实行。但是，现任政府一边为笼络人心而大把“撒砂糖”，一边又大量增发国债的做法，招致在野党的强烈反对，一直到 2011 年 8 月中旬，关于发行赤字国债的特别法案仍未能在国会通过。这意味着，已经生

① 这里的“孩童补贴”有别于“儿童补贴”。“儿童补贴”是依据 1971 年第 73 号法律建立的补贴制度，已存在近 40 年。“孩童补贴”是 2009 年民主党上台许诺的“竞选公约”之一。为了与原有的“儿童补贴”制度相区别，日语记作“子ども手当て”。与原有的“儿童补贴”相比，“孩童补贴”的标准更高，补贴范围更广，对适用条件的规定等也更宽松。

② 该法案的全称是《关于特为 2011 年度财政运营发行公债的法案》。

效四个多月的2011年度财政预算，有41.3%是属于没有落实财源的“空头支票”。

（二）预算未到执行期便告废

就财政年度而论，东日本大地震属于2010年度内发生的事。就2010年度预算来看，用于应对意外之需的预备费仅有3500亿日元，若加上地震再保险特别会计①729亿日元的预算，两项合计也仅为4229亿日元。相对于东日本大地震形成的巨额需求，这点财政资金无异于杯水车薪。显然，不管是灾害救助抑或灾后重建，都需要在2011年度预算中作出安排。

但是，在2011年度预算中，根本就没有这方面的资金安排。就2011年度预算的生效日期来看，虽然是在大地震发生后的3月29日，但预算方案本身是2010年12月24日就已经确定下来的，不可能反映东日本大地震的需求。日本政府依照正常年景安排的2011年度预算，预备费总额与上年度持平，仍为3500亿日元；地震再保险特别会计的预算规模仅比上年度增加55亿日元，为784亿日元。东日本大地震等于在事实上宣告：日本政府编制的2011年度预算在生效之前就已经过时，不具有可行性。

（三）“挤牙膏”般出台补充预算

面对千年一遇的大地震及其带来的海啸、核泄漏等多重灾害，民主党政权既碍于已承诺的“竞选公约”和刚刚确立的预算，又要应对多重灾害对财政资金的巨大需求，还面临着国际信用评级机构调降日本主权债务信用等级的压力，迟迟拿不出有力的应对措施。直到2011年5月2日，第一次补充预算才得以落实。此后，日本政府又相继推出了三次补充预算。

在一个年度之内，日本政府先后四次补充预算，这是自1947年以来60多年里所没有过的现象。关于四次补充预算的情况，在本文第三部分详谈。

二 入不敷出，重建资金难落实

东日本大地震发生后，表面上看，日本政府紧急成立了一个又一个灾害对策

① 该项特别会计是日本中央财政专项之一，其建立的依据是1966年颁布的《关于地震保险的法律》，主要业务内容是为民间保险公司承揽的地震保险提供再保险。

机构，诸如首相官邸建立了灾害对策室，政府成立了“紧急灾害对策本部”、“电力供求紧急对策本部”、“核能灾害综合对策本部”、“福岛核事故对策统合联络本部”、“复兴构想会议”等，但是，这些机构同样都面临“无米之炊”的问题，缺少资金，拿不出有力的救助措施。日本国际公共政策研究中心的田中直毅理事长批评道：政府在非常时期没有发挥领导作用，缺乏应对危机的能力。① 造成这种状况的重要根源，在于财政“不给力”。

（一）税收萎缩，难以满足基本财政需求

日本国税的主力税种有三个：个人所得税、法人税和消费税。这三个主力税种收入合计占日本国税收入的71%以上。

同前两个年度相比，2011 年度国税三大主力税种的收入虽然有所增加，但仍远远低于泡沫经济崩溃前的 1990 年度，也明显低于 2000 年度。如表 1 所示，同 1990 年度相比，2011 年度个人所得税减少了 48.1%，法人税的降幅高达 57.6%，只有消费税增长了 120.6%。其实，消费税的增长包含两个不可比因素：其一，消费税是 1989 年度新开征的税种，随着征收的逐步到位，税收自然增加；其二，1998 年 4 月以后，消费税率由 3% 调高到了 5%，由此带来消费税收入规模的大幅度增加。

表 1　日本国税及主力税种的税收规模

单位：亿日元，%

	国税总额	个人所得税	法人税	消费税	三税合计（占比）
1990	627798	259955	183836	46227	490018 （78.1）
2000	527209	187889	117472	98221	403582 （76.6）
2009	402433	129139	63564	98075	290778 （72.3）
2010	417093	128080	74890	101550	304520 （73.0）
2011	409270	134900	77920	101990	314810 （76.9）
2011/2000 增减幅度	-22.4	-28.2	-33.7	+3.8	-22.0 （—）
2011/1990 增减幅度	-34.8	-48.1	-57.6	+120.6	-35.8 （—）

注：2009 年度以前为决算数据，2010 年度为修正后预算数据，2011 年度为当初预算数据。

资料来源：2010 年度以前数据源自〔日〕财务省财务综合政策研究所编：《财政金融统计月报》2011 年第 8 期，第 26~27 页；2011 年度数据源自〔日〕财务省编：《日本财政相关资料》，2011 年 9 月，第 1 页，http：//www. mof. go. jp/budget/fiscal_ condition/related_ data/sy014_ 23. pdf。

① 参见〔日〕《东洋经济》周刊 2011 年 5 月 14 日刊，第 34 页。

就三大主力税种合计的税收规模来看，2011 年度比 1990 年度减少了 35.8%。主力税种税收规模减小，带来国税总收入的萎缩。2011 年度，日本国税收入同 1990 年度和 2000 年度相比，分别减少了 22.4% 和 34.8%，即使没有大地震，税收也不足以维持基本的财政需求。

（二）两项支出预算用掉全部国税收入仍不够

就 2011 年度当初预算来看，财政基础支出的前两大项分别是社会保障费（287079 亿日元，占经常性预算支出的 31.1%）和划拨给地方财政的税收（167845 亿日元，占 18.2%），这两项支出合计为 454924 亿日元。也就是说，全部国税收入（409270 亿日元）尚不足以应对这两项支出。

需指出，上述两项支出是政府无权压缩的。社会保障支付标准一经确定，便具有法律效力，必须执行。同样，对于划拨给地方的财政资金，法律也明确规定了划拨的税种和划拨比例①，除非修改法律，否则任何人和任何部门都不得予以压缩。

除上述两项支出外，必须由财政安排的基本支出项目还有文教科技振兴费、粮食安全费、能源对策费、中小企业对策费、国防费，等等。显然，即使没有大地震，财政基础收支也已存在巨大亏空。

（三）灾后重建需求巨大

东日本大地震造成的损失，大大超过 1995 年的阪神大地震，人员死亡是阪神大地震的 2.5 倍多；直接造成的道路、房屋等资产毁损大约为 16.9 万亿日元，相当于阪神大地震的两倍，约为日本名义 GDP 的 3.6%。

由于东日本大地震呈多重灾害叠加的复杂局面，救灾以及灾后重建均面临许多前所未遇的新问题，出现诸多从未有过的财政支出项目，诸如有关核泄漏损失的赔偿，海啸淹没土地的除盐费用，将不宜继续居住的低地村镇居民向高处迁移的开销等，② 解决东日本大地震带来的问题，需要巨额财政支出。

① 2011 年度，国税收入中必须划拨给地方财政的税种和划拨比例分别为：个人所得税的 32%，酒税的 32%，法人税的 34%，消费税的 29.5%，烟草税的 25%。

② 参见张舒英《日本的灾后重建缘何深陷财政困局》，《日本学刊》2011 年第 4 期。

有估计称，应对东日本大地震和灾后重建，至少需要十万亿甚至几十万亿日元的财政支出。[①] 日本的税收，就连正常年景的财政基础支出尚且不能满足，如何筹措如此巨大的救灾和灾后重建资金，成为日本政府面临的艰难课题。

三　政府"挤牙膏"，四次补预算

每当发生严重自然灾害，日本政府通常都以补充预算的方式提供财政援助。例如，阪神大地震发生后，政府立即启动补充预算程序，并于震后第 42 天付诸实施，对迅速启动灾后重建发挥了重要作用。然而，东日本大地震后的补充预算格外难产。地震发生后第 52 天，应付眼前支出的第一次补充预算才得以确立，而正式展开灾后重建的财政措施，直到 2011 年 11 月 21 日才落实。如表 2 所示，日本政府像挤牙膏般，一点一点地推出财政对策，一个年度内搞了四次补充预算。筹措灾后重建所需要的财源，无疑是补充预算要解决的最困难的课题。

表 2　2011 年度补充预算

单位：亿日元

	第一次	第二次	第三次	第四次
内阁确定时间	4 月 22 日	7 月 5 日	10 月 21 日	2012 年 2 月 8 日
国会通过时间	5 月 2 日	7 月 25 日	11 月 21 日	预计 2012 年 2 月
补充预算规模	40153	19988	121025	25345
资金来源				
(1)削减既定预算	37102	0	3991	14227
(2)增发国债	0	0	115500	0
(3)其他收入	3051	19988	1534	11118
主要用途	搭建临时住宅 清理灾区垃圾 修复基础设施	核泄漏损害赔偿 灾民生活补助 支援灾区地方财政	补充灾区年金 支援灾区地方财政 安排灾后重建等	支援受灾中小企业 追加社会保障经费 支援灾区地方财政

资料来源：http：//www. mof. go. jp/budget/budger_ workflow/budget/fy2011/index. htm#hosei。

（一）拆西墙补东墙

第一次补充预算的规模为 40153 亿日元，其资金来源主要靠拆西墙补东墙，

① 〔日〕《钻石》周刊 2011 年 4 月 9 日刊，第 60 页。

即在已确定的预算范围内腾挪，压缩原定的财政支出。被压缩的预算支出项目包括调整孩童补贴，削减国库划转养老金专项资金，冻结高速道路免费试行项目，削减划转能源对策专项资金，削减国会议员年费，削减政府开发援助经费等七个方面，由此腾挪出37102亿日元资金，占第一次补充预算的92.4%。

为进一步压缩财政支出，日本内阁于2011年6月3日向国会提交了一项法案，这项法案的主旨是削减国家公职人员的薪金，法案中拟定的削减月薪幅度如下：对内阁总理大臣削减30%，对国务大臣和副大臣级官员削减20%，对政务官、常任委员和委员长、大使、公使以及7级以上公务员的削减幅度为10%，对3~6级公务员的削减幅度为8%，对1~2级公务员的削减幅度为5%。削减薪金的实施期间是自法案生效的第三个月起至2014年3月31日。①

第一次补充预算所要解决的主要问题，一是安排震灾以来已经发生的费用，例如自卫队救灾行动产生的费用；二是眼前急需解决的财政支出，诸如清理地震中倒塌的建筑物或海啸冲积形成的巨量垃圾，为灾区民众搭建临时住所，修复交通和通信设施，等等。

（二）挖掘“窖藏资金”

在如何筹措灾后重建资金问题上，近年来被反复提起的“窖藏资金”问题再次引起人们的关注。

所谓“窖藏资金”，主要是指国家特别会计（类似于我国的财政专项）项下的积金和剩余资金。由于这部分资金与既得利益集团和部门利益息息相关，加之特别会计之间复杂的资金往来关系，使得这部分资金被层层遮盖，故而被日本媒体称作“窖藏资金”（日语写作“埋蔵金”）。民主党上台前曾作过承诺，表示要挖掘和盘活“窖藏资金”，将其全额纳入预算管理。

一般而言，到每年7月份，可以清楚上一年度决算剩余资金的具体数额。依照日本《财政法》第6条的规定，上年度决算产生的剩余资金，不可直接作为本年度的资金使用，而应纳入下一年度的财政预算。不过，鉴于东日本大地震的特殊情况，通过履行必要的法律程序，可以将上年度的剩余资金用作灾后重建资金。第二次补充预算的资金来源，便是2010年度结算的剩余资

① http://www.soumu.go.jp/menu_hourei/k_houan.html.

金。

第二次补充预算的规模为19988亿日元。主要用途是：（1）增拨赈灾经费和灾后重建预备费（8000亿日元）；（2）向灾区地方财政拨款（5455亿日元）；（3）向灾民发放生活补贴等（3774亿日元）；（4）实施“核能损害赔偿法”所需经费（2754亿日元）。①

（三）发行“复兴债”

日本于2011年6月中旬颁布的《复兴基本法》（全称《东日本大地震复兴再生基本法》），允许政府在国会议决的额度内发行“复兴再生债”（以下简称“复兴债”）。以灾后重建的名义发行国债，有助于降低发债的阻力。同时，例行的建设国债和赤字国债仍可照发不误。

为避免因发行“复兴债”而松懈财政纪律，防止政府打着“灾后重建”的旗号趁机大肆发行国债，法律对发行“复兴债”也设定了如下限制：（1）“复兴债”是特为东日本大地震筹措灾后重建资金而发行的公债；（2）“复兴债”须在规定的期限内偿还，其偿还期为25年（建设国债的偿还期通常为60年）；（3）在发行“复兴债”之初就确定其偿还的资金来源。

偿还“复兴债”的资金来源是“复兴税”。其实，“复兴税”并不是一个独立的新税种，而是有时限地对个人所得税、法人税和居民税征收的附加税，即从2013年1月起，个人所得税加征2.1%，加征期限为25年；法人税加征2.4%，加征期限为3年；居民税每年加征1000日元，加征期限为10年。② 加征的这部分税收统称“复兴税”。

第三次补充预算的规模为121025亿日元，资金来源的95.4%通过发行“复兴债”筹措。此次补充预算的近97%用于东日本大地震灾区，包括补充灾区养老金（24897亿日元），增拨受灾地方财政经费（16635亿日元），灾后重建资金（15612亿日元），追加公共事业费（14734亿日元）等。

---

① 与“核能损害赔偿”有关的法律主要有三部，即《关于核损害赔偿的法律》（1961年6月17日，第147号法律）、《关于核损害赔偿补偿契约的法律》（1961年6月17日，第148号法律）、《核损害赔偿支援机构法》（2011年8月10日，第94号法律）。特别是建立核损害赔偿支援机构，亟须解决运转经费问题。

② 2011年11月11日〔日〕《日本经济新闻》。

（四）挖掘其他资金来源

2011 年 12 月 10 日，第三次补充预算案获众议院通过，尚待参议院审议，相关政府部门又开始编制第四次补充预算方案。

第四次补充预算的资金，主要来源于两项：一是推迟法人税减税而增加的税收（12860 亿日元）；二是因利率低于预期而减少的国债利息支出（10580 亿日元）。

第四次补充预算的规模为 25345 亿日元，资金用途主要包括：（1）为受灾中小企业（包括因泰国水灾而遭受损失的日本企业）提供财政金融支持（7413 亿日元）；（2）追加社会保障经费（4939 亿日元）；（3）推动环保型汽车的普及（3000 亿日元）；（4）向灾区地方财政增拨经费（3608 亿日元）等。

编制补充预算成为日本政府自东日本大地震发生后一直在忙碌的事。四次补充预算合计达 206511 亿日元，相当于当初预算规模的 22.3%。经过第四次补充预算后，日本单年度的财政支出和赤字规模分别达 107.5 万亿和 55.8 万亿日元以上，再度双双刷新历史最高纪录。

四　日本：处在主权债务危机边缘

日本政府债务余额与 GDP 之比，早已高居主要发达国家之首。[①] 据经济合作与发展组织（OECD）发表的报告，2010 年，日本政府债务与 GDP 之比高达 199.7%。[②] 进入 2011 年，日本国债连遭国际信用评级机构降级。[③] 日本已处在主权债务的危机的边缘。

---

① 1999 年，日本政府的债务余额已相当于其 GDP 的 127.1%，超过意大利（126.4%），成为主要发达国家中政府债务余额最多的国家。

② OECD《经济展望》，2011 年 6 月。转引自〔日〕财务省编《日本财政相关资料》，2011 年 9 月，第 19 页，http://www.mof.go.jp/budget/fiscal_condition/related_data/sy014_23.pdf。

③ 2011 年 1 月 27 日，标普公司（Standard & Poor's，S&P）将日本长期国债由“AA”调降为“AA -”。2011 年 8 月 24 日，穆迪（Moody's Investors Service，Inc.）将日本国债信用评级由“Aa2”降至“Aa3”。

(一) 2012 年度日本财政将继续恶化

从日本政府确定的 2012 年度预算方案来看，近期内，其财政状况将继续恶化。

1. 国税连续第四年低于债务收入

2012 年度，日本的国税收入规模预计为 42.3 万亿日元，低于债务收入(44.2 万亿日元)，日本政府仍主要靠借债度日。

2. 发债规模再创新纪录

2012 年度，经常性财政对债务的依赖程度将由上年度的 48% 升至 49%，[①] 再创历史新高。国债发行量将达 174.2 万亿日元以上，其中，新增发部分为 44.2 万亿日元，"复兴债" 2.7 万亿日元，借新债还旧债部分为 127 万亿日元以上。政府债务余额将超越 1000 万亿日元大关，政府债务余额与 GDP 之比将超过 200%，[②] 明显高于已爆发主权债务危机的希腊和意大利等欧盟国家。

3. 国债费负担更加沉重

2012 年度，国债费[③]支出预算额为 219442 亿日元，比上年度增加 3951 亿日元。按照东京外汇市场 2012 年 1 月末汇率折算，[④] 日本 2012 年度的国债费相当于 2876 亿美元，这将比新西兰、智利、新加坡、菲律宾、马来西亚等世界许多国家的国内生产总值还要多。

(二) 扭转危局的改革仍未推出

2012 年度，应由国库拨付给社保基金的资金中，有 2.6 万亿日元将采用"交付国债"的方式充数。[⑤] 这种做法，只能应付眼前做账，无助于财政和社保基金的健康发展，而一直热议的社保与税制一体化改革仍未有定案。

在恢复财政基础收支平衡问题上，日本政府一方面对提高消费税率寄予很高期待，另一方面又对启动这一政策手段设定了诸多限制条件。应该说，对提

---

① 参见 2011 年 12 月 24 日〔日〕《日本经济新闻》。

② 参见 2011 年 12 月 25 日〔日〕《日本经济新闻》。

③ 日本的国债费包括还本、付息以及相关事务费。

④ 2012 年 1 月 31 日 17：00，东京外汇市场汇价为 1 美元兑 76.30 日元。

⑤ 参见 2011 年 12 月 25 日〔日〕《日本经济新闻》。

高消费税率设定限制条件，其出发点是汲取1998年提高消费税率的教训，避免对经济造成冲击。但是，这样做也在客观上拖延着财税改革的进程。实际上，岌岌可危的财政本身，已经成为打击市场信心、阻碍经济恢复活力的重要因素。

即使不发生意外情况，提高消费税率的举措估计也要到2015年前后才能落实。在此之前，日本每年仍需发行大量国债。

（三）政府债务已经“吃光”居民金融资产

长期以来，日本的政府和企业一直是负债方，只有家庭是资金剩余方。政府大量发行的国债主要靠家庭储蓄予以消化。然而，近年来，国债发行与居民储蓄之间的差距正在扩大，即国债在大量增发，而居民储蓄却随着人口结构的老龄化而趋于减少。

据日本银行2011年12月21日发表的《资金循环统计》，截至2011年9月末，日本政府的净债务余额①达1413万亿日元，已经超过居民金融净资产（1117万亿日元），② 今后，日本政府要继续大量发行国债，势必需要吸引更多的国际资本参与。

2011年，日本十年期国债的平均年利率为1.147%。③ 这一超低利率水平显然缺乏对国际资本的吸引力。同样是十年期国债，美国的年利率接近3%。若要吸引更多的国际资本购买日本国债，客观上需要提高日本国债的利息率。

（四）主权债务危机一触即发

2011年12月21日，日本本土信用评级机构R&I④ 也下调了日本国债的信用等级。与国际信用评级机构相比，日本本土信用评级机构对本国政府及其财政状况的了解更深，因而，其降低日本国债信用等级的理由也更值得重视。该评级机构

---

① 这里的政府净债务包括中央政府、地方政府和社保基金的纯负债，含长期债务、短期债券和借款等。

② 日本银行调查统计局2011年12月21日发布的《资金循环统计（2011年第三季度速报）》参考表第1页，http：//www.boj.or.jp/statistics/sj/sjexp.pdf。

③ http：//www.e－pbo.jp/bond/bond10/.

④ R&I的英文全称是Rating and Investment Information，Inc.。该公司于2011年12月21日将日本国债的信用等级由此前的“AAA”降为“AA＋”。

认为，野田政权的政策难以令经济恢复活力，其在改革社会保障制度上采取拖延态度，即使提高消费税率的举措得以实现，政府债务余额的增大仍在所难免。①

东日本大地震造成的破坏以及灾后重建，将使日本的内需显著增加，从而有利于拉动经济增长。日本政府预测2012年度实际GDP增长率可达2.2%。但是，R&I降低日本国债信用等级的行动表明，市场对政府债务负担的忧虑不仅未消除，反而在加重。究其原因，在于经济复苏首先带来的很可能不是税收增加，而是利率上升，即税还没收上来，国债的利息负担却先升上去了，或者是税收的微小增加远远抵不上国债利息支出的扩大。

按政府长期债务计算，利率每提高1个百分点，日本国债和地方债合计的年利息支出额将增加9.3万亿日元以上。平均利率若由目前的1.3%提高到2.3%，按照广义政府债务口径计算（包括政府短期证券和借款等），公债的年利息支出将达32.5万亿日元，约相当于中央和地方政府税收总额的40%。一旦利率转趋上升，日本随时可能陷入主权债务危机。

五　大震灾凸显财政纪律重要性

日本的财政困境，是长期积累的结果。20世纪70年代以后，英美等主要发达国家纷纷放弃了凯恩斯主义的财政政策，只有日本仍在坚持。在观察凯恩斯积极财政政策的效果方面，日本是世上不可多得的“试验田”，观察和分析这块“试验田”，可为我们提供许多有益的启示。就东日本大地震以来日本财政的表现来看，最值得汲取的教训有如下三点。

（一）政府不能过度透支公共信用

面对千年一遇的大震灾，日本政府却迟疑不决，应对乏力。这里固然有国内政党间的争斗与讨价还价的因素，也有国际上调低日本主权债务信用等级的压力，但是，如果日本的财政体系是健全的，就不至于因在野党的意见而拖延财政政策的出台，也不会有来自国际上的降低主权债务信用等级的压力。

面对突发性的巨大自然灾害，国际社会的通常做法是：在正常预算之外，临

① http://headlines.yahoo.co.jp/hl?a=20111221-00000084-jij-bus_all.

时增发国债，筹措资金，应对突发情况带来的财政需求。可是，日本政府由于平时过度透支公共信用，到紧急情况发生，真正需要增发国债时，却难以及时启用这一应急措施。

日本此次的教训向我们提示：国家财政留有余地，十分必要，即便是推行积极的财政政策，也要适度，不可过度透支公共信用。否则，在突降的自然灾害面前，财政将失去相机施策能力，政府也将陷于被动局面。

（二）财政慎做 GDP 增长率的“保姆”

日本政府虽然没有明确提出“保增长”的口号，但实际上是这样做的。每当经济增长率下滑时，动用财政政策去刺激经济增长，既是日本社会的普遍期待，更是日本政府的习惯性做法。然而，问题是衡量经济究竟是景气还是不景气，往往是以过去的增长率为标尺。随着经济追赶时代的过去，后发效应逐渐消退，增长率逐渐下降是一种必然趋势。若总是用过去的增长率来衡量，不景气的年份必然越来越多，为改变经济萧条的状况，便频频动用财政政策。20 世纪 80 年代后期的日本经济泡沫，在相当大程度上是政策刺激出来的。在助推泡沫膨胀问题上，财政政策难辞其咎。

泡沫破灭后，日本经济陷入长期萧条。一方面，税收呈持续萎缩之态；另一方面，政府更加频繁而大力度地推行财政刺激政策。观其结果，不但没能将 GDP 增长率刺激上去，反而使财政陷入债务泥潭。东日本大地震发生后，在急需财政发挥作用时，财政却因沉重的累积债务而呈“肌无力”状态。日本的教训，鲜活而深刻。

（三）社保收支慎留缺口

社会保障制度一经确立，就存在很强的支出刚性。同社保支出刚性增长的特点相比，社保资金的来源却很“柔弱”，甚至是断断续续的。如果社保收支留有缺口，最初的小缺口会很快变成大缺口，甚至大到令人们不再相信社会保障制度的程度。日本已经面临着这方面的问题。

随着人口结构的老龄化，财政用于社会保障的支出呈快速增长之势。自 1976 年度起，社保支出一直是日本经常性财政中位居第一的支出大项，社保资金入不敷出的问题越来越严重。为解决这个问题，日本曾多次调整相关制度，例如，提高患者承担医药费的比率，加强医疗保险、养老保险等保费的征收，推迟

老年人领养老金的年龄，等等。但是，社保资金入不敷出的问题一直没有得到根本性解决。进入21世纪，针对社保存在的问题，日本曾号称要确立能够维系百年的制度基础，并曾于2004年对养老金制度进行了一次大幅度的调整。经过此次调整，国库对基础养老金的负担比率由以往的36.5%提高到50%。可是，对于由此增加的财政支出却没有配置相应的资金来源，而是期待以后通过增加税收解决。事实上，后来的情况是，税收不仅未见增加，反倒是在减少。社保资金的收支缺口自然也越来越大，填补这一缺口的办法只能是增发国债。

岌岌可危的日本财政状况，使越来越多的国民对社会保障制度失去信心，许多人干脆不再缴纳保费。2010年度，养老金保费缴纳率已由1992年度的85.7%降至58.2%，其中，冲绳县的缴纳率只有36.2%。①

东日本大地震所需要的重建资金是巨大的，但是，真正困扰日本财政的难题不是地震，而是社保收支问题。正因为如此，人们对日本政府拟议中的社保与税制一体化改革，给予高度关注。

参考文献

〔日〕2011年《钻石》周刊、《东洋经济》周刊、《经济学家》周刊、《日本经济新闻》。

〔日〕财务省财务综合政策研究所编《财政金融统计月报》，2011。

〔日〕财务省编《日本财政相关资料》，2011。

〔日〕日本财务省网站，http：//www.mof.go.jp/。

〔日〕日本银行调查统计局编《资金循环统计》，2011。

財政難による震災復興遅延の教訓について

張 舒英

要　旨：如何なる国も重大な自然災害が発生後、国の財政は救援及び復興活

① http：//potemkin.jp/archives/50697671.html.

動の最終出資者の役割を果たしている。この最終出資者の対応の良否は、救援及び復興活動に極めて重要な影響を与えている。しかし、東日本大震災発生にあたって、日本の財政は債務危機に陥り、復興活動の障害さえとなっている。今、日本は主権債務危機の淵に立っており、その教訓はまさに総括すべきである。

キーワード：復興活動　財政難　補充予算　主権債務危機　教訓と啓示

B.10

核危机前后的东京电力公司

胡欣欣*

摘　要：由于2011年3月11日地震及巨大海啸引发的福岛第一核电站事故，使东京电力公司一时间成为世界焦点。本文在对东京电力公司的基本背景进行描述的基础上，试图就东京电力在核危机及事故应对过程中暴露出的种种问题进行分析，对核危机前后东电公司的经营状况及制度环境等进行分析，涉及政企关系、核电事业监管、股东及主要贷款银行与企业经营的关系等问题。

关键词：东电　福岛　核电站　经营　监管

2011年3月11日日本东北地区发生的9.0级地震及此后的巨大海啸，引发了日本历史上最严重的一次核电站危机，把东京电力公司推上风口浪尖。一时间，东京电力公司成为全世界关注焦点之一。在此次核危机中，围绕东京电力公司暴露出的诸多问题，引起大量议论。有关核电站本身的技术性问题，由相关专家进行解读，本文仅试图就东京电力公司本身以及围绕公司核电站运行的制度环境等问题进行分析。

一　东京电力公司解析

（一）公司概况

设立于1951年5月的东京电力公司（简称“东电”或“东电公司”），是全

---

* 胡欣欣，经济学博士，中国社会科学院日本研究所研究员，研究专业为日本经济，研究方向为日本产业与中日产业比较。

世界最大的民营电力公司，在2010年《财富》杂志世界500强企业名单中，以540.26亿美元的营业收入和14.41亿美元的利润列第128位。

日本的电力体制采取地区垄断的发电、送电一体化体制，全国共有10家电力公司，分别负责向10个地区供电。东京电力公司所负责的区域，除首都东京外，还包括关东地区七县及静冈县部分地区。

2010年度，东京电力公司的销售电量为2934亿千瓦时，销售收入53685亿日元，占日本总销售电量和销售额的近1/3。

2011年3月末，东京电力公司共拥有发电站193个。其中，火力发电站26个，包括蒸汽发电站15个，最大输出功率合计3847.1万千瓦，内燃机发电站11个，最大输出功率合计22.5万千瓦；原子能发电站3个，最大输出功率合计1730.8万千瓦；水力发电站162个，最大输出功率合计898.1万千瓦；新能源发电站2个，最大输出功率合计3800千瓦。

东电公司所拥有的15个蒸汽发电站中，采用先进的联合循环发电技术（CC方式）的约有6个，其中最大输出功率504万千瓦的富津发电站为日本国内最大规模的火力发电站。除位于福岛县双叶郡的广野发电站外，东电所拥有的火力发电站，均设在关东地区。而该公司的核电站，则没有一座建设在关东地区，3座核电站分别为位于福岛县双叶郡的第一、第二核电站和位于新潟县柏崎市的刈羽核电站，共拥有17座沸水型反应堆，包括福岛第一核电站6座、第二核电站4座，刈羽核电站7座。

表1　东京电力公司财务状况

单位：百万日元，%

项　目	第77决算期（2000年度）	第87决算期（2010年度）	项　目	第77决算期（2000年度）	第87决算期（2010年度）
销售额	5258014	5368536	总资产	14562299	14790353
经常利润	330968	317696	净资产	2038251	1602478
净利润	207882	-1247348	自有资本比率	14.0	10.5
资本金	676434	900975			

注：此为合并报表数据。

资料来源：根据东电公司相关年度《有价证券报告书》整理。

根据东电公司2010年的年度报告，2010年度（2010年4月1日至2011年3月31日）合并报表销售收入53685.36亿日元，合并报表净资产16024.78亿日

元，总资产147903.53亿日元。与2000年度相比，销售额和总资产并未显著增加，净资产和经常利润则低于2000年度。整个集团正式员工共52970人（东电公司本身36683人）。该公司2010年度销售电力2933.86亿千瓦时，其中电灯用户（一般家庭用户）1034.22亿千瓦时，低压电力用户121.74亿千瓦时，特定规模需求用户（即高压电力用户）1777.9亿千瓦时。① 按销售金额计算，电灯用户21678.37亿日元，电力用户（包括低压电力用户和特定规模需求用户）26287.19亿日元，分别占45.2%和54.8%。

（二）沿革

东京电力管辖区域的电力供应，最早是由1883年设立的东京电灯公司负责。在1939年4月第二次世界大战前夕，全国的供电输电事业开始采取国家管理方式，移交给半官半民企业日本发送电公司。1941年8月，日本首都圈的送电事业移交给关东配电公司。日本战败后，占领军总司令部于1950年4月根据《波茨坦公告》强令日本政府颁布《电气事业重组令》和《公益事业令》，据此在日本全国设立九家发电送电一体化电力公司。承接了原关东配电公司及日本发送电公司设备的东京电力公司于1951年5月设立，接管原关东配电公司的营业区域。1951年8月，东京电力公司在东京证券交易所和大阪证券交易所上市，1961年在名古屋证券交易所上市。

东电公司设立后，致力于火力发电站建设。1959年8月18日，随着千叶火力发电站1号机组投产，终使火力发电比重超过水力发电，完成了由“水主火从”向“火主水从”的转换，并逐渐将火力发电由燃煤转为燃油。1971年3月26日，东电第一座核电站福岛第一核电站1号机组投入运行。这是继1970年11月的关西电力公司美滨核电站后日本的电力公司投产的第二座核电站。1982年4月20日，福岛第二核电站1号机组投入运行。1985年9月18日，柏崎刈羽核电站1号机组投入运行。1997年7月，刈羽核电站7号机组投入运行，柏崎刈羽核电站以821.2万千瓦的输出功率成为当时世界上规模最大的核电站。1999年3月，东京电力首座地热发电站八丈岛地热发电站开始运行。2000年3月，八丈岛风力发电站建成，成为东京电力首座风力发电站。

① 少量向其他电力公司销售的电力除外。

2011年3月11日，地震及海啸引发的核危机，使东电公司陷入前所未有的困境。时至今日，面临诸多难题的东电公司仍处于前途未卜状态。

（三）公司治理结构

从股东结构来看，如表2所示，2011年度，除众多个人股东外，持股比重最高的是金融机构，占30%以上；其次为外国法人等，占17%以上；政府部门持股比重不到3%。与2003年度相比，金融机构持股比重已大幅度下降，而外国法人持股比重则出现相应上升。个人股东的持股比重也比2003年度有大幅度提高。再从表3的十大股东名单来看，持股比重最高的金融机构，主要是信托银行或保险公司等机构投资者，政府部门的持股主要来自东京都政府。与2003年度相比，2011年度大股东的持股比重均有下降。其他引人注目的变化还有，外国法人股东进入公司十大股东行列，东电公司本身的“从业员持股会”成为公司大股东。股东结构的变化，反映出近年来日本企业体制方面出现的一些变革。

表2　东京电力公司的股东分布

单位：100股，%

	2003年3月末			2011年3月末		
	股东数	股份数	持股率	股东数	股份数	持股率
政府及地方公共团体	41	437175	3.26	35	434655	2.72
金融机构	444	5556937	41.40	308	4840309	30.26
证券公司	70	116521	0.87	76	219075	1.37
其他法人	3924	933820	6.96	4212	784183	4.90
外国法人等	629	1427489	10.63	647	2733173	17.08
外国个人	142	1370	0.01	268	1949	0.01
个人及其他	670999	4949879	36.88	741386	6984740	43.66
合　计	676249	13423191	100.00	746932	15998084	100.00

注：股份数按“单元”计算，每单元为100股。

资料来源：根据东京电力公司相关年度《有价证券报告书》整理。

东电公司的公司领导，由董事会长（董事长）和董事社长（总经理）各1名、董事副社长（副总经理）4名（以上6名为代表董事）及8名常务董事、2名董事（含1名外部董事）构成，另有7名监事。这7名监事均来自公司外部。

表3　东京电力公司十大股东

单位：100股，%

2003年3月末			2011年3月末		
股东名称	持股数	持股率	股东名称	持股数	持股率
日本Master Trust信托银行	58160	4.30	日本Trustee Services信托银行	57963	3.61
日本Trustee Services信托银行	53482	3.95	第一生命保险	55001	3.42
第一生命保险	47001	3.47	日本生命保险	52800	3.29
日本生命保险	45199	3.34	日本Master Trust信托银行	47949	2.98
瑞穗银行	43490	3.21	东京都	42676	2.66
东京都	42676	3.15	三井住友银行	35927	2.24
三井住友银行	39927	2.95	东京电力从业员持股会	24793	1.54
新生银行	16989	1.26	SSBT	24087	1.50
UFJ信托银行	15316	1.13	瑞穗金融集团	23791	1.50
住友生命保险	13274	0.98	大通曼哈顿银行	22267	1.39
合　计	375514	27.74	合　计	387254	24.13

注：SSBT全称为“SSBT OD05综合账户协议客户”（SSBT OD05 Omnibus Account Treaty Clients）。
资料来源：根据东电公司相关年度《有价证券报告书》整理。

作为公司机构，设有董事会、常务会。公司亦采取执行官制度。为确保报酬的客观性和透明度，设有主要由外部董事和监事组成的报酬委员会进行监督。但有媒体分析说，2009年度清水社长与20位高管的工资合计约为890万美元，平均每人年收入4000万日元以上。仅社长一人年收入就高达7200万日元。而核电站设备制造商日立制作所的一般高管年收入平均为1500万日元。东电高管收入在日本应算是高水平。

2011年度整个东电集团合并报表公司合计拥有的52970名正式员工中，母公司东京电力公司本身的员工有36683人，其余为168家子公司和97家合并报表关系公司员工，另有约5517名临时工。

2011年9月末，共有66家金融机构向东电公司提供贷款，包括长期贷款34119亿日元，短期贷款4040亿日元。① 其中，19650亿日元是核危机发生后向东电公司提供的紧急融资。东电公司的主要贷款银行是三井住友银行和瑞穗银

① 日本原子能损害赔偿支援机构、东京电力公司《特别事业计划》修订版，2012年2月3日，http://www.ndf.go.jp/gyomu/tokujikei/nintei20120213.pdf。

行。2011 年 9 月，三井住友银行对东电的贷款余额约为 9300 亿日元，瑞穗银行的贷款余额约为 6800 亿日元。如表 3 所示，这两家主要银行同时也进入了东电公司十大股东行列。三菱 UFJ 金融集团对东电的贷款约为 4300 亿日元。[①]

二　福岛第一核电站事故及所暴露的问题

（一）核泄漏事故过程

2011 年 3 月 11 日 14 时 46 分，日本东北地区太平洋海域附近发生 9.0 级地震，并引发海啸。地震和海啸对震源附近的岩手县、福岛县、宫城县等地区造成了巨大破坏。震源附近有分属于东京电力公司和东北电力公司所有的四座核电站，福岛第一核电站是东电所属的核电站之一。地震发生后，这些核电站运行中的反应堆全部自动停止运转。

福岛第一核电站共有六座反应堆，其中 1 号、2 号、3 号机组当时处于运行状态，4 号机组正在换料大修，5 号和 6 号机组处于定期停堆检修状态。由于地震摧毁了外部电网，造成核电站外部电源丧失，备用的柴油发电机启动为应急冷却系统供电以排除余热。但约 50 分钟后发生的海啸淹没柴油发电机组，造成核电站 1 ~5 号机组冷却系统丧失全部电源，无法提供冷却水为反应堆余热降温。最终导致 1 ~3 号机组先后出现堆芯融化，大量放射性物质泄漏并扩散。2011 年 3 月 11 日 19 时 3 分，日本政府宣布，根据《原子能灾害对策特别措施法》发布“原子能紧急事态宣言”，在首相官邸设置原子能灾害本部。这是日本首次宣布进入“原子能紧急状态”。

2011 年 3 月 12 日 15 时 36 分，福岛第一核电站 1 号机组发生爆炸，厂房的外墙和屋顶坍塌。12 日 19 时 4 分，东电公司开始使用消防车向 1 号机组压力容器注入海水，进行冷却。此后将海水冷却范围扩至其他机组。3 月 14 日 11 时 1 分，3 号机组发生爆炸。3 月 15 日 6 时，4 号机组发生爆炸，不久后 2 号机组发出爆炸声，导致周边放射性物质指标大幅升高。

3 月 15 日凌晨，日本首相菅直人决定在东京电力总公司内设置“福岛核电

---

① http://jp.reuters.com/article/topNews/idJPJAPAN-23167620110913.

站事故对策统合联络本部”，以加强政府与东电对事故处理的沟通协调，由菅直人本人担任“本部长”，经济产业相海江田万里和东京电力社长清水正孝担任本部副部长。

3 月 22 日 22 时，福岛第一核电站 3 号机组中央控制室接通外部电源。此后逐步接通其他机组外部电源。自 3 月 25 日 15 时 37 分起，逐步将 1 ~ 3 号机组海水冷却转为淡水冷却，机组状态趋于稳定。但由于此前利用消防水管、直升机、消防车等向反应堆和乏燃料池注入海水冷却，致使反应堆及厂房地坑内积累了大量含有核污染的废水。4 月 2 日 9 时 30 分，东电方面和日本政府官员证实，福岛第一核电站 2 号机组的含高浓度污染物质积水泄漏，直接流入太平洋。4 月 4 日，东电公司宣布，为保证高浓度污染水的存放空间，必须将 1 万余吨超标 500 倍的“低浓度”污水排入海中。此后虽迫于社会和国际压力，于 4 月 10 日晚停止向大海排放核废水，但“跑冒滴漏”现象仍不时发生。

4 月 12 日，日本原子能安全保安院宣布，根据国际核事故分级表（INES）将福岛第一核电站此次的核事故定级为 7 级，为核事故最高级。

4 月 17 日，东电公司发表事故处理时间表。计划分两个阶段解决核泄漏问题：第一阶段为 3 个月，主要任务是处理所有高浓度污水，同时防止各反应堆发生爆炸；第二阶段为随后 3 ~ 6 个月，主要工作是恢复各反应堆的冷却系统功能，有效控制放射性物质的扩散，将核污染量降到最低。

2011 年 7 月 2 日，1 ~ 4 号机组循环冷却系统终于恢复运行。

2011 年 7 月 19 日，原子能灾害对策本部和政府、东电联合对策室宣布，东电当初公布的事故处理进程表第一阶段工作已基本完成。

2011 年 12 月 16 日，日本政府宣布，东日本大地震九个月后，福岛核危机已初步受控，福岛第一核电站反应堆已处于逐渐冷却的“冷停堆”稳定状态。

（二）质疑与不满

2011 年 3 月 11 日地震发生后，受海啸冲击，福岛第一核电站冷却系统电源失效，此后东电一直设法接通电源，动员公司所拥有的发电机车前去支援，并通过借用其他电力公司发电机车、调入消防车等方式，试图向反应堆注入淡水，进行冷却，但这无异于杯水车薪。直到 12 日 1 号机组发生爆炸后，才于当日 19 时前后开始向反应堆压力容器注入海水。当时有不少人指出，东京电力之所以迟迟不愿意使用海水，很可能是担心注入海水会使核反应堆报废，而新建一座反应堆需要至少3000亿日元资金。人们指责说，在核危机爆发之际，东电首先考虑的不是确保安全，而是保住公司财产。对此，东电方面虽并不予以承认，但当时的情况足以使人们对东电产生质疑。

东电方面与日本政府之间的信息沟通似乎也出现了一些问题。有关注入海水以及打开反应堆阀门的进展等信息，东电方面都没有及时与政府进行充分沟通，以至于内阁官房长官枝野幸男要求东电以"更加透明"的方式处理核事故。甚至有媒体称，在爆炸发生一小时后，菅直人首相才接到东电方面的报告。据日本媒体报道，3月15日3时左右，东电清水社长向海江田万里经产大臣和枝野幸男内阁官房长官请求准许东电撤出福岛第一核电站，菅直人首相对此大为光火，要求东电必须死守核电站，进行事故处理。出于对东电的不满，菅直人首相终于不顾11日已经设立的原子能灾害对策本部的现实，于15日决定再设立一个事故处理联合本部。

东电方面在核事故相关信息披露方面的含糊其辞，更引起社会普遍的不满。核危机发生后，东电方面一直试图掩盖事情的严重性。对外信息披露时，总是设法使用一些含糊其辞的用语，避重就轻。如用"无法确认注水"的用语代替冷却系统失灵的明确表述，以"发出巨响"、"冒出白烟"等表述方式回避发生爆炸这样的用语。查询东电公司官方网站可以得知，事故发生后几小时内，公司官方网站并没有公布有关冷却系统失效的明确文字信息，只通知核电站反应堆停止运行，宣布哪些地方因地震和海啸造成停电，还特别指出核电站周边的核辐射指标并未超过正常范围。即使在日本政府宣布半径三公里以内居民疏散避难之后，仍未公布反应堆冷却系统失效的明确文字信息。在3月12日3时更新的信息中，才加上一条"对无法确认反应堆隔离时的冷却系统等注水的机组，为确保安全，实施了降低反应堆压力容器压力的措施"。① 12日15时36分1号机组发生爆炸，17时东电官方网站公布的正式文字信息为"1号机组附近发出巨响，冒出白烟"。② 14日3号机组发生爆炸后，东电官方网站的表述为"3号机组反

① http：//www. tepco. co. jp/cc/press/11031206 – j. html.

② http：//www. tepco. co. jp/cc/press/11031225 – j. html.

应堆发生巨响，冒出白烟，可考虑发生氢气爆炸的可能性”。[1] 15 日凌晨 4 号机组发生爆炸后，东电官方网站的表述为“发电站内发出巨响，此后确认 4 号机组 5 层屋顶附近出现损伤”。[2] 特别是对于社会上普遍担心的堆芯融化事态，东电更是一直采取回避态度，用“燃料的损伤”一语敷衍，直到 5 月 12 日才承认福岛第一核电站 1～3 号机组已发生堆芯融化。

2011 年 3 月 19 日《中国经营报》的报道曾生动地描述说：“东电公司方面每天都有最新情况公布在网上，但也还是让人看不明白。一个星期已经过去，梳理东电公司发布的所有信息，真实的情况总是比发布的内容坏很多。”[3]

另据报道，从 2011 年 8 月起，日本众议院科学技术革新委员会出于“彻底查明事故原因的需要”，要求东电提交有关事故处理的资料，但在该委员会再三要求下，东电方面提交的福岛第一核电站 1 号机组《事故后处理报告》，仅有 3 页封面和目录，且被大幅涂黑。该委员会委员批评东电“在发生这么大的事故后仍在资料公开方面不予配合，令人甚为遗憾”。

除故意隐瞒外，东电公布的数据和信息也接连出错，其公布数据的可靠性遭到社会各界普遍质疑。3 月 27 日上午东电宣布，福岛第一核电站 2 号机组地面积水的辐射物质浓度陡增到正常值的 1000 万倍。但 28 日凌晨，东电又称数字有误，有可能把真实情况夸大了“10 万倍”，需重新检测。直至 2011 年底发布有关事故调查的中期报告书，还发生了发表后再作更改的事情。这在一向以细致严谨著称的日本企业中堪称十分罕见。

由于东电公司的上述不良行为，以往该公司隐瞒事故和篡改报告的种种恶行不断被回忆和揭发出来。2000 年，原日本通产省资源能源厅接到来自东电内部的两起举报后，由资源能源厅和原子能安全保安院（NISA）对东电展开调查。调查初期，东电仍企图掩盖事实真相。直到 2002 年 8 月，原子能安全保安院宣布东电有可能篡改了 80 年代后半期至 90 年代前半期 29 起核事故记录，东电才终于承认事实。丑闻的曝光迫使当时东电公司董事长、社长、副社长及两名顾问相继辞职。2007 年 3 月，东电又承认，1978 年福岛第一核电站 3 号机组曾因控

---

① http：//www. tepco. co. jp/cc/press/11031407 - j. html.

② http：//www. tepco. co. jp/cc/press/11031506 - j. html.

③ 陈言：《聚焦一个真实的东电公司》，2011 年 3 月 19 日《中国经营报》，http：//news. cb. com. cn/html/84/n - 498384. html。

制棒脱落导致日本核电站首次出现临界事故。这一严重事故竟被东电隐瞒了近30年之久。

根据日本有关法律，核电站大约每一年进行一次自我安全检查。一旦发现细微损伤或安全问题，应写入检查报告并进行维修。2007年1月，东电在向经济产业省提交的调查报告书中承认，自1977年以来，在对其13座反应堆总计199次定期检查中，存在篡改数据、隐瞒安全隐患的行为。

由于东电长期隐瞒事实真相的劣迹，人们称东电公司“隐瞒体质”已达到不可救药的地步。

（三）暴露出的深层问题

1. 企业自我利益优先于公众安全

核危机发生后，东电的核电站灾害防范体制受到普遍质疑。尽管东电一直在强调客观原因，称地震和海啸规模在预想之外，属于天灾性质，但实际上，在2009年经济产业省有关核电站抗震安全问题的审议会上，曾有研究海啸的专家提出，日本东北地区有发生巨大地震和海啸的危险，但东电方面对这一警告并未给予重视。福岛第一核电站本来存在着超期服役的问题。福岛第一核电站是日本最老的核电站之一，至2011年3月26日，其1号机组操作运行已40年之久，设备老化是必然的。但为了降低公司发电成本，避免废炉处理必然发生的巨额费用，2010年3月东电向日本政府提出申请，请求让本该报废的1号机组继续运营至少十年。这一申请获得原子能安全保安院批准后，东电随即决定为福岛第一核电站“延寿20年”。设备老化和疏于防护升级，为灾害发生埋下隐患。

另有专家指出，东电公司的相关制度和操作规程，也完全是从公司自身的角度出发，将保全公司资产放在第一位，并未将公众利益和社会安全考虑在内。核事故调查之际，福岛第一核电站1号机组的非常用复水器关闭问题成为焦点之一。地震发生后，1号机组的非常用复水器于14时52分自动启动，但在15时左右，现场作业员为防止反应堆内压力突变将其关闭，此后为调节反应堆内压力反复开启关闭数次。海啸到来时恰巧处于关闭状态，电源丧失终使复水器无法再次启动。原福岛第一核电站主任指导员浅川凌指出，在东电的现场操作手册中“并非没有就‘安全停止反应堆’的程序作出规定，但这里所说

的‘安全停堆’是‘能够使其再次运转’之意”，核电站的操作规程手册虽内容庞大，却没有一条规定了当多重防护手段全部失效之际以废弃反应堆为前提的确保安全的方法。正因为现场作业员按照这样的手册进行操作，才使复水器这个能够对反应堆发挥冷却作用的最后手段被放弃了。① 日本原子能安全基盘机构（JNES）的报告书指出，海啸到来后一小时内如果能启动复水器，就不会导致堆芯迅速融化。②

2. 监管缺失

东电作为一个私营企业，把公司利益放在第一位是能够想象的。但作为一家公共事业企业，尤其是涉及核电站运行这样的带有一定风险的事业，理应受到政府有关部门监管。在日本，有关核电站的监管机构主要是2001年设于经济产业省资源能源厅的原子能安全保安院。此外，1955年根据《原子能基本法》设置的原子能安全委员会（最初为设于内阁总理府的原子能委员会，1978年从原子能委员会独立，2001年移至内阁府），主要负责方针政策方面的“大事”。有关核电站监管的日常行政工作，主要由原子能安全保安院负责。但上述两个机构之间的权限、职责划分并不完全明确。

此次核危机暴露出来的问题证明，无论事故的事前防范，还是事故紧急应对以及事后处理，日本的核电监管机构都不能说很好地尽到了监管职责。

从体制上来看，与美国原子能监管委员会（Nuclear Regulatory Commission，NRC）作为一个独立政府部门的地位相比，日本的原子能安全保安院仅仅是设于经济产业省资源能源厅的一个下属机构，不仅不具有相对独立的地位，而且与上级部门经济产业省和监管对象电力公司有着千丝万缕的联系。曾有东电内部人士向记者透露，在原子能安全保安院尚未设立，由通产省发电安全审查课负责监管电力公司核电站的年代，通产省方面有关核电站安全的审查报告均由东电自己起草，通产省方面只需根据专家学者意见稍作修改，即可作为“通产省文件”打印发放。原子能安全委员会所作的二次审查，需要由通产省官员进行讲解汇报，也由东电方面事先对通产省官员进行紧急培训，使其在安全委员会的专家学者面

① 参见〔日〕浅川凌《辅导核电站目前发生的真实事情》，宝岛社，2011。

② 参见〔日〕独立行政法人原子能安全基盘机构《关于东京电力公司福岛核电站一号、二号、三号机组堆芯状态的评估报告》，2011年10月21日，http://www.jnes.go.jp/content/000119740.pdf。

前不致显得外行。① 长期以来，各大电力公司不仅常年派人驻扎政府部门协助工作,② 而且还是政府部门退休官员的重要接收地。根据经产省2011年5月.2日发布的调查结果，在过去50年时间里，曾有68位退休官员“下凡”至电力公司，包括东京电力公司五人。③ 其中，曾任经济产业省资源能源厅长官的石田彻，于2011年1月就任东电公司顾问，事故发生后，于同年4月辞职。

除此之外，以东电为首的各大电力公司还被爆料通过关系公司向各主要大学从事原子能研究的学者提供课题费，以培养“御用学者”，在审议会讨论时为电力公司利益代言，以专家身份对核电站的安全性和种种“优越性”给予过高评价。一旦发生严重事故，应邀在媒体进行讲解时，还可帮助公司进行解释，甚至粉饰太平，掌握“话语权”，削弱来自社会的舆论监督力量。在电力公司、政府主管机构和监管机构以及“御用学者”之间，被认为已形成了一种“利益共同体”。

3. 有关核电站“优越性”的误导

此次核事故发生后，日本国内有不少议论称，长期以来，通过电力公司的各种“洗脑”活动和“御用专家学者”的“宣传教育”，核电作为“清洁能源”的形象在日本社会深入人心，以至于主流社会舆论一直忽略核电站运行本来潜在的危险。有关核电“发电成本低”的说法也成为“社会共识”。根据日本电气实业联合会测算，每千瓦时的发电成本，水力发电为11.9日元，火力发电为6.2日元，核电仅为5.3日元。但福岛核电站事故发生后，不仅核电站安全神话被打破，而且突然面对几座甚至几十座反应堆机组有可能报废的课题，人们发现，以往核电成本的计算也是带有误导性的。实际上，对核电持保守态度的学者早就算过另一笔账。如根据立命馆大学大岛坚一教授测算，如将核电站占地成本以及为推进核电站建设交付给地方的大量补贴等成本都算在内的话，每千瓦时核电的发电成本应为10.68日元，高于火电成本。④ 假如再考虑到报废后核反应堆的处理

① 〔日〕藤吉雅春:《违反道德的原子能土木委员会的海啸预想》，《威胁日本的核电站深陷阱》，宝岛社，2011。

② 在2011年5月27日召开的众议院经济产业委员会上，来自日本共产党的众议员吉井英胜追究这方面的情况，确认东电公司曾向内阁官房、内阁府以及文部科学省派遣过36名职员前去协助工作。包括通过电力中央研究所的途径间接向原子能安全委员会事务局派遣的两名工作人员。当时的国会讨论与答辩内容可查询日本国会议事录。

③ http://sankei.jp.msn.com/economy/news/110502/biz11050220220024-n1.htm.

④ 参见〔日〕玉川彻《核电站、电力》，讲谈社，2011。

成本，核电绝非成本最低的发电方法。长期以来，日本政府为推进核电发展，根据《电源开发促进法》、《电源开发促进对策特别会计法》、《发电用设施周边地域整备法》对建设核电站的地区提供大量补贴，而电力公司却不必将其计入成本。实际上，这是将国民税收转化为对电力公司的间接援助。

三　核事故对公司运营的影响

（一）对企业经营的主要影响

核事故的发生，不仅使东电的企业形象严重受损，而且从根本上动摇了该公司的经营根基。

1. 企业利润及净资产骤减

2011 年 5 月 20 日，东电公司发布 2010 年度（2011 年 3 月期）决算。虽然销售收入和经常利益比上年度有所增加，但出现 1700 万亿日元特别损失，单体公司当期净亏损超过 12000 亿日元，据称为日本非金融机构历史最大亏损额。由于巨额亏损使利润剩余金减少，导致企业净资产比上一年度减少 8958.28 亿日元。从 2011 年度前三季度合并报表各项主要指标来看（因不是年度决算，没有公布单体公司财务数据），经常利润由上年度同期赢利 2786.4 亿日元转为亏损 2205.28 亿日元，净亏损达 6230.14 亿日元。企业自有资本比率也大幅度下降。

表 4　财务指标变化

单位：百万日元，%

项　目	第 86 决算期（2009.4.1~2010.3.31）	第 87 决算期（2010.4.1~2011.3.31）	第 87 期前三季度（2010.4.1~12.31）	第 88 期前三季度（2011.4.1~2011.12.31）
销售额	4804469	5146318	3959930	3800831
经常利润	158611	271066	278640	-220528
当期净利润	102311	-1258552	139896	-623014
资本金	1352867	900975	900975	900975
总资产	12643034	14255958	13795134	15311619
净资产	2160650	1264822	2982150	979209
自有资本比率	17.1	8.9	21.3	6.1

注：前三季度为一至三季度累计数据。表中年度数据为东电单体报表，前三季度数据为合并报表。
资料来源：根据东电公司相关年度或季度《有价证券报告书》整理。

2. 股价暴跌

核电站事故发生后，东电股票价格不可避免地出现暴跌。事故发生前几个月时间里，东电股价多在2000日元上下浮动，2011年1月至“3·11”大地震前这段时间里，最高股价曾达2197日元。事故发生后，东电股价骤降，2011年4月最低价仅292日元。2011年7月以后呈进一步下跌趋势，2012年1月最低价仅153日元，不足事故前的1/10。2012年3月（3月15日为止）最高价仅250日元。

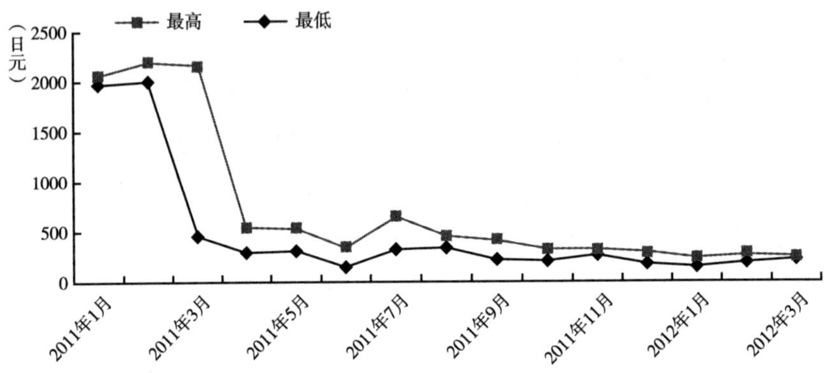

图1　2011年1月至2012年3月中旬东电股票价格走势

股价可反映出投资者对企业前景的预期。细心观察则可发现，根据持股动机的不同，东电大股东对核事故的应对方式出现显著差异。表5呈现了核事故爆发前后东电十大股东的变动情况。颇有意味的是，机构投资者在事故发生后迅速作出反应，大幅度减持手中东电股票，而以政策性持股为目的的“稳定股东”（主要是保险公司、银行等日本国内的金融机构及东京都政府）的持股数量却原封不动。东电从业员持股会则大幅度增加了持股数量。在日本生命等保险公司及三井住友银行、瑞穗金融集团等大股东的官方网站上，均未见到对本公司股东和投资者发布的信息中提及所持东电股票的股价下跌造成收益损失之事。股价变化对“稳定股东”的实际意义，这些大股东（有些兼主要贷款银行）对东电公司的影响，有待进一步观察。

3. 资金压力

根据原子能损害赔偿支援机构和东电公司2012年3月29日更新的《紧急特别事业计划》（修订版），已明确的赔偿款为25462.71亿日元（赔偿金额还在不断更新）。另一方面，反应堆发电机组报废处理成本巨大。废炉及去除污染费用

表 5　2011 年 9 月末东电十大股东的持股状态

单位：100 股，%，百分点

股东名称	持股数	持股率	变化Ⅰ		变化Ⅱ	
			持股数	持股率	持股数	持股率
第一生命保险	55001	3.42	不变	-0.65	不变	不变
日本生命保险	52800	3.29	不变	-0.61	不变	不变
东京都	42676	2.66	不变	-0.49	不变	不变
三井住友银行	35927	2.24	不变	-0.42	不变	不变
东京电力从业员持股会	30077	1.87	+11.8	-0.1	+21.3	+0.33
日本 Trustee Services 信托银行	29479	1.83	-3.1	-0.81	-49.1	-1.78
日本 Master Trust 信托银行	28341	1.76	-12.6	-1.07	-40.9	-1.22
瑞穗金融集团	23791	1.48	不变	-0.26	不变	-0.02
SSBT	15116	0.94	+36.6	+0.2	-37.2	-0.56
道富银行西部客户协议	13675	0.85	—	—	—	—

注：持股数的变化以百分比表示，持股率的变化以百分点表示。变化Ⅰ指 2011 年 3 月 31 日与 2010 年 9 月 30 日相比的变化，变化Ⅱ指 2011 年 9 月 30 日与 2011 年 3 月 31 日相比的变化。

资料来源：根据东电公司相关年度或季度《有价证券报告书》整理。

的规模目前尚未明确，但 2011 年 5 月根据阁僚会议决定设立的第三方委员会“有关东电的经营财务调查委员会”估算，仅废炉一项的费用据保守估计至少也需要约 11500 亿日元资金。仅这两项资金相加，就相当于东电 50% 以上年销售额，显然是东电自己无法承担的。2011 年三季度，东电的自有资本率已降至 6.1%。

（二）应对措施

1. 降低成本

核电站事故发生后，2011 年 4 月起公司高管开始实施减薪 50% 的措施。同年 6 月起，管理人员减薪 25%（其中高管减薪 40% 以上），一般员工减薪 20%，并宣布 2012 年度起对退休人员发放的终身年金也将减少 30%。东电还宣布：至 2013 年度末，计划将合并报表员工人数与 2011 年度末相比减少 7400 人，其中东电单体公司减少 3600 人。以往设置的各种公司福利也将削减。同时还制定了材料费、燃料费等费用的削减目标。

2. 停止股份分红

因出现巨额净亏损，公司宣布 2011 年度（2012 年 3 月 31 日决算）停止期末股份分红。

3. 主要领导引咎辞职

6 月 28 日，东电公司社长（总经理）清水正孝、副社长（副总经理）武藤荣宣布辞职。

4. 变卖公司资产

东电宣布，计划在三年时间内售出公司所有与动力事业无关的不动产，目标金额为 2472 亿日元（市值），2012 年度目标金额为 152 亿日元。没有列入出售计划的固定资产，也将试图通过出租等方式谋求增收。同时，计划在三年时间内出售公司所有的有价证券，目标金额为 3301 亿日元，其中 2012 年度计划出售 3004 亿日元。整顿并出售一部分旗下关系公司，争取在三年时间内由此获得 1301 亿日元资金，2012 年度目标金额为 328 亿日元。

5. 提高电价

2012 年 1 月 17 日东电宣布，为确保受灾严重、核电站停运及燃料价格上涨情况下的电力供应，将从 2012 年 4 月 1 日起，将每千瓦时特别高压电价上调 2. 58 日元，将每千瓦时高压电价上调 2. 61 日元。据计算，上调幅度约 17% 。

（三）整改措施

迫于巨额赔偿及善后处理等费用负担的严重资金压力，东电公司于 2012 年 3 月 29 日向日本原子能损害赔偿支援机构申请 1 万亿日元注资，同时追加申请 8459 亿日元的赔偿资金援助。加上此前已经交付的赔偿援助和根据“原子能损害赔偿法”提供的 1200 亿日元赔偿资金，日本政府向东电提供的公共资金援助将高达 3. 5 万亿日元。根据 2011 年 8 月制定的《原子能损害赔偿支援机构设置法》，获得国债交付为前提的公共资金援助，须制定被称为“特别综合事业计划”的整改计划，并得到主管大臣批准。以枝野幸男为首的经产省主管当局，希望以获取 51% （必要时可转为 2/3）以上带有表决权的股份作为注资条件。假如东电同意这一方案，该公司将接受政府管理。这意味着东电实质上将被国有化。但据报道，东电方面尚未下决心接收这一方案。同时，此方案还遭到电力行业团体以及将财政负担放在第一位的财务省的反对。根据最新报道，由于未能达成协议，某些细节无法落实，原预计 3 月底之前公布的“特别综合事业计划”将推迟至 4 月以后才能出台。

本文以核电危机为背景，试图对东电公司进行相对全面的解析。作为日本具有举足轻重地位的大公司，东电核危机事件能够让我们思考更多的问题，如既得利益集团阻碍电力体制改革实质性进展的问题，战后日本大企业本位制的弊端问题，监管机构、审查制度及政策决策体制的“形式化”问题，核电危机引发的对日本产业基本实力的重新评价问题，等等。由于篇幅有限，这些问题无法展开讨论，为我们今后的研究留下了诸多课题。

参考文献

〔日〕奥村宏：《东电解体》，东洋经济新报社，2011 年。
〔日〕东京电力公司官方网站，http：//www. tepco. co. jp/。
〔日〕玉川彻：《核电站、电力》，讲谈社，2011 年。
http：//www. tepco. co. jp/cc/press/.

原発事故における東京電力について

胡 欣欣

要　旨：2011 年 3 月 11 日に発生した東日本大震災と津波災害によって、東京電力福島第一原子力発電所に全電源喪失による原子炉冷却機能消失という大事故が起こり、東電が一挙に世界的に注目されるようになった。本稿において、東京電力という会社の概況について紹介し、福島原発の危機を巡るさまざまな問題点について分析する。さらに東電の会社経営およびその背後に控える制度環境について考察し、事故発生前後の変化について観察する。

キーワード：東電　福島　原発　経営　規制

社会文化篇

Society and Culture

B.11 东日本大地震与日本地方自治体

王 伟*

摘 要： 2011 年 3 月 11 日日本发生地震、海啸及核事故后，日本政府被认为反应迟缓，措施不力，受到各方批评。相反，日本地方自治体在救援方面反应迅速，采取措施及时，得到灾民和媒体的好评。日本地方自治体有周密的防灾计划，有很好的应急预案和组织措施，并有与其他地方自治体之间的协作。通过东日本大地震，日本地方自治体的重要性再次得到确认，但暴露出的工作人员不足问题或许影响人们对市町村合并的评价和日本相关政策。

关键词： 东日本大地震 地方自治体 防灾计划 应对措施

长期以来，日本实行地方自治制度，地方自治体①在社会发展和人们的生活

---

* 王伟，中国社会科学院日本研究所研究员、社会研究室主任，研究专业为日本社会，主要研究方向为日本社会阶层、日本家庭、日本社会保障等。

① 在日本法律上的正式名称为“地方公共团体”，一般称为“地方自治体”，英文为“local government”，即“地方政府”，具体指都道府县和市町村。

当中发挥着重要的作用。平日里地方自治体要切实办理与人们日常生活密切相关的各种公共事务，以满足居民的多种需求，提高人们的生活质量，发生灾难时则要保护居民的生命与财产安全。东日本大地震发生后，日本政府被认为反应迟缓，措施不力，受到各方批评，但日本各地方自治体在救援灾民、安置灾民及重建方面反应迅速，措施得当，得到了居民的认可和媒体的好评。

一　防灾计划与组织措施

（一）法律规定与防灾计划

1961 年颁布的《灾害对策基本法》是日本防灾减灾的基本大法，它在防灾组织、防灾计划、灾害预防、应急措施、灾后重建等方面都有明确的条文规定。根据该法律规定，国家一级由内阁府设立的“中央防灾会议”制订“防灾基本计划”，各职能机构制订和实施防灾业务计划。同时，《灾害对策基本法》对地方自治体的防灾减灾和应对灾害的责任、义务也作了明确的规定，指出各级地方自治体都要成立“防灾会议”，并由其制订防灾计划，各地方自治体之间要进行互相合作。

地方自治体的防灾计划在日本的防灾计划体系当中占有重要的位置，它是都道府县和市町村的防灾会议根据本地的实际情况制订的计划。在东日本大地震中受灾最为严重的宫城、岩手、福岛三个县，都有较为详尽的针对地震和海啸的防灾计划。比如，宫城县在 1963 年就制订了县的地区防灾计划，为加强地震防灾对策，1978 年地区防灾计划当中单独设立“震灾对策篇”，此后又根据政府的要求和日本各地发生震灾的实际情况多次进行补充和修订；1996 年制订了《大规模灾害应急对策手册》，并在 2001 年和 2002 年作了补充和修改；在 2002 年和 2008 年先后两次制订《宫城震灾对策行动计划》；2003 年还制订了《宫城县海啸对策方针》。岩手县是海啸多发地区，历史上曾经多次遭受海啸带来的灾难，因此更为注意在海啸方面的防灾对策。2001 年岩手县成立“岩手县海啸避难对策研讨委员会”，探讨和研究海啸避难对策，并根据该委员会的建议，做了地震和海啸的模拟实验，设想受灾情况，据此发布了《岩手县海啸避难计划方针》，敦促各市町村制订海啸避难计划，并在岩手县《地区防灾计划》当中充分体现

海啸避难对策。在2010年制订的《岩手县地震、海啸对策行动计划》提出要应对大规模的地震和海啸。福岛县从1996年起，已经连续制订和实施了三次《福岛县地震防灾紧急事业五年计划》，它的《福岛县地区防灾计划》除设有“震灾对策篇”外，还单独设立了“核能灾害对策篇”。在福岛县的网站上还可以看到提醒居民如何应对地震和海啸的基本常识和方法。

地方自治体防灾计划具有以下几个基本特点：第一，目的明确，即确立地方自治体的防灾体制，确定防灾减灾的基本方针，明确地方行政机构和公共机构的责任，以期在发生灾害之际避免和减少居民生命财产遭受损失；第二，强调自助与互助，即明确居民的在防灾上的责任和义务，提出“自己的生命自己来保护”，提倡个人、家庭、企业和社会团体之间要相互协作，建立信赖关系；第三，内容全面，即防灾计划包括灾害预防、应急对策、灾后重建等几大方面的内容，每个方面的计划都详细而具体，具有很强的可操作性。

（二）应急预案与组织措施

各地方自治体的灾害对策当中，《灾害应急对策计划》占有重要的位置，实质上这个计划就是一旦发生灾害时的应急预案。《灾害应急对策计划》周密而详细，包括应急体制、人员配备、收集和发布信息、引导避难、交通通信、医疗救助、协调合作、防疫卫生、废弃物处理等20多项内容，而且每项内容都十分具体。同时，地方自治体还绘制和公布发生灾害时的“避难地图”，预测发生灾害的地点，受灾的地理范围和程度，在地图上标明避难路径和避难场所。在发生灾害时居民可以利用“避难地图”迅速而安全地避难，避免遭受二次灾害。“避难地图”在日本被认为是减少灾害损失的有效手段。截至2010年4月，在日本648个临海的市町村当中有401个绘制了“地震、海啸避难地图”，包括岩手县的12个临海市町村，宫城县的15个临海市町村和福岛县的10个临海市町村。①

在组织措施上，首先，地方自治体在防灾对策、危机管理上实行一元化管理，设立专门防灾机构。比如，岩手县设有综合防灾室，宫城县设有危机对策课，福岛县设有灾害对策课，负责在民众当中普及防灾知识，提高人们的防灾意

---

① 〔日〕总务省消防厅：《地方公共团体的防灾对策及东日本大地震的灾害应对等》，第2页，http：//www. fdma. go. jp/disaster/chiikibousai_ kento/01/shiryo_ 05. pdf。

识，建立健全消防、急救和保安机制，制定和实施综合防灾对策。其次，充分利用市町村的民间防灾组织。日本《灾害对策基本法》规定，市町村是最基础的地方自治体，为在发生灾害时保障居民的生命财产免遭损失，应该制订实施防灾计划。同时，市町村内都有自己的消防机构及居民自发组织起来的防灾组织——“自主防灾组织”。自主防灾组织平时主要是普及防灾知识，开展防灾训练，购买相关器材等工作，发生灾害后主要是进行灭火，引导居民避难，抢救伤员，搜集和传达信息，发放饮用水和巡视危险场所，等等。1995 年日本发生阪神大地震后，经过修订的日本《灾害对策基本法》规定，国家和地方公共团体都有义务鼓励居民成立自主防灾组织。截至 2009 年 4 月，当时在日本全国 1800 个市町村当中有 1658 个市町村成立了 139316 个自主防灾组织，覆盖率为 73.5%。东日本大地震中受灾严重的宫城、岩手、福岛三个县的市町村大多都成立了自主防灾组织，覆盖率宫城为 85%，岩手为 66.9%，福岛为 77%。[①] 当地居民自主成立的防灾组织，在减少灾害造成的损失方面起着重要的作用。

二　地震后应急与重建

（一）应急措施

发生灾害后地方自治体立即行动起来，采取有效的措施收集信息，搜救伤员，引导人们避难。2011 年 3 月 11 日 14 时 46 分东日本大地震发生后，日本政府立即设立了以时任总理大臣菅直人为本部长的紧急灾害对策本部，并召集了临时内阁会议，一小时后日本自卫队奔赴灾区开展救援行动。灾区各自治体也进行紧急应对。比如，宫城县根据有关法律规定和防灾计划，马上成立了以宫城县知事为本部长的“宫城县灾害对策本部”，并设立了下级组织“宫城土木部灾害对策本部”，14 时 49 分就向宫城县沿岸发出了大海啸警报。岩手县也在发生地震后的第一时间里成立了“岩手县灾害对策本部”和“岩手县警察警备本部”，15 时 45 分召开了第一次岩手县灾害对策本部会议。

---

① 〔日〕内阁府：《2010 年版防灾白皮书》，http://www.bousai.go.jp/hakusho/h22/bousai2010/html/honbun/2b_3s_3_01.htm。

地方自治体成立“灾害对策本部”后，根据防灾计划主要采取了以下应急措施。第一，收集灾害信息。由于地震和海啸破坏了通信系统，电话（包括手机）不能使用，收集信息首先靠人力，地方自治体派工作人员到各处观察情况，收集信息。其次是利用通信公司提供的卫星电话，保持与政府有关部门及自治体之间的联系。第二，请求支援。发生地震后，岩手、宫城、福岛等各县知事都请求派遣自卫队和紧急消防救援队来进行救援，同时联系县内市町村和其他地方自治体进行支援，请求医疗、银行等机构进行合作。第三，搜救伤员。有的地方自治体（岩手县）为便于协调从而有利于搜救，把救援自卫队本部、灾害派遣医疗队本部和搜救直升机本部都设在县政府，搜救工作更为顺利。第四，引导人们避难。地震引发的海啸袭来之际，地方自治体通过广播通知居民紧急避难，引导人们撤离到地势高的地方。第五，设置临时避难所，安置无家可归的居民，同时着手建设临时性住宅。

在东日本大地震中，灾区的地方自治体损失惨重。有些市町村的办公楼受到严重破坏，不得不找临时办公地点，一些工作人员或在收集灾害信息、或在劝居民撤离时殉职或失踪。① 宫城县南三陆町防灾中心的女职员远藤未希就是其中之一。② 地方自治体在人手不够、困难重重的情况下，工作人员仍然尽职尽责，受到媒体和人们的好评。

（二）地方自治体之间的支援与合作

1995 年阪神大地震后，日本政府一方面加强危机管理的统一指挥与统一协调，加强中央政府的一体化领导体制，以便迅速准确地把握灾害的进展情况，采取对策防止灾害进一步扩大，另一方面也积极鼓励各地方自治体之间进行相互支援与合作。1996 年在日本全国知事会上缔结了《全国都道府县灾害时期广域支援协定》，约定在发生各都道府县之间的支援协定难以应对的灾害时，签订协定的都道府县要对受灾地区进行人力和物力支援。

目前，在日本各级地方自治体之间都有相互支援协定。截至 2010 年 4 月，

---

① 据 2011 年 6 月 15 日〔日〕《读卖新闻》报道，有 330 名地方自治体工作人员在执行公务当中死亡或失踪。

② 在海啸即将侵袭南三陆町之际，远藤未希通过广播通知居民紧急撤离，坚守岗位直至自己被巨浪卷走。

已经有20个大城市签订了《20城市灾害时期相互支援协定》，在这次地震当中受灾的仙台市就是其中之一。地震和海啸发生后，在提供避难场所、运送物资、垃圾处理、灾害情况调查、制订复兴计划等方面，仙台市得到了其他大城市的支援。截至2010年4月，在日本1750个市町村当中，有850个与所在都道府县以外的地方自治体签订了《灾害时期相互支援协定》，在本次地震受灾严重的三个县当中，岩手县的34个市町村中有20个、宫城县的35个市町村中有25个、福岛县的59个市町村中有36个分别与本县之外的地方自治体签订了相互支援协定。① 地震发生后，距离受灾地区800多公里以外的大阪市，在发生地震当天成立了“灾害对策本部”，第二天就派出车辆给灾区送去毛毯和食物等救援物资。在防灾救灾方面经验丰富的静冈县在灾区设立了办事机构，支援灾区救灾。来自其他地方自治体的支援体现了“一方有难，八方支援”的无私精神，不仅在物质上为灾区解决了困难，而且在精神上鼓舞了灾区居民。

（三）积极开展灾后重建

为灾害重建，日本制定了《东日本大地震复兴基本法》，新设了复兴厅。灾区地方自治体分别制订复兴方针和复兴计划，积极开展灾后重建。岩手县计划用八年时间分三期实施复兴计划，把岩手县建设成为安全、放心的防灾城市，同时保持历史文化传承，回复社区共同体。宫城县计划用十年的时间完成重建，其中三年为“复旧期”，四年为“再生期”，三年为“发展期”，最终把宫城县建设成可以抵御灾害、安居生活的发达地区。福岛县设立了“复旧、复兴本部”，计划用十年时间进行重建，目标是把福岛县建设成不依赖核能的，安全、放心、可持续发展的社会。在灾区自治体的复兴计划当中，强调居民、有关团体、企业、地方政府等都是“复兴的主体”，要相互协作，集中力量完成复兴计划，同时欢迎日本国内外的帮助和支援，实现开放的复兴。

三　问题与展望

东日本大地震以后，日本基础地方自治体市町村在发生灾害时的重要性再次

① 〔日〕总务省消防厅：《地方公共团体的防灾对策及东日本大地震的灾害应对等》，第35页，http://www.fdma.go.jp/disaster/chiikibousai_kento/01/shiryo_05.pdf。

得到验证，同时也暴露了一些问题。在防灾救灾方面存在缺少专家、应急对策手册不够完备、灾害信息不能共享等问题，人们议论最多的是工作人员不足，难以应对受灾民众，影响灾害重建。虽然日本政府向灾区市町村派遣支援人员，但还是不能满足需要，而且有的市町村的支援人员迟迟不能到位。据日本媒体报道，2012 年度日本总务省向福岛县 21 个市町村派遣的工作人员数量还不到福岛县请求人数的 40%。① 日本有学者把灾区市町村工作人员不足的情况归结为市町村合并。②

日本历史上先后有过三次大规模的市町村合并，分别是在明治时期、昭和时期和平成时期。每次合并都有不同的背景和政策目标，但结果都是市町村的平均规模扩大了。平成大合并起始于 1999 年，受地方分权、财政状况恶化、少子老龄化进展等影响，日本又掀起了市町村合并浪潮。截至 2010 年 3 月 31 日，日本全国共有 786 个市、757 个町和 184 个村。市町村总数为 1727 个，加上东京都的 23 个特别区，共计 1750 个基础地方自治体。合并后的市町村工作人员减少了，但行政区域扩大了。对于市町村合并日本一直存在正反两种不同的评价：一方认为，随着地方分权进展，市町村的作用日益重要，通过市町村合并扩大行政规模，可以提高行政效率，加强市町村的财政基础；另一方认为，自治体合并后虽然可以节省部分开支，但由于中央补贴减少了，财政上仍然困难，更重要的是，合并后的新自治体缺乏一体性，长期存在原有市町村之间主导权的争斗。③ 东日本大地震中暴露出工作人员不足，难以满足灾民需要的问题，或许会影响人们对市町村合并的评价及日本关于市町村广域行政的方针。

参考文献

〔日〕总务省统计局网站，http：//www. stat. go. jp/。

〔日〕内阁府网站，http：//www. cao. go. jp/。

---

① 参见〔日〕《派遣职员对福岛敬而远之，不到请求数量的 40%》，2012 年 3 月 15 日《河北新报》。

② 参见〔日〕河口惠昭《东日本大地震灾害对策的课题》，2011 年 6 月 10 日，http：//www. pref. okayama. jp/uploaded/life/101727_ 330225_ misc. pdf。

③ 参见〔日〕第三次地方（町村）议会活性化研究会《大规模市町村合并后基础自治体的状况与町村议会的存在方式》，2009 年 5 月，http：//www. nactva. gr. jp/html/search/pdf/houkoku3. pdf。

〔日〕岩手县网站，http：//ftp. www. pref. iwate. jp/index. rbz。

〔日〕宫城县网站，http：//www. pref. miyagi. jp/index. htm。

〔日〕福岛县网站，http：//wwwcms. pref. fukushima. jp/。

東日本大震災と日本地方自治体

王　偉

要　旨：2011 年 3 月 11 日、東日本大震災が起こり、日本政府は動きが遅く、無策と批判された。もう一方、被災地をはじめ地方自治体が迅速に行動を起こし、応急対策を適時に採り、人々から評価された。地方自治体は綿密な防災計画を作り、実際状況に適した応急対策と組織を持ち、他の地方自治体とも協力協定がある。今回の大震災を通して、日本地方自治体の重要性は改めて確認されたが、職員不足という問題は人々の市町村合併の評価や日本の関連政策に影響をもたらすかもしれない。

キーワード：東日本大震災　地方自治体　防災計画　応急対策

B.12

"3·11"核事故与日本新闻媒体

金　赢*

摘　要：在"3·11"特大地震、海啸及其引发的核泄漏事故中，日本主流媒体的报道出现了一系列"缺位"现象，引起日本民众的强烈不满，也导致日本社会舆论生态发生了深刻变化，因此有必要结合相关案例，从历史源流、现实表现、舆论生成机制等方面进行系统的分析。

关键词："3·11"核事故　日本新闻媒体　记者俱乐部体制　自由报道协会

东京时间2011年3月11日14时46分，日本东北宫城县发生里氏9.0级强震，地震引发特大海啸，造成重大人员伤亡。3月12日15时36分，东京电力公司福岛第一核电站1号机组发生爆炸。自此，一场由地震、海啸、核泄漏交织而成的"复合灾难"铺天盖地地向日本袭来。随后的事态表明，在这场灾难中，真正使日本国运发生转折，使之成为"二战后的最大危机、日本有史以来的最大危机"① 的根源，是发生在福岛的核事故。时至今日，随着越来越多的"内幕"被披露出来，事故的性质已广为人知，这场事故"与其说是天灾，不如说是一场东京电力公司引发的人祸"。②

但是，如果只把账算到东电头上，显然不够全面。因为东电之所以一错再错，终酿成大祸，原因还在于它始终处于被称为"核能村"的"政官产报学"

---

* 金赢，法学博士，中国社会科学院日本研究所副研究员，研究专业为日本社会，研究方向为媒体社会学、文化研究。

① 菅直人首相2011年3月29日在日本国会参议院预算委员会会议上的发言。

② 国际原子能机构前副总干事、瑞士核能专家布鲁诺·皮劳德在接受《产经新闻》采访时的观点，见《核电站事故是东电引发的一场人祸》，2011年6月13日《参考消息》。

五角同盟体制的庇护下，近乎为所欲为。而当福岛核事故演化为一场全国性、国际性的公共安全危机后，整个危机管理的责任者也远远超出了一家公司的层次。所以，“3·11”福岛核事故的前因后果，归根结底还在于日本“政官产报学”的核体制。这个操纵着日本国家命脉的五角同盟中的“报”，就是本文要分析论述的对象——日本的新闻媒体，尤其是那些被称为主流媒体的全国性报纸和电视台。

东日本大地震后，日本各大媒体忙作一团，异常辛苦，但这并不能阻止民间日趋强烈的质疑：对于关涉国计民生的重大企业，其安全及经营管理问题，媒体长期以来视为禁区，不去触碰，间或有一些真相曝光或建言献策的举动，要么是“马后炮”，要么点到为止，舆论监督职能何在？对于核泄漏这样生死攸关的问题，媒体亦步亦趋地充当政府“安全信息”（也被民众称为“安全谣言”）的传声筒，对真实情况不去深究，或知而不报，新闻职业操守及其代表的社会良心何在？对于日本核电发展何去何从等根本问题，媒体总是躲躲闪闪、顾左右而言其他，作为“社会公器”的责任感何在？

要理解这些问题，有必要对日本主流媒体与核的关系进行一番梳理。只有弄清二者在根源处错综复杂的关系，才能理解媒体在核问题上的报道取向。概括来讲，日本主流媒体的核报道，与三方面因素直接相关：一是“国益”指针，二是“政官产报学”利益共同体，三是媒体业界体制与职业行为机制。分析“3·11”核事故中日本媒体的表现及其问题，需要对上述三方面因素进行综合的研究，本文的分析就是按照这样的逻辑展开的。

一　日本媒体与核能产业的关系流变

日本是世界上唯一受过原子弹轰炸并因此宣告无条件投降的国家。对日本来说，核既是无法忘却的伤痛，也是难以割舍的“念想”。战后尤其是自民党执政以来，日本实行一体两面的核政策：一手拼经济，发展核电站；一手拼军事，为未来的原子弹开发积蓄潜能。所以，作为国家安全保障核心的核能产业，与作为能源产业的核能产业，本来就是一回事。[①] 2009年民主党执政后，顺应着国际上

① 〔日〕武藤一羊：《潜在的核保有与战后国家》，社会评论社，2011。

节能减排的潮流和政治格局的变动，日本政府对核能又寄予了新的期待：一方面把向新兴经济体出口核能项目，作为经济增长的新支柱；另一方面希望通过核能合作，与一些国家构建符合日本国家利益的战略关系。2010 年 8 月，日本开始与印度进行缔结核能协定的谈判；2010 年 10 月，日本与越南达成由日本在越南南部承建两座 100 万千瓦级核电站的协议。在“官民一体”的运作模式下，日本核能产业风头正劲。这就是东日本大地震前日本“核政治”、“核外交”的现实景象。

对于本国核政策中的国家意志、利益取向，日本主流媒体当然心知肚明。正因为如此，核在日本舆论中始终是个敏感话题，媒体界对此也逐渐形成了一套行为规范。在主流舆论里，尤其是东日本大地震前，日本民众曾经受到的核伤害，不许详说；① 国家拥有或潜在拥有核武器，不可明说；核能的和平利用，即核电产业，不得已不说。这几点对于主流媒体来讲，既是要认同的“国益”，也是要遵守的“职业规则”。

在核问题上，日本新闻界成为“政官产报学”五角同盟组成部分的历史，值得仔细研究，其中对于两个时代和两家报社需要特别关注。两个时代，分别是 20 世纪 50 年代和 70 年代，两家报社一为朝日新闻社，一为读卖新闻社。从时代特征上看，20 世纪 50 年代是日本“政治的年代”，70 年代则是其“经济的年代”，而从两家新闻媒体在核问题上的立场来看，朝日新闻社曾经是持怀疑、慎重和批评性态度的，读卖新闻社则一直是核能产业的推进者和拥护者，但后来二者逐渐合流了。

20 世纪 50 年代，由于国际上的冷战格局刚刚形成，加上国内的战败记忆如在昨日，核问题在日本具有非常强烈的意识形态色彩。当时，美国、苏联之间的核竞赛正如火如荼，日本国内左右势力围绕核也展开了一番拉锯战。1954 年 3 月，美国在太平洋的比基尼环礁上进行氢弹试验，在附近海域捕鱼的日本渔民遭受核辐射。事件发生后，以《朝日新闻》为代表的新闻媒体对事态发展进行连续追踪报道，并积极刊登读者尤其是女性读者对核污染担忧的来稿，日本社会由此掀起了一场轰轰烈烈的反氢弹试验运动。1955 年 8 月，日本召

---

① 在战后的日本，遭受广岛、长崎原子弹伤害的民众的惨状几乎全部停留在文字描述的层面，具有更强现场感和冲击力的图片、录像等影像记录，一直以“太残酷”为由被禁。

开了第一次禁止氢弹大会，大会共征得3158万人的签名，占当时日本成年人口的一半。[①] 日本国内反核、反美的舆论大潮奔流激荡。

为了防止日本被苏联争取过去，美国国务院和中央情报局将改变日本国内舆论作为当时重要的工作目标。他们极力在日本搜寻合作者，期望借此改变事态的走向。最终，美国成功地物色到几位得力的合作者，这个后来被称做日本"核能男爵"的群体，包括新闻界的读卖新闻社社长正力松太郎、政界的中曾根康弘、经济界的芦原义重和木川田一隆等。[②] 他们与美国相互配合，抓住战后经济发展需要电力的社会需求，以和平利用核能为突破口，在日本迅速而广泛地扭转了反核舆论，并大力推进了日本核能事业的发展。

当时，正力松太郎利用他手中的读卖新闻社和日本电视台，邀请美国和平利用核能使节团访日，展开核能宣传攻势，并于1955年11月1日起，在东京的日比谷公园举办了为期42天的和平利用核能博览会。[③] 这次博览会共有36万人次参观，取得了超乎主办者想象的成功。抱有巨大政治野心的正力松太郎，以发展核能为自己的政治招牌，实现了从报界到政界的华丽跨越。1956年初，正力出任日本首任核能委员会委员长，当年5月又兼任日本首任科学技术厅长官。到1958年6月卸任的两年半时间里，日本核能事业在立法、机构建设、寻求国际合作、成立核电企业等方面均大踏步前进。可以说，正力及其麾下的读卖新闻社利用其在社会各界的关系网络，不仅描绘出了日本核能发展的蓝图，而且奠定了日本核能产业日后的基础。

因此，对于日本的核能产业来说，读卖新闻社这样的新闻媒体绝不是身处局外的单纯的报道者，而是名副其实的产业奠基人、利益相关者，是核五角同盟中不可或缺的重要部分。日本的新闻界，除日本广播协会外，全部为私营商业媒体。而且在报纸和广播、电视之间还存在着"系列"制度，即五家全国性大报

---

① NHK2009年2月28日播出节目："那一刻，历史在变动——母亲们的反核运动"。

② 正力松太郎1956年出任日本首任核能委员会委员长，同年兼任日本首任科学技术厅长官。中曾根康弘1959年接任科学技术厅长官。芦原义重当时是关西电力公司社长，并兼任关西经济联合会会长。木川田一隆为东京电力公司社长兼经济同友会代表干事。有关此四人及其与日本核电产业的关系，参见〔日〕春名幹男《从原子弹爆炸到原子能发电》，《世界》2011年6月。

③ 2005年美国第二国立公文图书馆公开了CIA文书正力松太郎文件，日本学者有马哲夫的《原子能发电、正力、CIA》（新潮社，2008）、《推动昭和史的美国情报机关》（平凡社，2009）、《日本电视与CIA》（宝岛社，2011）对正力及其麾下的日本核电、媒体业与美国的关系有详细描述。

分别有下属的五个电视网，如日本电视网就是读卖新闻社的下属，《读卖新闻》挺核，就意味着有一系列的电台、电视台挺核。因此，从立业之初，日本核电势力在新闻媒体界就牢牢把握了一块重要的舆论阵地。

到了20世纪70年代，“开发主义”型经济发展模式在日本大行其道，核电产业也迎来了发展的黄金时期。1974年“电源三法”的推出，为核电产业加速发展提供了强大动力，因为核电的电源开发促进税征收比例高于火电和水电，巨额的税金以补助费的名义发给核电站所在的地方政府，在经济杠杆的作用下，核电站的落地问题迎刃而解，各地争抢核电落户。但是，只有经济杠杆还不够。核电业界感到，随着消费者运动的兴起以及市民维权意识的高涨，如果想在核电事业上大干快上，还需要扫清来自新闻舆论的干扰和障碍，这些舆论的源头就是以《朝日新闻》、《每日新闻》为首的左派、市民派新闻媒体。

1974年，在科学技术厅的授意下，日本电气事业联合会（以下简称“电事联”）成立了核能宣传专门委员会。据时任“电事联”宣传部长铃木建的回忆，他们当时选择一向对核电抱警戒态度的朝日新闻社作为突破口，选择该报论说主干江幡清为工作对象，诱饵就是广告，即“电事联”想在《朝日新闻》版面上刊登核能公共广告。对于送上门来的广告主，朝日新闻社的回话是：“本报的方针是承认核电对未来国民生活的必要性，但安全性是另外的问题，所以登载宣传广告应该是可以的。”在这种看似周到，实则自相矛盾的逻辑下，自1974年7月起，核能宣传广告开始出现在《朝日新闻》的版面上。之后出于竞争心理，每日新闻社也开始向“电事联”申请，希望能在自家报纸上刊登核能宣传广告。对于突破疑核派、反核派媒体的边界防线，铃木建的回忆充满了骄傲，在其著作中，铃木称，“他们带有诚意地听取我的意见，而且保证对于核电报道将采取谨慎态度”。①

这种“谨慎”的态度，实际上是一种“谨慎的欢迎”，疑核派、反核派媒体态度的转变，显然缘于核电业界丰厚的广告费。在当今日本，如东京电力公司，其2010年的广告宣传费高达244亿日元，此外另有一种名为“普及启发费”的变相广告费，也达到200亿日元。从早晨的综艺节目开始，东电公司是各电视台新闻、报道节目的大赞助商。其他电力公司的情况也大致相同。据2010年版

① 〔日〕铃木建：《电力产业的新挑战》，转引自山冈淳一郎《原子能发电与权力》，ちくま新书，2011。

《大公司广告宣传费》统计，九州电力、冲绳电力、电源开发等11家电力公司的年广告费为885亿日元，促销费为624亿日元。在电力公司之外，"电事联"每年的"启发费"达300亿日元。经济产业省、资源能源省、文部科学省等中央省厅也有各自的广告预算。因此，中央省厅、"电事联"、电力公司等核电相关部门，每年投到媒体上的钱大约为2000亿日元。①

这样，电力业界以广告大客户的身份，长期左右了商业性报界、广电界的社会舆论空间。对于公共媒体NHK，他们主要委托政、官两界施加影响，因此而形成了大媒体对电力公司"绕着走"、"不为难"的"友好"态势。从20世纪70年代中期到此次"3·11"核事故发生，日本各大媒体对核电产业及其潜藏的问题基本处于封口状态，对电力公司不利的新闻，大型媒体要么知情不报，要么在不得不报时"蜻蜓点水"。这就是日本新闻界在涉及核电问题时约定俗成的"报道规则"。

例如，2002年东京电力公司就曾经发生过隐瞒核电站事故的情况，但只是在经济产业省"公布消息"后，报纸和电视才作了极其有限的"跟进报道"。又如，2007年日本发生中越地震，柏崎刈羽核电站被发现处于地震活跃的地质断层附近，但是，在东电公司正式承认这一情况之前，没有一家报纸和电视对此进行过报道。其间，曾经有当地居民提出诉讼，请求取消该核电站的设置许可，但是，媒体或佯装不知，或避而不提，最后的所谓"报道"，也仅仅停留在东电公司发布的"客观事实"上，根本不去进行主动的追踪或深度挖掘。再如，爱媛县伊方核电站也存在着处于地震活跃的地质断层上的巨大隐患，曾有一位地方报社的记者执著追踪，但最终在县政府及业内的压力之下，该记者只能辞职了事。在这样的媒体生态中，警告核电危险、呼吁脱离核电的记者和学者逐渐失去了活动舞台和话语空间，甚至被打上意识形态的标签，成为被边缘化的少数派。随着日本舆论中的异议之声越来越少，本来并不存在的"核电安全神话"，盘踞了人们的意识空间。

二　主流媒体在"3·11"核事故中的表现

在东日本大地震这样空前的大灾难面前，日本所有媒体都全力以赴地进行着

① 〔日〕山冈淳一郎：《原子能发电与权力》，ちくま新书，2011。

采访、报道，处于一种最大限度的紧张状态。但是，不管主观愿望多么强烈，在灾后一片混乱和充满不确定性的环境下，新闻界也不得不顺应残酷的现实，不得不承认和接受种种客观限制。

综合地看，在“3·11”核事故报道中，日本主流媒体面对着“三座大山”：（1）自我规制。由于核事故现场高浓度的放射能和政府的禁区规定，主流媒体的记者很难进入事故现场进行采访报道。（2）信息管制。事故发生后，首相官邸、原子能安全委员会、经济产业省原子能安全保安院、东电公司等相关组织一味淡化事故的严重性，在事故信息公开和事故对策措施上存在诸多明显重大失误，而媒体基本是被“牵着鼻子走”，公信力大大受损。（3）专业知识的欠缺。由于核问题的报道需要非常深厚的专业知识背景，尤其是“3·11”核事故这样的巨型核灾难，媒体在人才储备和知识储备上明显不足。记者们现学现报式的工作方法，一方面使报道的准确度受到很大影响，另一方面也给政府相关部门及东电刻意隐瞒真相、蒙蔽舆论提供了“灰色地带”。以下将结合一些案例进行具体分析。

（一）记者俱乐部体制下的“发表报道”模式

上文已述，日本主流媒体在涉及电力尤其是核电问题上历来“谨慎”。在问题面前，没有官方或业界的公开发布，媒体是不会主动“摸老虎屁股”的，等到官方或业界不得不承认问题后，媒体才会照本宣科地把发布的情况报道出来。当然，视情况的严重程度和民意走向，他们也会在报道中加入一些以前已掌握却没能曝光的“内幕”，在评论中说出一些以前该说却没能说出来的“实话”，以示自己对“社会公器”责任的践行，这种“事后诸葛亮”的做法，基本上就是日本媒体在核电问题上的报道定式。

除了不敢得罪政府主管部门、电业广告主的固有因素之外，日本新闻界特有的记者俱乐部制度，也是决定各媒体随着官方或业界“鼓点”起舞的一个重要制度因素。简言之，记者俱乐部就是日本新闻界为获得政经（“政”主要指政府和政党部门，“经”主要指经济界）信息而成立的嵌入式采访组织（记者俱乐部设在采访对象的办公地点内）。其成员仅限于大媒体的记者，其特权是把持或垄断信息发布，其职能是把发布的信息转变为新闻稿，其规范是所有成员都必须遵守报道协定，既不能在报道时间上抢先机，也不能在内容上自行其是，否则，

"出风头"者就等于自绝于"组织",就得"自动出局"。

记者俱乐部的成员一方面享受着官方或业界给他们提供的便利,同时把持着信息大门,不允许像杂志记者、网络媒体记者或自由记者等非主流媒体成员接近消息源,拥有信息特权;另一方面也在日复一日地听发布、等稿源、拉关系的程式中消磨了新闻媒体应有的职业锐气,所以,记者俱乐部制度也被称为"新闻记者去势术"。可以说,记者俱乐部体制下的日本新闻界,与其说是权力监督型媒体,不如说是与权力共生共存的"合作型媒体"。原日本经济新闻社记者牧野洋,就干脆将二者的关系称为"官报共同体"。[①] 平常是这样,危机时刻也是如此。"3·11"核事故发生后,日本主流新闻媒体依旧在记者俱乐部的体制内,以政府和东电发布的消息为基础进行报道。因此,除去一些连载、特别策划等内容,各家媒体的报道大致一样。同质化报道的重要根源,就在于这种记者俱乐部制度。

(二)福岛的媒体大逃离

2011年3月11日19时3分,日本政府宣布福岛第一核电站处于"核能紧急事态",并于21时23分指示福岛核电站周边居民进行避难,"3·11"核噩梦自此拉开序幕。在这场前所未有的由核灾难引发的公共安全危机中,新闻媒体有两个最重要的新闻现场:一是福岛,二是东京。福岛有事态的最新情况,东京有决策的最新动向。那么,在"3·11"核事故的第一现场福岛,日本主流媒体是怎么表现的呢?

在福岛,主流新闻媒体上演了一幕令人无言以对的大逃离闹剧。核泄漏出现后,日本各大媒体纷纷向福岛的驻站记者下发了避难指令:如NHK的避难半径是40公里外,朝日新闻社的避难半径是50公里外,时事通讯社的避难半径则是60公里外,而日本政府指示普通民众的避难半径仅为20公里,20~30公里圈内的民众是"室内避难"。避难标准的差异,意味着主流媒体的记者比普通民众享有更多的"安全特权"。事后,朝日新闻社东京本社社会部的石田博士在一篇文章中这样写道:10公里圈、20公里圈、计划避难区域、紧急时避难准备区域……朝日新闻社参照事故的扩大状况,阶段性地制定了具体的采访范围。在

---

① 〔日〕牧野洋:《官报复合体》,讲谈社,2012。

确保安全的基础上继续采访。矢崎雅俊总局长确定了尽量在屋内采访的具体行动指针。①

媒体的逃离意味着他们所谓的“现场报道”，并非来自真正的一线，而是隔岸观火式的二线报道。例如，在核灾情最为严重的南相马市，那里的新闻时间停滞在了3月12日早晨。因为在当天早报送达后，当地就再也没有见到任何一张全国性报纸和他们的人员：记者撤离了，送报员也无报可送。直到2011年4月下旬，一些本地报纸才恢复运营，其间该地居民一直处于信息孤岛之中。当时南相马市20～30公里的“室内避难”圈里有4.5万名居民，在需要对去留作出重大判断的时刻，他们实际上成了弃民。当地民众谴责说，大媒体宣传着政府发布的“安全信息”，自己的记者却逃掉了，不能不说是非常自私的行为。②

大媒体的逃离，一方面是为了保护记者的安全，避免万一员工受到核辐射报社需要承担的责任，另一方面也是为了“听政府话”，表示一种谨慎的自我规制。2011年3月21日，NHK新闻报道局给灾区分局的局长们下发了一份题为《有关放射线量的对应措施》的内部通告，说目前政府没有改变半径20公里避难及20～30公里屋内避难指示的考虑，我们的采访原则也要遵照政府的指示。更令人费解的是，曾在灾后进入灾区现场的自由记者反映，由于政府确立了20公里的避难范围，所以对于他们冒险拍摄的灾区照片，大媒体一概抵制不买。③

显然，在“3·11”这样的非常时刻，日本各大媒体间形成了一个事实上的报道协定。例如，福岛第一核电站现场，既然政府规定了禁区，那么谁都不要进行禁区内的报道，也不能单独外购哪怕是自由记者采得的独家新闻。正因为有这样的“规则”，才导致了日本主流媒体记者的集体大逃离，才会出现如“福岛50英雄”那样最早由外国媒体报道的“出口转内销”现象。当欧美报纸对50名勇士纷纷报道的时候，日本民众并不了解核电站内部发生了什么，也不清楚事故现场工作人员的状况。④ 这种信息盲区的出现，有其深刻的必然性。

---

① 参见〔日〕《新闻研究》2011年6月。

② 〔日〕上杉隆：《报道灾害 核电编》，冬舍新书，2011。

③ 〔日〕神保太郎：《媒体批评》，《世界》2011年7月。

④ 参见张国良、赵日迪《可圈可点，但并非无懈可击——来自“3·11”大地震中日本媒体表现的实证研究》，2011年6月27日《中国社会科学报》。

（三）东京的新闻现场

"3·11"核事故发生后，东京的首相官邸、经济产业省、东电总部、厚生劳动省、文部科学省等相关部门，无疑也是媒体把握事态进展的重要新闻现场。在这些现场，媒体的作为可以有两种方式：一种是依旧按照平日里记者俱乐部的工作方法：等着听政府或东电的信息发布，然后在此基础上进行报道；另一种则是鉴于事态的严重性，打破日常的新闻采写模式，把政府的信息发布委托给通讯社，并把东京各主要记者俱乐部的记者聚集起来（每家大媒体的派驻记者均在100人以上），成立特别调查报道小组，采写深度报道、挖掘背景信息。

现实中，日本各大媒体选择了前一种工作方式。考虑到非常时期的非常状态，媒体的这种选择也可以理解。即使在这种工作方式下，如果记者们能够在记者会上就一些重大问题迫使新闻发言人不得不透露更多的信息，推动政府不得不作出更到位的政策决定，那么新闻媒体的表现也算可圈可点了。俱乐部里的"蹲点"记者，每日出入政府部门，都有不少信息线索，如果他们有为了公众利益抛开平日小圈子关系的勇气，完全可以做得到。但事实上，这种情况似乎没有出现。相反，一些来自记者俱乐部之外的"非主流"记者因想开展一些名副其实的提问，还受到了主流媒体同行的非议和排挤。

这里，需要插入一段有关东日本大地震前后日本各记者俱乐部公开程度的介绍。上义已述，记者俱乐部是一种由大媒体垄断的信息特权组织，战后很长时间都把外国记者、杂志记者、自由撰稿人等非主流排除在外。随着日本国际化和社会的多元化，记者俱乐部制度也不得不扩大一些开放的程度，但与时俱进的步伐非常慢。即使2009年民主党这一以改革自诩的政党当政后，记者俱乐部也没有实行根本性的开放。例如，在首相官邸，周一至周五，官房长官每天都要举行两场记者会，但自由记者、网络记者等只被允许参加周五下午的记者会。东日本大地震后，他们参加的最初的记者会是一个星期之后的3月18日下午场，这还是经过奋力争取得来的机会。相比之下，也许由于是民间企业，东电公司记者会的门槛要低一些，所以灾后一段时间，大批自由记者、网络记者日夜扎营在那里。

据这些体制外记者反映，在记者会上，主流和非主流、体制内和体制外之间区别非常明显。对于新闻发言人应付性的回答和反复性的安全宣讲，主流媒体的记者依然是多记少问，或避重就轻地提问。在东电公司的记者会上，日本经济新

闻社的记者依然尊称东电社长为“某某様”（日语中先生的尊称）。而当自由记者们追问一些非常尖锐的问题时，会有读卖新闻社、日经新闻社等报社的记者站出来怒吼和训斥：“记者会不是专为你们开的!”在这样的氛围中，各种记者要么流于政府或东电单向性的、敷衍性的信息发布，要么因自由记者们愤怒的追问而被迫停顿，交互性的、建设性的问答非常少见。①

如果主流媒体能够把记者会的信息仅当做初始信息，不止于做政府相关部门和东电公司的信息播报员，然后与通过其他渠道获得的信息两相对照，那么他们肯定可以进行更加客观和全面的判断，并对社会公益有所贡献。但事实上，很少日本有主流媒体做到了这一点。相反，尽管政府和东电在事故信息公开和事故对策措施上存在诸多明显的重大失误，但媒体未经“把关”就传播出去，放大了政府和企业的误导性信息，结果使很多日本普通民众遭受了本可避免的辐射之灾。其中，最令人痛心的案例，就是福岛县浪江町数千居民的遭遇。

2011 年 3 月 12 日，浪江町的数千居民聚集在一起。在大难临头的关键时刻，从政府那里却什么指导性信息也得不到，但是他们已感到必须逃离。在信息真空的状况下，町长按照风向常识决定带领大家向北避难。之后，该町民众一路向北，到达了政府指定避难区域圈外的浪江町津岛地区，并在那里度过了三天三夜。小孩子在户外玩耍，大人们取河水洗米做饭，人们以为自己身处安全之地。但事实上，由于福岛第一核电站的氢气爆炸和风向的变化，大剂量的放射性物质很快随风扩散到了津岛地区。

2011 年 5 月 2 日，日本文部科学省首次公布了根据放射性物质扩散检测系统——SPEEDY 系统制作的 5000 张核扩散预测效果图。这时大家才知道，自 3 月 11 日下午起，文部科学省就已启动该系统进行检测，当时就检测出了浪江町存在大量放射性物质的情况，但这些信息并没有被告知当地。6 月 3 日，经济产业省也发表信息称，早在 3 月 12 日他们就已在福岛第一核电站六公里外的浪江町检测到了放射性物质。同样，这一信息也没有告知当地。因此，浪江町的人们直到两个多月后才知道，当时他们以为是安全的避难之地恰恰是辐射最高、最危险的地区。但一切都为时已晚。对此，浪江町町长马场先生说：中央省厅为了“不想被迫承担责任”、“不想被批判”，选择了隐瞒核物质扩散信息的做法，而

① 〔日〕上杉隆：《报道灾害 核电编》，冬舍新书，2011。

这种隐瞒信息的行为就是杀人。

马场将中央省厅的做法评价为“杀人”，不容忽视的是，这些“杀人”者的背后还有媒体充当同谋。2011年6月11日，日本各大媒体又开始了他们擅长的马后炮式的“灾后评估报道”，上述很多细节就来自《读卖新闻》的曝光。在题为《核电危机 三个月后的评估》的连载中，《读卖新闻》批评“政府在信息公开上态度消极”。但是，大部分日本主流媒体虽然一向以权力监督者的名义自居，但在国难当头之际，却依然按部就班地扮演官方信息播报者的“二传手”角色，对于浪江町数千居民因信息缺失和被隐瞒而这样遭受“核杀”的悲剧，媒体能把失误和罪责都推到政府身上，自己却可以心安理得地逃避责难吗？

三　案例研究：朝日新闻社的核事故报道及其机制

上文已述，日本主流媒体此次“3·11”核事故的报道，主要受到三个方面的约束：自我规制、信息管制和专业知识的欠缺。在这三点之外，还有一个重要因素，就是态度决定高度和深度。媒体在核电问题上的态度和立场，与其报道质量直接相关。

从此次日本几家全国性大报的具体表现看，读卖新闻社、日本经济新闻社依然坚定地维护核电，而朝日新闻社、每日新闻社则有些回到曾经的怀疑、慎重和批评性立场的迹象。例如，2011年4月15日，《每日新闻》发表题为《灾后地震国家的核电：希望对政策进行大调整》的社论。4月18日，该报编委山田孝男也在其专栏明确提出应该停止滨冈核电的观点。这是日本全国性报纸第一次提出放弃核能的观点。《每日新闻》“亮剑”后，4月20日，《朝日新闻》也刊登社论，提出“应该摆脱对核电的依赖”。[①] 以下就以朝日新闻社为例，具体看一下“3·11”核事故后他们的工作机制和报道内容。[②]

（一）报社各部门间的分工合作机制

东日本大地震后，朝日新闻社内部的分工基本沿用平日里政治部、经济部、

① 2011年5月6日，日本首相菅直人顶住业界压力，宣布要求中部电力公司暂时全面停运静冈县滨冈核电站。

② 参见〔日〕《新闻研究》2011年6月、7月、8月。

科学医疗部等部门分工合作的采访机制，各部门间信息共享、各展所长。

朝日新闻社的政治部，首相官邸采访组是骨干部队，共有14名记者，包括组长、副组长，跟访官房长官、副长官及首相、首相秘书官、首相助理们的“跟班记者”。平日，他们的采访分为“政局采访”和“政策采访”，东日本大地震发生前记者们正忙于追踪首相菅直人的政治献金问题。灾害发生后，核事故很快成为焦点，但这些记者对核事故完全无知，因为核知识是科学医疗部记者的专长。可是协调重组面临种种限制，最终科学医疗部的记者也没有进入首相官邸采访组，但是在官房长官会见中与核事故相关的稿件，政治部还是将稿件委托有核知识背景的记者把关。经济部、科学医疗部的记者则主要追踪经济产业省原子能安全保安院和东电公司，那里也有记者会召开。各部门的各场记者会见记录，都以采访笔记的形式在所有核事故采访记者间共享。

从采访报道的侧重点看，政治部主要集中于菅政权的政治判断和首相官邸面向国民的信息发布。采访中他们也遇到了不少困难，比如东日本大地震后的几天，首相、官房正副长官等重要首脑都住到了首相官邸。平日在高官们进出首相官邸时，记者们还可以见缝插针地抓到一些采访机会，而灾后，基本只有记者会见、记者共同采访等一般性采访。此外，首相的“随身采访”也以“忙于救灾，没有时间”为由被取消。①

经济部的采访报道主要集中于灾害造成的经济影响以及东电的计划停电。自2011年3月14日起，东电公司的记者会分为核事故记者会和停电记者会。核事故记者会的会场仅可容纳40人参加，东电方面没有高层人物出席，而停电记者会的会场可容纳300人，由东电副社长藤本孝撑场。从这种安排中也不难看出东电公司的“苦心”，即尽可能把人们的注意力从核事故上转移，更多地让大家聚焦于电力短缺问题。此外，记者会的举办时间东电并不事先通知，而且经常两场会见同时举行，这样也给采访人手的安排造成了困难。

科学医疗部成立于2010年2月，由科学部与医疗部合并而成，包括编委共有50名成员。地震后，科学与环境口和医疗与医学口各出三位组长共六人，分别负责地震、海啸、核事故、灾区医疗、核辐射医疗、综合报道各路

① 首相官邸的首相“随身采访”开始于前首相小泉纯一郎时代，当时是一天两次。菅直人上任后为一天一次。3月11日当天取消后，一直到7月都未恢复。

记者的采访。同时，该部还要为报社其他部门的记者提供核报道背景知识的支持。

（二）有关核事故的政治经济报道脉络和特点

东日本大地震前，首相菅直人由于接受外国人政治献金问题在国会被在野党追究，政治地位已经岌岌可危。东日本大地震后，“跛脚首相”的处境并未因国难当头而有丝毫改变。朝日新闻社继续对菅直人穷追猛打，这种态势主要体现在政治方面的报道。政治部对菅直人救灾政治提出质疑的第一个标志性时间节点，2011 年 3 月 15 日。由于 12 日东电公司福岛第一核电站 1 号机组、13 日 2 号机组相继发生氢气爆炸，菅直人已难以在首相官邸待得住了。3 月 15 日 4 时 17 分，他把东电的清水正孝社长叫到首相官邸，大声训斥，然后对记者表示要由政府和东电共同成立事故对策统合本部，自己担任本部长。之后，他本人又亲自去了东电本部。在朝日新闻社政治部记者看来，首相的暴怒和与民营公司共同成立对策本部的做法已属失控事态，这表明核事故的事态已滑向了不可控制的深渊。出于这种焦虑，3 月 15 日该报的晚报登出了题为《危险的危机管理，首相自己去东电》的批判性报道。

东日本大地震之后的一周，核事故丝毫不见好转。但另一方面，岩手、宫城两县的救援不力也显现出来。2011 年 3 月 17 日，首相任用仙谷由人为官房副长官，于是官邸采访小组也兵分两路，一路是核事故的应对，追踪首相、官房长官枝野、官房副长官福山和首相助理细野，另一路是灾区救援，以仙谷由人为追踪的中心。这个过程中，菅直人在政治、人事上又有新动作，比如给自民党总裁打电话邀其入阁（遭拒），任用一些“官房内阁参与”，调整首相助理人选，同时还成立了复兴构想会议。种种情况超出常例，更加剧了政治部记者对首相政治能力的怀疑，对菅的批判进一步升级。如 3 月 29 日，该报早报的新闻是《菅首相不断变换震灾人事　更换助理、增加参与》，4 月 2 日早报的新闻是《没有司令指挥的复兴之路》，4 月 7 日早报又报《撇开国会议员的复兴会议，首相谋求主导》。

但这种批评基本上是在随着政府的“议程设置”被动跟进。2011 年 4 月 12 日，日本原子能安全保安院宣布将福岛核事故升为 7 级。也从此刻起，日本政府把最核心的议程从“修复”转移到了赔偿，转移到了“复兴”计划，而包括朝日新闻社在内的各家媒体，报道的重点立即随着政府政策的变化发生变化。在灾后一个月的时候，虽然核事故的解决还遥遥无期，但主流舆论的关注已随着政府的鼓点转到善后事宜上了。这一阶段，朝日新闻社政治部的报道焦点开始对准第一次补正预算案和以第二次补正预算案为目标的财源讨论。

到灾后两个月临近之际，政治部记者眼中最大的新闻事件，就是首相作出了中部电力滨冈核电站的停运决定。2011 年 5 月 6 日，首相突然召开记者会，宣布要求中部电力全面停止滨冈核电站，因为该电站有地质上的潜在危险。5 月 10 日，《朝日新闻》的早报刊登题为《政权说服电力业界，强调例外》的报道，称此次决定首相并未经过事先的沟通，而是突然袭击地向中部电力提出的要求。

从上文可以看出，朝日新闻社政治部虽然全力以赴进行灾后政治报道，但其长期形成的思维惯性实在太大，以至于在空前的国难面前，他们依旧没有跳出“政局”、“政争”式的政治报道的套路。

朝日新闻社经济部的报道主要围绕停电计划可能带来的影响。自 2011 年 3 月 14 日起至 28 日，东电实施计划停电。3 月 29 日，东电宣布原本 29 日实施的全国大面积停电计划将不实施，照常供电。虽然停电叫停，但有关夏季用电高峰出现缺口有可能导致大停电的担心并没有消失。在这种恐慌心理下，4 月 2 日《朝日新闻》早报报出《电力使用限制令 可能今夏启用》的新闻。自 1974 年第一次石油危机后，具有强制性的电力使用限制令就一直没有启用过，一旦启用，将对产业界造成巨大影响，这也是经济部关注停电报道的原因所在。5 月，菅直人政权提出电力削减 15% 的目标，经济部的报道重点又转到中长期内节电对日本经济的影响。

经济部另外一个报道重点就是东电的赔偿问题。因为赔偿金额规模数万亿日元，东电一家公司显然无力承担，所以政府的赔偿支援框架成为各报采访竞争的焦点。经过为期一个月的采访，在 2011 年 5 月 13 日赔偿支援框架政府案出台前后，朝日新闻社的报道准确地点明了这个赔偿案的本质，即政府还是以东电公司的存续为前提，所以赔偿负担最终还是会通过涨电费的方式转嫁到民众头上。5 月 12 日的报道为《东电赔偿 电费买单》，14 日的报道为《赔偿方案充满漏洞》，都可谓一针见血。

（三）敢于独自判断的科学医疗部及其报道亮点

总体来看，此次有关“3・11”核事故的报道，朝日新闻社科学医疗部的表

现最为突出。这很大程度上要归功于该部的前主任太牟田透。太牟田透是第二代广岛核灾民，对民众遭受的核辐射之苦有切身之痛。在长期的工作中，他本人也成为核报道方面的专家型编辑记者。2011 年 3 月 12 日东电公司福岛第一核电站 1 号机组爆炸后，太牟田透敏锐地意识到事件的严重性，他自告奋勇地向该报总编西村阳一提出请求，希望能在总编身旁，从全局把握来自东电本部、东电福岛核电站、原子能安全保安院和首相官邸等各方面错综复杂的信息。太牟田透的建议得到了总编的许可，此后他一直坐镇总编室，直到 4 月 1 日，为时三周。

在这三周期间，由于有专业编辑记者的参与，朝日新闻社的核事故状况进展报道非但没有出现大的差错，反而比较早、比较尖锐地指出了事态的严重性。例如，1 号机组爆炸后，该报在标题中首次鲜明提出"堆芯融化"的问题，这比官方和东电的宣布早了三个多月。此外，该报还特别报道了文部科学省 SPEEDY 系统已经启动的消息，这对于日后的信息公开起到了很大的促进作用。而且，科学医疗部根据掌握的放射量推测指标，在 2011 年 3 月 25 日的早报上率先报出"福岛事故严重程度超出 6 级"，在当时这绝对算是独家的大胆报道。为增加民众对福岛核事故严重程度的重视，该部还采取了多发表署名解说、署名文章等方式，以"非官方"的形式提醒民众早做准备。此外，有关放射线、放射性物质等复杂问题，该部还用"问与答"的形式向读者普及知识。

在当时官方信息统制、隐瞒不报、迟报漏报误报不断的环境下，朝日新闻社科学医疗部的这些报道无疑是日本主流媒体灾难报道中的亮点。而以太牟田透为首的该部记者之所以能做到这一点，除扎实的专业知识背景外，敢于直面问题的科学态度和站在弱势民众一方、呼吁正义的新闻职业精神也是不可或缺的。在此后的回忆文章中，太牟田透直截了当地说："东电、保安院发表的信息不可信，这些部门以状况不能确证为由，不当地极力缩小事故后果的评价，把周边居民的安全放在一边。媒体如果不能独自判断，会是非常危险的情况。"当时，朝日新闻社内对他们这种大胆的报道也有质疑，但太牟田透及其同事顶住了压力，坚持了自己的主张。

四　结语：来自"非主流"记者及社交媒体的变革

通过分析可以看出，如同日本整个政治体制存在的僵化、低效、内耗等弊端越来越严重一样，与上层建筑相对应的意识形态装置——日本主流媒体的种种流

弊也积重难返，看不到革故鼎新的希望。这些问题，既有发达资本主义国家主流媒体共性的一面，即大媒体基本上是权力合作型的，且越主流越合作，大媒体被大资本掌控、为大资本服务，虽有批判首相等政客的“自由”，但也仅止于党争、政争的范围而已，背后大资本利益的“高压线”是绝对不能触碰的；也有“日本特色”的一面，特别是记者俱乐部制度，主流媒体纠集在一起，依附在各种利益团体身上形成一种奇特的“利益共同体”和“利益自闭体”，对外实行信息垄断的“话语霸权”，对内则是“枪打出头鸟”、“出头的椽子先烂”的平均主义“大锅饭”。这些根本性的弊端，虽在“3·11”核事故的报道中凸显无遗，但从主流媒体内部看，仍然是既无改革的动力，也无变革的活力，各种矛盾依然故我甚至有加深的趋势。太牟田透在回忆文章中，难以掩饰自己的悔恨和失望：“为什么事故前，媒体没能充分指出原子能行政的缺陷？自己虽是核灾民的后代，却也不能挺起胸膛说自己曾对防止灾难发生做过什么。”他认为要消除民众对媒体的不信任，必须对事故的深层次原因进行彻底检证，追问国家及电力公司的责任，而且也必须对以往的核电报道作出全面而深刻的检讨。但迄今为止，这样的声音和做法在日本新闻界还是少数。

相比之下，在“3·11”核事故的报道中，来自体制外或体制边缘的一些媒体和自由职业记者带来了不少亮点。如日本的一些周刊杂志和NHK教育频道等非主流媒体或主流媒体中的非主流部门，反而进行了一些有分量的监督报道。如2011年5月28日《现代周刊》，就曾爆出一个惊人的消息，称文部科学省公布的各地的辐射量数据有问题，因为有些数据是在地面上空几十米的高度测量的，例如，东京新宿区的检测点就是在离地面18米的上空，而在18米上空检测的放射量仅为常人活动高度（1米）放射量的一半。而且，由于文部科学省没有公布全国统一的检测高度标准，所以各府县等地方自治体的检测标准各不相同，数据的有效性和参考价值需要大打折扣。这篇调查报道可谓一石激起千层浪，随后《朝日新闻》在5月27日的晚报上登载了题为《放射线测定值，为何不统一？机器设置地点的高度，交由自治体夺定》的报道。在这些舆论压力下，自2011年6月14日起，文部科学省开始公布统一在地上1米处测得的各地的辐射值。

此外，2011年4月3日，NHK教育频道ETV特集播放了《在核事故的土地上》，5月15日，又播放了《放射能污染地图：福岛核事故两个月后》，这些节目翔实而有科学根据地传达了福岛核事故的严重状况，在民众中引起很大轰动。

NHK 是日本绝对的主流媒体，但教育频道 ETV 特集相对要边缘得多。正因为边缘，反而能在关键时刻独立地报道出事实真相，这也从反面再一次印证了主流媒体的主流部分（如 NHK 新闻频道）的缺位。

而在更广泛的社会层面，随着日本公民社会的发展，民众对主流和体制内媒体的失望和不信日益上升，自由职业记者随之兴起，他们在互联网上的传播活动也在一定程度上撕开了主流媒体圈编织的“舆论幕墙”。如在此次“3·11”核事故报道中，にこにこ动画、Ustream 等社交媒体异军突起，[①] 就很值得关注。目前，越来越多的自由职业记者、普通民众利用社交网络，持续地表达着对“3·11”核事故的关注，这将极大改变日本社会的社会心理和舆论生态。

当越来越多的民众宁肯自己花重金采购仪器设备，对核辐射自测、自检的时候，政府和企业的权威衰落了；当越来越多的民众宁肯通过网络社区自我组织、自我动员、自我疗伤的时候，主流的和体制内媒体的公信力衰落了。“3·11”核事故的长期性、后果的严重性和巨大的普遍关联性，对日本媒体格局和舆论生成机制的深刻影响，在许多方面才刚刚开始。

参考文献

《新闻研究》2011 年 6 月、7 月、8 月。

〔日〕上杉隆：《报道灾害 核电编》，冬舍新书、2011。

〔日〕山冈淳一郎：《原子能发电与权力》，ちくま新书、2011。

〔日〕牧野洋：《官报复合体》、讲谈社、2012。

「3.11 原発事故」と日本のマスコミ

金 嬴

要 旨：「3.11」東日本大震災・津波災害及びそれらによる放射能漏れ事故

① 〔日〕自由报道协会编《自由报道协会追踪的 3·11》，扶桑社，2011。

の報道に当って、日本の主流マスコミが一連の報道「空白」を作った。民衆はこれらに対して強い不満を抱き、その結果、日本社会の輿論エコロジーが大きく変わった。本論はこれらの事例を取り上げながら、歴史的な原因、現実的な表現、輿論発生のメカニズムなどについて分析を加えたい。

キーワード：3・11 原発事故　日本のマスコミ　記者クラブ　自由報道協会

B.13

东日本大地震对日本老龄化社会的冲击及启示

丁英顺*

摘　要： 2011 年 3 月 11 日日本东北部地区发生的地震和海啸造成重大人员伤亡和财产损失，随之而来的二次灾害核泄漏又使日本陷入了人祸的旋涡，带来了严重灾害。在这次灾难的死亡人口中，半数以上是超过 60 岁的老年人。老年人在自然灾难中所遭受的痛苦，凸显了当今日本人口结构变迁及其严重后果。在这次灾害中老年人死亡比率之高，暴露了隐藏在老龄化进程中的日本社会老年人的生活保障和医疗护理等问题。本文阐述东日本大地震给日本当地老年人口带来的灾难，分析日本东北部地区人口老龄化背景及其趋势，并探讨日本社会的老龄化趋势在天灾人祸面前所暴露出的结构性问题及对中国的启示。

关键词： 东日本大地震　人口老龄化　人口结构危机

一　东日本大地震与人口结构危机

东日本大地震将潜藏在相对落后地区的贫困问题和老年人问题、地方城市的脆弱性问题一下子都暴露出来。此次大地震给灾区居民带来了严重的财产损失和人身伤害，特别是老年人作为弱势群体所遭受的身心创伤难以言表。

（一）东日本大地震与人身伤亡

种种数据显示，在东日本大地震中，老年人是受灾最严重的群体。高龄弱势

* 丁英顺，文学博士，中国社会科学院日本研究所助理研究员，研究专业为社会学，研究方向为人口老龄化。

群体在自然灾难中所遭受的痛苦，突出了现代显著的人口结构变迁所带来的灾难性后果。

截至2012年3月11日，东日本大地震已造成了15854人死亡，3155人失踪。此外，还有343935人仍然住在避难所中。① 在已确认的死亡人数中，19岁以下和还未确认身份的人为1046人，60岁以上的老年死亡人数的比率为64%。其中，70～79岁的人占全部死亡人数的24%，80岁以上的人占22%，60～69岁的人占19%，② 且大部分人是溺水身亡。虽然日本大地震已经过去一年，但岩手县、宫城县、福岛县因地震造成的废弃物总量约达2490万吨，完成大面积废弃物清理预计需要三年时间。

地震发生后，在距福岛核电站不远的一家医院里发现了128名老年人，他们已经没有医务人员的照料，大多数人处于昏迷状态，其中14人已经在地震发生后死亡。由于温度降至冰点，缺乏供热系统，气仙沼市的一家退休人员养老院里有11名老年人死亡。该院有47名老年人死于东日本大地震，而幸存的老年人也处在“孤独、承受高度压力”的状态。③ 在核泄漏重灾区福岛县、宫城县，很多人被迫流离失所，“老人问题”也浮出水面。④

在地震中遇难者的年龄结构包括了各年龄段，从性别比来看，整体上女性居多，特别是越到高龄层，女性的比例就越高。虽然在高龄人群中女性所占的比例高被认为是主要因素，但也有男女体力上存在差距的原因。在发生地震或海啸来临时，女性由于体力有限，很难及时逃生。

从震灾相关死亡人数（和地震灾害有因果关系的死亡）的情况看，在震灾相关死亡者中，老年人数最多。地震发生后，寒冷的天气和食品的缺少，给避难所的老年人带来了极大的痛苦。避难所的居住环境非常恶劣，老年人容易感染疾病，由于患有慢性病的老年人未能及时得到医药保障，其健康和生命面临危险。避难所中不断发生因病死亡的情况，其中老年人的死亡比例最高。在宫城县气仙沼市一座被征用的中学避难所里，一位百岁的老年人因寒冷被冻死，当天夜里的气温为零下1摄氏度，她身上只有一条薄薄的毛毯。

---

① 参见2012年3月12日〔日〕《读卖新闻》。

② 参见2012年3月7日〔日〕《朝日新闻》。

③ 参见http：//tieba. baidu. com/f? kz＝1028767028，2011年12月25日。

④ 《记者观察（下半月）》2011年第9期。

与之相关的是地震灾民的临时安置点的问题。在灾后的临时安置点中，高龄独居老人较多。独居生活的老人约占被安置人数的一半以上。因为经济上和年龄上可以自立的人都已经自立生活，没有这些条件的老年人只能继续留在临时安置点中。这些阶层的人们不容易找到朋友、熟人，身心受到严重创伤，在临时安置点中独居老人的“孤独死”的情况经常发生，成为灾后一个严重的社会问题。一些高龄老人搬进临时安置点后无人照料，警方的巡逻也不到位，很容易发生意外。在灾区岩手县的临时安置点内，一名 79 岁的孤独老年人就死在了厕所内，至少一天后才被人们发现。该县针对此次事件，采取了一些预防保护措施，即增加巡逻警察的人数，防止老年人孤独死去。2012 年 3 月 7 日，在宫城县临时住宅中发现 12 个孤独死亡人，其中 7 人为 65 岁以上的老年人。① 当然，“孤独死”早在 20 世纪 80 年代就已出现，现在已成为日本社会的普遍现象。“孤独死”也与一个国家的老年人口在日益迅速增长有关。独居老人是日本高速老龄化社会不可避免的现象。灾害对弱者的打击更加残酷，扩大了老年人等弱势群体的贫困。② 因此，在探讨对大规模灾害后的老年人等弱势群体的救助对策时，把握震灾相关死亡的实际情况是必不可少的。③

地震发生后不久，来自各地的志愿者汇集到了灾区。通过志愿者们辛苦的救援工作和重建活动，使许多受灾者得到了物质上和精神上的支持。但是，住在避难所和临时安置点的人中，有不少人未得到过志愿者的关怀。有分析认为，在救援工作中严重缺少志愿者，同样可以归因为日本人口危机。

（二）东日本大地震中老年人受灾的主要原因

在东日本大地震遇难者中，60 岁以上的老年人占半数以上。他们中的大部分是溺水身亡。除溺死外，压死和重伤致死也是海啸所致，这与因房屋倒塌而导致大量居民遇难的阪神大地震有着明显的区别。老年人是最容易遭受各种灾害威胁的人群，作为弱势群体，他们在此次大灾难中遇难的主要原因有以下几种。

---

① 参见 2012 年 3 月 9 日〔日〕《读卖新闻》。

② 参见〔日〕《工资与社会保障》，旬报社，2011 年 6 月下旬号，第 19 页。

③ 北京大学日本研究中心、神户大学编《日本阪神大地震研究》，北京大学出版社，2009，第 103 页。

首先，老年人在灾难中主要受到体力和环境的影响。老年人一般住在老旧的木结构住宅中，他们不愿意拿出自己的养老金去加固一座无人继承的房屋，其房屋非常陈旧。而且，在地震中，与年轻人相比，多数老年人没有在房屋、家具倒塌时逃生的体力。在海啸来临之时，很多老年人都来不及逃跑，遭到更大的伤害。即使是幸存下来的老年人虽然安置在避难所，但因患有高血压、糖尿病等各种慢性病，加上医疗支援的中断，进一步加深老年人的痛苦。虽然老年人因体力较弱未能及时逃生被认为是主要原因，但也存在着日本东北部地区老龄化所占的比例本来就很高的因素。

其次，日本社会固有的“官僚文化”影响了对老年人的救助工作。面对大规模的灾难，日本未能果断地采取“先措施，后报告”的方式，且各部门之间缺乏协调，这在某种程度上延误了对老年人的救助工作。日本政府采取了不少救援措施，但实事求是地说，其“质”与“量”都难以满足现实需求。战后，日本的经济高速发展，社会有了很大的进步。但是，战后60年来以官僚为中心的体系仍不能与时俱进，导致了严重的后果。现阶段似乎地震、核泄漏、经济停滞、财政危机等是主要问题，但从长远来看，是运作不良的官僚体系影响着救助工作。政治人士并没有很大的权力，监管者在监管行业时并不是真正为公众利益着想，而是首先考虑自己的利益。如果不改革这种政经结构，日本今后很可能还会出现各种问题。

在灾难面前，“不给别人添麻烦”的日本文化，得到了世界各国的好评。但这种文化对老年人的救助工作反而带来负面的影响。因为“不给别人添麻烦”，不少日本老年人不依靠子女、亲戚，最后孤独地离开人世。除了“麻烦”官方的救援力量外，不愿意得到任何人的帮助。

最后，关于大范围避难情况的信息不足，导致老年人灾后恢复生活的缓慢。在地震中受灾的老年人有些住在避难所，有些住在亲戚朋友处，也有些住在县外。住在避难所的老年人，虽然对相关信息了解得不是很详细，但也能得到一些有关灾后重建方面的信息。如果住在避难所以外的话，很难及时得到这些信息，就很容易失去拿到重建生活资助金的机会。

总之，东日本大地震给当地老年人造成了严重伤害。有很多老年人在震灾和海啸中遇难，有大量的医院和福利设施遭到严重破坏。此次灾害暴露了日本人口老龄化社会所面临的很多结构性问题。

二　日本东北地区人口老龄化状况

二战后，随着社会经济的快速发展，日本的人口年龄结构发生了很大的变化。特别是，65 岁以上的人口在总人口中所占的比率不断增加，成为世界排名第一的老龄化国家。而日本东北部地区比起其他地区其老龄化程度更为严重。日本人口中 65 岁以上的老年人口占总人口的 23%，而日本东北部地区的人口老龄化比率已经达到了 30% 以上。

（一）日本东北地区人口老龄化背景及其现状

1. 日本东北地区的人口减少状况

随着人口老龄化问题的加剧，人口减少情况已成为日本社会普遍关注的一大社会问题。日本总务省于 2011 年 2 月 25 日公布 2010 年人口普查的数据，全国总人口较五年前普查时微增，增幅为 0.2%，创 1920 年调查开始以来最低值。数据显示，截至 2010 年 10 月 1 日，日本人口超过 1.28 亿，较 2005 年增加 28.8 万。总务省分析，人口微增的主要原因是外国人增多及出生率略微回升，但人口减少的大趋势并未改变。日本人口结构面临多种问题，地区间差距继续扩大，空巢老人不断增加。日本家庭数量首次突破 5000 万户，较上次统计增加 4.8%，但每户家庭人口平均数降至 2.46 人，创新低。① 日本人口减少局面非常严峻。而日本东北部地区的人口减少现象更为严重。日本东北部地区位于本州岛的东北部，共有六个县，即青森县、秋田县、岩手县、山形县、宫城县和福岛县。东北部地区面积近七万平方公里，人口将近 1000 万，但人口非常稀疏，人口密度仅约为 145 人/平方公里（参见表 1）。而此次距离震中最近的宫城县首府仙台，正是日本东北部最大的超百万人口的大都市，人口约为 104 万人，计 44.4 万余户。人口密度在一定程度上反映出当地政治、文化、经济活动的情况。

根据日本总务省发布的 2010 年全国人口普查数据，日本的人口在其数量减少、地区分布不均、户均人口下降等趋势凸显。② 从各地区的情况来看，全国 47

① http://news.cntv.cn/20110226/108481.shtml.

② 2011 年 2 月 25 日〔日〕《朝日新闻》。

表1　日本东北部地区人口密度情况

单位：平方公里

县　名	人口密度	可住地人口密度
宫城县	325.6	757.7
福岛县	153.3	500.8
青森县	152.0	455.6
山形县	131.9	431.5
秋田县	100.5	370.0
岩手县	91.7	377.8
东北六县平均	145.7	480.7

注：根据日本国土交通省东北运输局的统计。

资料来源：http：//ja.wikipedia.org/wiki/%E6%9D%B1%E5%8C%97%E5%9C%B0%E6%96%B9，2011年10月14日。

个都道府县中，人口减少的有38个，最为严重的为东北部地区的秋田县、青森县等。全国1728个市町村中，人口减少的有1321个，约占市町村总数的3/4。其中，人口增加率超过10%的只有18个，而人口减少率超过10%的多达150个。尤其是在受灾最为严重的岩手县宫古市以及宫城县南三陆町被称为三陆沿岸的地区，人口一直处于减少的趋势，是日本老龄化现象最严重的地区之一。这些边缘地区又是最容易发生自然灾害的地方，一旦发生灾害将给老年人带来严重创伤。

在东日本大地震之后，福岛县、宫城县、岩手县的人口减少情况更为严重。福岛县的人口比震前减少了15480人，其减少的幅度为在北海道之后排全国第二位，宫城县的人口比震前减少了10388人，其减少的幅度从原来的第36位上升到第五位；岩手县的人口比震前减少了10193人，其减少的幅度在全国排第六位。① 由于大地震的影响，2011年成为战后日本历史上人口减少速度最快的年份。人口减少问题将对日本各方面造成严重影响，特别是将出现劳动力更为短缺、社会经济活力减退等现象。

2. 日本东北地区的传统观念加剧人口老龄化速度

东北部地区存在着日本某些最根深蒂固的问题，包括快速老龄化、人口数量下降、公共财政没有保障、农渔业难以摆脱衰弱趋势，等等。东北地区古称

① 2012年3月10日〔日〕《读卖新闻》。

"陆奥"，现今亦称"奥羽地区"。中部奥羽山脉连绵，山地极多、平原与盆地等很少。太平洋方面的三陆海岸为起伏激烈的沉降式海岸。该地区大都市非常少，人口在十万人以上的中小都市也不多。此次地震发生于地球表面板块连接地带，这个地带处于向太平洋底部延伸的大陆架与日本北部地区连接的位置。这种在海下的延伸性地理结构，引发了此次世界范围内最强烈的地震。这次发生大地震的地区都是弧形岛屿，是板块和板块挤压造成的，因为板块的挤压会使岩层发生隆起形成山脉，两地地形都是以山地为主，平原面积狭小，地形复杂。[①] 受灾严重的地方一般是这些地区的沿海小镇。这些地区的人口减少情况和老龄化程度原本就非常严重，地震进一步加剧了这种趋势。这些地区的老年人祖祖辈辈生活在该地区，不愿意离开故乡，而大部分年轻人到城市就职，导致很多无依无靠的孤寡老人。一个明显的事实是，日渐衰老的渔夫和农夫们几乎找不到接班的年轻人。

东北部地区是日本主要的渔业和农业产地。渔业主要集中在太平洋沿岸，拥有众多的大中型渔港。农业方面，大米产量高，有"日本的粮仓"之美称。乳业和果树种植也很发达，山区盛产苹果、樱桃、梨和桃等温带水果。畜牧业过去以养马著称，战后废除了军用马的饲养，转为饲养肉牛和奶牛。因当地人口稀疏，这些农产品的大部分都供应到日本各地，是日本主要的农产品供应地。该地区虽然不是日本最主要的工业区，但也集中了汽车、核电、石化、半导体等众多重要产业工厂，产值占到日本国内生产总值（GDP）的8%左右。以农业、渔业为中心的产业结构，使大部分的年轻人离开家乡，到大城市就职，导致了城市的空洞化，劳动力严重不足。这是加速日本东北部地区老龄化局面的主要原因。

可以看出，日本东北部地区地理环境复杂，多年来人口稀疏，人口数量不断减少，其人口老龄化非常严重。因此，当发生自然灾害时，其恢复工作更为艰难。如何帮助幸存者重建家园，则是日本政府在寻找如何解决老龄化问题上所迈出的重要一步。

（二）人口老龄化对日本东北地区社会经济的影响

日本在经济高速增长时期，政府和企业都一直把追求效率作为首要的经济或经营的目标，把实现公平放在了次要的地位。结果，虽然实现了经济的快速发

---

① 参见〔日〕吉村昭《三陆海岸大海啸》，文春文库，2011，第59页。

展，但同时使地区间的经济差距扩大并产生了一些严重的社会问题，特别是导致了边远地区人口过疏、没有活力和经济衰败的现象。日本政府为了改变落后的地方经济，一直采取有利于渔民、中小企业的减税等优惠政策，以预防地方经济的衰落。但这种措施仍无法改变日本社会固有的结构性问题，无法阻止到东京、大阪等大城市就职的年轻人。其实，福岛的核电站是日本政府为了活跃落后的地方经济而采取的一种措施，这给当地居民提供了收入相对较高的就业机会。遗憾的是，这次地震和海啸造成的核泄漏，使人们怀疑核电的安全性，对地区经济的打击也非常大。这又暴露出地方经济落后、管理不善的弊病。特别是在海啸来临之前，日本东北部的沿海地区已是老龄化现象非常严峻的地区，早已经失去了活力。该地区的人口结构变化既意味着生产人口的减少，也意味着消费人口的减少。这使消费需求萎缩、储蓄率下降，也影响了长期投资，对经济持续发展带来深刻的影响。

面对日益严峻的老龄化问题，日本中央及地方政府曾作出各种探索和努力。但日本老龄化社会仍给财政带来莫大的压力。目前，日本一名退休老年人，需要1.8名劳动力来支撑。这种情况对公共和家庭财政造成很大的压力。无奈之下，政府只好把支付养老金的年龄由原来的年满60岁提高到65岁。日本前首相菅直人表示过，将会改革日本社会保障制度，着眼于提高日本5%的消费税，以此应付因劳动人口缩减而日益加重的老人护理费用的增长现象。① 老年人的养老金并没有增加，反而提高了年轻人支付的门槛。

东日本大地震严重威胁当地老年人的健康问题。在受灾严重的岩手县大槌町，40%的老年人身体状况急剧下滑，其行动非常不便；宫城县南三陆町有30%的老年人出现行动不便的现象②。在震前，这些老年人的身体状况良好；地震之后，其身心受到严重创伤，行动不便的老年人的数量越来越多。特别是，住在临时住宅中的老年人的状况更是不容乐观。

总之，地震造成的损失非常惨重。在灾难之前，日本东北部地区就由于老龄化出现了社会经济缺乏活力、劳动力短缺、创造性减退等现象。东日本大地震之后，老龄化的负面影响更加严重。

---

① 参见2011年1月26日〔日〕《日本经济新闻》。

② 参见2012年3月6日〔日〕《朝日新闻》。

三　救灾工作面临的问题以及启示

日本是亚洲最早进入老龄化社会的国家，在应对老龄化问题方面有比较丰富的经验。但是，经历日本历史上最大的东日本大地震之后，其救灾工作也面临了很多难题。日本在此次救灾工作中的一些措施和经验，对中国应对自然灾害与老龄化问题方面有一定的借鉴和启发意义。

1. 老年人对灾后重建没有信心，导致灾后恢复工作滞后的现象

东日本大地震的毁灭性相当大，许多基础设施都已毁掉，这对财富的再创造造成了影响，使消费能力大幅下降。与阪神大地震相比，现在日本人口的老龄化更加严重，国民信心也继而走低。很多人家破人亡，不少老年人因缺乏照顾或内心空虚而选择自杀，对重建的需求严重减弱。很多老年人因原本住的房屋陈旧，没有投保，所以根本得不到赔偿。这给灾后重建工作带来了很大的挑战。

在东日本大地震的遇难者中，大部分是60岁以上的老年人，其中更多的是独居老人。他们大多行动不便，子女不在身边，因此在发生意外时不易被外界发现，很难及时得到救助。让老年人通过自食其力的方式养老，能在一定程度上缓解国家的财政负担，但无法从根本上解决老年人的孤独问题。地震发生后，老年人大多会选择在避难所静养，由于缺乏足够的活动空间，老人们在重返家园后，自主生活的能力大大减弱乃至丧失，甚至连上厕所和穿衣服等日常行为也无法独自完成。地震对老年人口的冲击引发了日本社会对于“心灵抚慰”工作的关注。经历了地震等自然灾害的老年人，往往会在心理上留有阴影，失去积极的生活态度。如何在震后重建的同时帮助老年人找回继续生活的勇气和信心，已经成为日本社会必须面对的一个重要问题。因此，我们在关注受灾者的孤独死亡的同时，必须认识到这是过去和现在社会中广泛存在的严重的社会问题，同时还应认识到地震灾害的相关死亡容易在高龄人群中发生这一点。

2. 对养老问题提出新的挑战

日本东北部地区的海边景色非常秀丽，因此建有不少疗养院、老人医院、老年公寓等设施。东日本大地震引发的海啸，破坏了沿海地区的很多老人设施，老年人受到了严重伤害。在海啸袭击时，住在养老院的很多老年人因无人帮助其逃生，死伤情况惨重。震后，即使这些老年人住在避难所也因医疗支援的缺乏，加上大面积停电，其生命受到威胁。因此，老年人的养老设施应建立在远离海岸、兼顾生活和就业功能的小型社区内。这样的社区对于老年人来说是最安全的生活场所。

3. 养老护理人员的严重不足已成瓶颈

人口老龄化带来一系列社会问题，除影响经济活力和加重社会负担外，老年人的生活保障和医疗护理等问题日益突出。在东日本大地震的救助工作中，出现了护理人员严重不足的现象，在避难所老年人未能及时得到相关护理。这与人口老龄化社会带来的劳动适龄人口的减少和护理工作本身不受重视有关。日本厚生劳动省表示，计划培养3000名保健师、护士及理疗师，让他们作为“健康生活帮手”，以帮助在日本大地震中的受灾老人们的生活，并预防一些疾病的发生。① 但是，护理人员仍严重不足。目前，日本政府正绞尽脑汁应对日益严重的老龄化社会问题，人手匮乏已经成一大瓶颈。日本政府正在考虑引进“外援”缓解人力资源危机，已与菲律宾、印度尼西亚等国签订协议，将从这些国家引进一些护理人员。但前提是要通过日本的“护理考试”，因他们的日文水平有限通过率非常低。② 加之受地震海啸引发的核辐射的影响，引进“外援”将受到很大的阻碍。

总之，在东日本大地震中，老年人是最大的受害者。地震造成的损失是惨重的，而其中暴露的老龄化社会的结构性问题更值得深思。这次地震所造成的人员死亡，暴露了隐蔽在老龄化进程中的日本社会老年人的生活保障和医疗护理问题。因此，灾后如何构建不忽视老年人等弱势群体的社会，值得认真思考。在救灾工作中应加强政府的调节能力，加大对受灾老年人的补贴和扶持力度，逐步缓解老年人的心理、医疗、护理等方面的压力，从而应对老龄化社会所面临的结构性问题。中国由于地域广阔，地形复杂，大地震发生的次数及地震损失并不亚于日本，因此，中国应从日本救灾工作面临的困难中吸取教训，及时作出政策调整，建立健全社会保障体系，在给老年人提供更好的服务的同时，也给予其深切的关怀。

---

① 参见http://roll.sohu.com/20111012/n321934647.shtml，2011年11月2日。

② 2011年2月12日《广州日报》。

参考文献

北京大学日本研究中心、神户大学编《日本阪神大地震研究》，北京大学出版社，2009。

《记者观察（下半月）》2011 年第 9 期。

〔日〕《工资与社会保障》，旬报社，2011 年 6 月下旬号。

〔日〕吉村昭：《三陆海岸大海啸》，文春文库，2011。

2011 年〔日〕《朝日新闻》相关报道。

2011 年〔日〕《读卖新闻》相关报道。

2011 年〔日〕《日本经济新闻》相关报道。

日本の高齢化社会に与える東日本大震災のショック及びその示唆

丁 英順

要　旨：2011 年 3 月 11 日の東日本大震災は、東北地方に甚大な人的・物的被害をもたらした。今回の災難による死亡者の中、半数以上は60 歳を超えた高齢者である。高齢者が自然災害によって酷い苦痛を受けたのは、現在の日本人口構造の変遷及びその悪影響によるものである。高齢者死亡率の高さは、高齢化社会の進展に隠された日本社会の高齢者に対する生活保障と医療看護などの問題を曝け出した。本稿では、東日本大震災が被災地の高齢者にもたらした被害を整理し、さらにそれに基づいて東北地域における人口高齢化の背景及びその趨勢を分析し、日本社会における構造的な問題及び中国への示唆を検討した。

キーワード：東日本大震災　人口高齢化　人口構造の危機

B.14
从福岛核电站事故看日本人的核意识

崔世广*

摘　要：伴随地震发生的福岛核电站事故，给曾经遭受原子弹轰炸的日本又带来了一次核灾难。以此为契机，人们开始反思日本人的核意识和日本的核政策。一直标榜“反核”的日本，为什么建造了那么多核电站，日本人的核意识具有怎样的结构，“脱原发”运动又会产生什么样的影响？本文将对这些问题加以探讨。

关键词：福岛核电站事故　核意识结构　“脱原发”运动

在日本遭受广岛、长崎原子弹轰炸的56年后，日本又经历了一次核事故灾难。2011年3月11日，在东日本大地震和海啸发生后，引发了福岛核泄漏事故。核泄漏事故不仅对日本经济带来很大的损失，而且对日本社会和人们的心理也造成了很大冲击，其影响是巨大的、长期的。

福岛核泄漏事故的发生，再次使人们聚焦于日本的“核”问题。在世界上，人们提出了质疑：“日本曾遭受到过原子弹轰炸的灾难，为什么还建设了50座以上的核电站?”在日本国内，核事故也促使人们重新思考日本的核能利用和开发问题，出现了各种各样的要求废除核电站的抗议活动。那么，日本人具有什么样的核意识，核发电设施是怎样建设起来的，“脱原发”① 运动又会产生什么样的影响？本文将对此进行一些粗浅的探讨。

---

* 崔世广，历史学博士，中国社会科学院日本研究所研究员、文化研究室主任，研究专业为日本文化，研究方向为日本文化及社会思潮。

① “脱原发”，即全面脱离对原子能发电站的能源依赖。

一 日本人核意识的结构

一般来说，日本人具有比较强烈的反核意识，这在世界上也是出了名的。形成反核意识的一个很大原因是，日本曾经遭受过原子弹轰炸的灾难。可以说，第二次世界大战末期经受原子弹轰炸的灾难体验，是日本人反核意识的原点。

众所周知，美国在第二次世界大战末期，曾在日本广岛和长崎投下过两颗原子弹，广岛当天死亡 8 万多人，5 万多人负伤和失踪，长崎有 1/2 人口伤亡和失踪。遭受原子弹轰炸后，幸存者也长期受癌症、白血病、皮肤灼伤等辐射后遗症的折磨，十分悲惨。遭受两颗原子弹轰炸的经历，使战后日本人产生了强烈的反核意识。在战后的日本，无论政府还是一般民众，经常会说的一句话就是：日本是“唯一”受原子弹轰炸的国家，将核武器的恐怖和非人道性诉诸世界，是原子弹受害国日本的特殊使命。

当然，也并不是一开始日本人就具有明确的反核意识。实际上，反核意识和运动是作为战后和平主义的一环发展起来的。战后初期，随着冷战体制的确立和美苏对立的加剧，美国从 1948 年开始改变对日占领政策，企图将日本纳入以美国为首的资本主义阵营。1950 年朝鲜战争爆发后，美日加速片面媾和活动。1951 年在签订《旧金山和约》的同时，签订了《日美安全条约》。由此，日本以放弃一部分主权为代价换取了美国的支持，结束了被占领状态。

在这个过程中，出于对日本再次卷入战争的担心，日本人民于 1950 年前后开始了声势浩大的反对片面媾和的和平运动，在《日美安全条约》签订后开始了反对美军基地的群众运动。民众和舆论鉴于因发动侵略战争而使国家覆灭的惨痛教训，主张奉行和平中立的国家基本政策，以免再次卷入惨烈的战争。这种心理促进了和平主义运动的开展。

在和平主义运动蓬勃发展的时候，1954 年发生了“第 5 福龙丸”事件，这成为日本反核运动兴起的重要契机。1954 年 3 月 1 日，美国在太平洋比基尼环礁上进行氢弹试验，在附近海域捕鱼的日本“第 5 福龙丸”渔船受到氢弹爆炸的辐射，船员永保山爱吉遇难。该事件对日本产生了很大冲击，唤醒了日本人的历史记忆和受害者意识，日本由此掀起声势浩大的反核运动。

“第 5 福龙丸”事件发生后，日本国民强烈抗议并要求追究美国的责任，还掀起了轰轰烈烈的禁止原子弹的群众运动。全国各地的各种团体、学会、组织纷纷发表决议和声明，反对美国的氢弹试验。令人钦佩的是，在社会基层的普通群众中，也出现了反对原子弹氢弹的签名运动。这一运动的起点，是由东京都杉并区的妇女展开的非常朴素的活动，随着媒体的宣传，以燎原之势席卷了整个日本。在短短的时间里，全国的签名人数就达到了 3200 万人，几乎占到了日本总人口数量的 1/3。这说明，反核的和平主义思想已经在日本人民心中扎下了根。

1955 年 8 月 6 日，在广岛召开了第一次禁止原子弹氢弹世界大会，有将近 5000 人参加。会议通过了《广岛宣言》，号召禁止和销毁原子弹、氢弹，裁减军备，世界人民携起手来共同奋斗，实现人类的真正和平。自那以后，日本每年都要召开反对原子弹、反对核武器的大会，禁止原子弹等核武器的群众运动在全日本轰轰烈烈展开，影响深远。

到 20 世纪 60、70 年代以后，由于国际社会主义运动出现分裂，日本国内和平运动遇到挫折，日本的和平主义运动也一度出现分裂，并且步入低潮。与之相联系，反对核武器的运动也出现了分裂。但是，随着国际上反对核武器运动的开展，日本和平主义运动在反对核武器方面基本达成了共识，即反对一切核武器以及核试验。经过几十年的发展，这样的意识已经深入人心，难以动摇。日本的和平主义反核思想和运动，到 20 世纪 80、90 年代发展到了顶峰，并持续对日本政府的核能政策产生深刻影响。

在民众反核运动蓬勃开展的背景下，日本政府开始在 20 世纪 60 年代后半期提出自己的核政策。1967 年 12 月 11 日，时任首相的佐藤荣作在第 57 届国会上首次提出了“无核三原则”①。1968 年 1 月 27 日，佐藤在施政方针演说中再次确认了日本的无核方针。1970 年 2 月，日本加入了《不扩散核武器条约》（1976 年 6 月批准）。1971 年 11 月 24 日，“无核三原则”作为国会决议得到正式承认。

经过日本政府、国会相关部门讨论，在 20 世纪 70 年代初日本的核政策形成。该政策具体来说由四个支柱构成：（1）“无核三原则”；（2）努力实现核裁军；（3）依赖美国的“核保护伞”；（4）推进原子能的和平利用。也就是说，日本的核政策存在着两个相互矛盾的原则和逻辑：“虽然自己不拥有

① “无核三原则”，即“不制造、不引进、不携带”核武器。

核武器，但美国的核武器是必要的”；“虽然不拥有核武器，但推进核能的利用”。[①] 但是，日本政府并不认为这是矛盾的、扭曲的，而将其称为“并存”。这样的核政策一直存在了40多年，直到今天也没有变化。

很明显，日本想在战后发展核武器，至少存在着两个难以逾越的障碍。其一是民意。在和平主义的反核意识产生，反核运动蓬勃开展的背景之下，在日本如果想要拥有核武器，从民意基础角度来看是非常困难的。其二是日美同盟关系的存在。1960年《日美安全条约》重新修改。日美同盟关系一方面保证日本在遭受核威胁和核危机时，美国将给日本提供核保护；但同时对日本自主发展核武器的意愿也是一种限制，美国的意志成了一种难以逾越的障碍。所以，对战后的日本来说，或许只能选择一条路，即不拥有核武器。

但是，在很大程度上是迫不得已的现实主义选择，却往往被用来树立日本的国家形象。“反核”，变成了日本的国家口号。而其内容则是：“反对核武器，但是推进原子能的和平利用”，这作为一个整体成为日本这个国家的前提。这样的前提也对日本的和平运动和反核意识产生深刻影响。一说反对核武器，谁都会同意。但是对于原子能的开发利用，政府和产业界是积极推进者，在市町村和市民团体中则出现了意见对立和不一致。其结果，为了回避论争，将反对核武器与核能利用分开来看，不将原子能的争论带入反对核武器论，就成了日本人核意识的主流。虽然在日本也存在着将反对核武器与反对原子能发电完全结合在一起的彻底、绝对的反核论，但并不占主流。[②]

也就是说，日本以战败、受到原子弹轰炸为原点，形成了根深蒂固的反核意识，和平主义的反核意识在日本具有“原理性”、“正当性”。日本政府在美国的核保护伞下，也“顺应”民意制定了“无核三原则”。“反核”，成了日本政府的一块金字招牌。同时，“反对核武器，但推进核能的和平利用”，也成了日本社会的最大公约数，构成了日本人核意识的稳定结构。

二 “和平利用”口号下的核电开发

在上述核能政策下，日本走上了迅速开发核能的道路。到今天，日本经过了

① 〔日〕川崎哲：《日本的和平运动有将来吗》，《世界》2011年9月号。

② 参见〔日〕川崎哲《日本的和平运动有将来吗》，《世界》2011年9月号。

几十年的发展，共建成了50多座核能发电站。也就是说，日本虽然不拥有核武器，但实际上是一个核能利用大国。

战后，日本的发展离不开美国，日本发展核能发电的政策背后，也有美国的存在。日本着手核能开发，是从1952年结束被占领状态后开始的。先是在日本学术会议内部开始议论，后来设立了财团法人电力经济研究所。1953年12月，美国总统艾森豪威尔为了牵制在核能发电领域领先的苏联，在联合国大会上作了《为了和平的原子能》的演说，主要内容是要求在国际框架内保管、监视核燃料，按照必要分配给各国。

在这个演说之后，日本出现了“不能落后于新时代”的氛围。三个月后，由自由党、改进党和日本自由党共同提案，在众议院通过了原子能研究开发预算。当时预算为2.35亿日元，就是源于铀235而来的。但是，由于1954年3月的“第5福龙丸”事件，舆论转向为反对原子能。“第5福龙丸”事件一个月后的1954年4月，日本学术会议第17次大会召开，并制定了“自主、民主、公开”的原子能三原则，[①] 目的在于防止军事研究与军事利用。

1955年12月19日，自民党、社会党合作通过了原子能三法。《原子能基本法》是日本为促进原子能的研究、开发及其和平利用，确保能源和产业振兴而制定的基本法，是原子能利用的大纲。1956年1月1日，设置了原子能委员会，第一任委员长为国务大臣正力松太郎。原子能委员会制定了五年内实现原子能发电的目标，在通产省得出了火力发电比原子能发电更经济的研究结果，科学技术厅还没有拿出充分的抗震研究结果的情况下，就只以原子能委员会与产业界推动的形式，为了经济的高速增长，开始推进原子能发电建设。

正力松太郎身为读卖新闻社社长，他大力推进原子能的宣传，驱使读卖新闻系统的媒体，对向日本导入原子能发挥了很大影响力。另外，还在各地召开原子能和平利用博览会，甚至在遭受原子弹轰炸的广岛市的和平纪念资料馆，也将原子弹被炸者的遗品等陈列品撤去来举行原子能博览会。[②] 虽然当初遭到了原子弹被害者团体等的激烈反对，但由于接受了原子能和平利用可以

① “自主”指日本在发展核能时，不能失去自主性；“民主”指日本管理核能时要民主地运营和管理；“公开”指的是凡是跟核有关的问题，日本都要公开，不能秘密地搞。

② 2011年7月13日〔日〕《中国新闻》。

确保电力，与日本的战后发展息息相关等思想灌输，他们也渐渐开始转向与当政者合作了。

1956 年 6 月，日本原子能研究所，即现在的独立行政法人日本原子能研究机构，作为特殊法人设立于茨城县东海村。以后，东海村成为日本原子能研究的中心地。日本进行的最初原子能发电是在 1963 年 10 月 26 日，在东海村建设的实验炉进行的。作为纪念，日本将 10 月 26 日定为原子能日。

1957 年 5 月 19 日，正力松太郎成为刚设立的科学技术厅第一任长官。不久，中曾根康弘继任科学技术厅长官，很快就重新研究原子能计划，于 1961 年 2 月发表了“新长期计划”，即最初的十年，达成商用核能发电规模 3 座 100 万千瓦的目标，后十年以火力发电的 30%（650 ~ 850 万千瓦）为目标。1961 年，选择了福井县敦贺市为核能发电第二号机组建设地。1970 年 3 月，敦贺发电站投入商业运营。从此，日本的核发电站陆续建立起来。到 2011 年 3 月 11 日大地震前，日本共有 50 多座核电站，占日本总发电量的 30% 以上。

在日本，随着核能发电的发展，形成了支持、推进核能发电的一个利益群体。据有关学者研究，其背景中存在着电价的“综合原价方式”的框架因素，因为综合原价方式的原价中，各种东西都能得到承认。第一，“广告宣传费”。本来垄断企业不需要广告费，但电力公司的广告宣传费可以纳入原价。电力业界的广告宣传费推定为 2000 亿日元，这大体为广告宣传费居第一位的丰田汽车的一倍。而它依赖的是电视、收音机以及报纸等媒体。第二，电力公司的“利息”也加入原价。金融机构是东京电力公司的最大股东。虽然 80% 以上市民希望放弃原子能发电，但在股东大会上有 89% 的股东支持维持和推进核能发电。第三，对大的建筑企业来说，最大的发包商是电力公司。电力成本负担转嫁为家庭负担，家庭只消费电力整体的 23.4%，却负担电费的 30%。第四，电力公司给予大学大量的研究经费。与电力公司立场相同的学者增多，学问的独立性受到威胁。第五，作为结果，电力公司拥有了很大的政治能力。在选举时支援特定候选人，拥有很大的政治能量。①

当然，在日本兴建核电站也不是没有阻力的。核能发电所包含的危险性，使其一开始建设就遭到了反对。从 20 世纪 60 年代起，核电站建设当地的渔民、农民就

---

① 参见〔日〕田中优《制定脱原发、脱 CO_2 的能源政策》，《世界》2011 年 11 月号。

开展了反对运动，其中尤以三重县芦滨渔民对中部电力公司的抗争为甚，虽然许多渔民在长岛抗争事件中被捕，但成功地阻止了核电站的兴建。1974 年 9 月，青森县渔民拒绝核动力商船“陆奥号”进港事件也非常有名，“陆奥号”出港后发生核泄漏事故，因无人接收在海上漂流 50 多天，最后日本政府出面花重金买通了港口才得以靠岸。① 其他有名的事件还有：1980 年 12 月，柏崎、刈羽 8000 人集会抗议修建核电站；1981 年，高知县洼川町首先成立居民投票条例，阻止核电站的修建；1996 年，新潟县 8 月 4 日举行兴建核电站与否的公民投票，投票率高达 88.3%，反对兴建的比例为投票总数的 60.9%，赞成者为 38.6%，因而被否决；2001 年 5 月，混合氧化物核燃料（MOX）的计划建厂地点由最初预定地的福岛改至新潟，新潟居民投票再度拒绝其兴建。②

但是，日本的反核能发电运动，主要表现在核电站建设的当地，并没有形成全民的普遍意识。对大多数日本人而言，核电站建设是距离遥远的事情，难以切身感受到危险性。就是在当地，也容易因中央政府的补助金等利益诱导而使居民发生分化，从而接受了核电站建设的现实。

另一方面，虽然日本的核能发电站间有事故或问题发生，但由于瞒报或宣传，造成了核能发电绝对“安全”的假象。再加上受民主党上台后提出为防止全球气候变暖日本减排 25% 的目标的影响，近年来日本民众对核能发电的认可度在不断提高。据日本原子能委员会的舆论调查，2005 年日本民众对核电的认可度为 35.6%，到 2009 年达到了 50%。对于核电站的安全感，1999 年“感到安全”、“感到比较安全”、“感到些许不安”、“感到不安全”的分别为 4%、21.4%、52.8% 和 15.5%；2005 年分别为 4.4%、20.4%、48.1% 和 17.8%；2009 年则分别为 6.1%、35.7%、43.4% 和 10.5%，安全感明显上升。与之相联系，对于核电开发的立场，2005 年持“积极推广”、“谨慎推广”、“保持现状”、“应逐渐废止”、“应立即废止”的分别为 8%、47.1%、20.2%、14.7% 和 2.3%；2009 年则分别为 6.1%、35.7%、18.8%、14.6% 和 1.6%，反映了国民意识的变化。③

也就是说，在“核能的和平利用”的旗号下，由日本政府主导，核能发电

---

① 现在这只船里面与核相关的东西都拆除了，变成了博物馆。

② 参见〔日〕菅井益郎《日本现阶段的住民运动——以反核电站为主轴》（上、下），《劳动法律旬报》第 1564、1566 号。

③ 参见〔日〕内阁府原子能委员会《2009 年度原子能白皮书》，http://www.aec.go.jp/。

在战后日本得到了飞速发展，日本的核电站数量和发电量均名列世界前茅。在这个过程中，普通日本人对核能发电的意识和立场也在发生微妙的变化，即认可和推进核电发展的心理在慢慢占据上风。

三 “安全”神话崩溃后的走向

福岛核泄漏事故的发生，打破了日本核电利用的“安全”神话，也显露出了日本“反对核武器，但推进核能利用”这样的矛盾结构的破绽。福岛核泄漏事故说明，核能发电同样存在巨大风险，特别是在自然灾害频发的日本更是如此。这考问着日本人的核意识，也考问着日本政府的核能政策。

东日本大地震之后，世界上也出现了重新思考、看待核能发电的新动向。拥有17座核电站的德国宣布于2022年全面停用核能；意大利、波兰、泰国、韩国、巴西、瑞士等提出暂缓发展核能；中国国务院总理温家宝亦明确指出，要调整核电发展中长期规划，并暂停审批核电项目。

受福岛核事故的强烈冲击，日本人的核意识发生了明显的、急剧的变化。日本媒体的舆论调查表明，核事故令日本人的反核情绪迅速高涨。《朝日新闻》的民意调查结果显示，对核电感到不安，希望逐步淘汰核电的人在逐步增加。在《朝日新闻》4月的调查中，认为应“增加”核电站的人数占调查总人数的5%，认为应“维持现状”的占51%，认为应“减少”的占30%，认为应“废止”的占11%；[①] 到6月，认为将来应该“脱原发”的人数占调查总人数的比例达到了74%；[②] 到12月的调查时，“反对利用原子能发电”的人数占调查总人数的比例达到57%，认为“应阶段性减少，将来淘汰”的上升为77%。[③]

同样，从日本广播协会舆论调查部于2011年6月、8月、10月实施的电话调查结果中，也可以看到人们对核电站的态度，以及决定态度变化的不安感和信赖感的变化。关于“应该怎样对待国内的原子能发电”的提问，10月份调查的结果中认为“应该减少”的人最多，占调查总人数的42%，认为“都应该废止”

---

① 2011年4月18日〔日〕《朝日新闻》。

② 2011年6月13日〔日〕《朝日新闻》。

③ 2011年12月13日〔日〕《朝日新闻》。

的为24%，认为“维持现状”的为23%，认为“应该增加”的为2%，对利用核能发电持否定态度的达到了2/3。与6月份相比，持“废止”态度的增加了。

另外，在10月份的调查结果中，“对核能发电事故极大地感到不安”的人为49%，比例最高。而且，在三次调查中，认为感到不安的人均约占90%，占据绝大多数，这一点没有变化。关于“对国家关于核能发电管理的信赖”的问题，三次调查结果是约70%的人回答“不信赖”，人们对政府的信赖感很低。日本政府等在推进核能发电时，往往将“能够安定供给”和“经费便宜”作为核能发电的长处。但看看现在人们对核能发电的态度就可以明白，无论是重视“安定供给”还是“经费便宜”的人，认为“应该减少”或“全部废止”核能发电的均有约60%，对核能发电持否定态度的人占据多数。①

东日本大地震之后，广大日本人民掀起了声势浩大的反对核能发电、脱离核能发电的运动。诺贝尔文学奖得主大江健三郎等人发起了1000万人签名活动，2011年9月19日，在东京的明治公园召开了有6万人参加的“再见！核能发电”的群众集会，大有成为跨越党派活动的趋势。

在东京都发起的签名运动，要求制定地方条例脱离核能发电。东京都“大家来决定吧！‘原发’国民投票”的市民团体，以制定关于核能发电站赞成与否的居民投票条例为目标，在征集签名的截至日2012年2月9日，征集到超过25万人，超过了请求知事制定条例所必需的21.42万人。② 该团体制作的条例草案为：(1) 对东电辖内的核能发电站的运转，由都民投票表明赞成与否，(2) 当有效投票总数的过半数，并达到有投票资格总数的1/4时，(3)（作为股东）知事和议会，关于东电辖内的核能发电站的运转，与东京电力和国家协商，“努力反映都民的意思”。今井一事务局长说：估计“最终超过30万人，可以实现直接请求”（制定条例），并表示考虑对都议会呼吁进行公开讨论会。由于东京都拥有东京电力的4268万股股票，是第三大股东，所以东京都议会的动向，有必要随时关注。

另外，市民团体“‘原发’县民投票　静冈”，为了直接请求制定有关滨冈核能发电站是否再运行的居民投票条例，2012年2月8日也开始征集签名活动。

---

① 〔日〕日本广播协会广播文化研究所网站，http：//www.nhk.or.jp/bunken/summary/yoron/social/053.html。

② 2012年2月9日〔日〕《每日新闻》。

4月上旬预定开始活动。该团体是东京、大阪市征集投票活动的“大家决定吧！‘原发’国民投票”的静冈支部。在地方自治法中，为了对地方自治体首长直接请求制定条例，有必要征集有选举权的1/50以上的署名。现在，东京都和大阪市的签名已经超过必需人数了。

就是在自民党内，也开始出现了不同声音。自民党的有志议员和下届众议院选举预定出马的人组成的能源政策议员联盟（发起人是河野太郎众议员），2012年2月9日向自民党综合能源政策特命委员会提交了意见书，要求自民党在本月中完成的能源政策中应明确记述“脱原发”。意见书提出，不应新增设商业用反应堆，将运转40年的反应堆报废，实现现实地“脱原发”。另外要求，如批准重新启动停止中的核能发电站，应该等待政府和国会关于东京电力福岛第一核电站事故的调查结果。① 另据日本媒体3月30日报道，京都府知事山田启二和滋贺县知事嘉田由纪子，也明确表示反对在现阶段重新启动关西电力公司大饭核能发电站3号、4号机组。

在核能发电的“安全”神话崩溃后，核能发电的“低成本”神话也开始崩溃。“3・11”大地震以前，正如日本电气事业联合会所公布的那样，一般认为核能发电是最经济的。但是“3・11”大地震以后，立命馆大学的大岛坚一教授所计算的实际值被频繁引用，根据大岛教授的计算，核能发电成本实际上比水力和火力发电还高。因为电气联合会的数字，没有充分计入研究开发和选地对策上每年投入的数千亿日元的政府预算和核废弃物的处理费用。②

那种认为废止核能发电会导致用电量不够，会导致经济下滑的担心也是站不住脚的。根据有关专家的计算，只是在用电高峰期才需要“原子能发电”。过了用电高峰，实际上根本用不着。如前所述，包括日本的家庭、事业者的电费的总额，是由“综合原价方式”的框架决定的。电费总额是“必要的费用”加上“合适的利润而决定的”。合适的利润是按“发电送电设施等固定费乘以3%而征收的”，所以电力公司不推进节电，而优先发展发电站的理由就在这里。③ 而且，完全可以找到代替核能发电的能源。

---

① 〔日〕时事通讯2012年2月9日电。

② 〔日〕高桥洋：《3・11后日本的能源选择》，《世界》2011年9月号。

③ 〔日〕田中优：《制定脱原发、脱CO_2的能源政策》，《世界》2011年11月号。

如果上述理由都不能成为日本继续维持核能利用的充足理由，那么还有什么理由能使日本继续发展核能成为必要呢？在这里，内桥克人的话也许会给人们一些警示：“甚至在地下、洞窟、洞穴中仍继续原子能发电的意图后面是什么呢？这就是，我们的国家想一直拥有核武装的可能潜力这样的政治意图。”① 或许，日本政府坚持发展核能的真正意图，不是在于经济，而是在于政治和军事。而冷战结束后一些政客的拥核言论，或可视为这种意图的绝好注脚。②

看来，对地震频发的日本而言，对“灾间时代”的日本而言，真正到了认真思考原来的核政策，解构原来的矛盾结构的时候了。

参考文献

〔日〕《世界》2011 年 9 月号、11 月号。

2011 年〔日〕《朝日新闻》。

〔日〕内阁府原子能委员会：《2009 年度原子能白皮书》。

http：//www. nhk. or. jp/bunken/summary/yoron/social/053. html.

福島原発事故からみる日本人の核意識

崔 世広

要　旨：東日本大震災の発生に伴った福島原発事故は、嘗て原子爆弾の被曝災難を被った日本に再び核の災いを齎した。これをきっかけに、人々は日本人の核意識と原子力政策に関心を寄せった。ずっと「反核」の旗を掲げている日本はなぜこんな沢山の原子力発電所を作ったのか？日本人の核意識の構造とは何か？「脱原発」運動の影響は如何なるのか？本論はこれらの問題について論じたい。

キーワード：福島原発事故　核意識構造　「脱原発」運動

---

① 〔日〕内桥克人：《从今天走向闪耀生命光辉的国家》，《世界》2011 年 11 月号。

② 参见毛峰《日本拥核论升温 新右翼力量抬头》，《亚洲周刊》2010 年第 24 卷第 41 期。

B.15

大地震后日本人对政府、皇室印象及其成因分析

唐永亮*

摘　要： 东日本大地震发生后，尽管日本政府也积极地展开救灾和灾后复兴，但是各大媒体所作的舆论调查结果显示，日本民众对政府的工作并不买账。而皇室在赈灾中的表现可圈可点，得到了日本民众的肯定。两者形成了鲜明的对比。通过利用哲学和社会学的方法，在梳理灾民之政府、皇室印象的基础上，尝试分析国民情绪中隐藏的深层原因，并进而从灾民意识与危机管理关系的角度，分析此次大地震对国家危机管理的启示。

关键词： 东日本大地震　政府　皇室　国民意识

东日本大地震是日本有史以来发生的最为严重的一次地震、海啸与核事故多重复合灾难，无论从规模、深度上看，还是从破坏程度上看，都是前所未有的。[①] 这场突如其来的灾难，不仅影响了日本的经济、政治格局，而且对国民意识也产生了重要影响。本文将利用哲学与社会学的方法，通过分析日本政府与媒体所作的舆论调查和各界的评论，尝试厘清大地震发生后日本人对政府与皇室的印象，并解析其中的原因。

一　日本人的政府印象

对于执政不久的日本民主党政府来讲，东日本大地震是一次巨大的考验，救灾

---

* 唐永亮，博士，中国社会科学院日本研究所文化研究室副研究员，研究专业为日本文化，研究方向为日本思想、哲学。

① 参见〔日〕二宫厚美《在大联合政权的矛盾中菅政权的迷失》，《前卫》2011 年第 7 期。

复兴工作如果做得好可以大幅拉高一直不算很高的支持率；反之，若表现不好，则会影响民主党未来的执政之路。日本政府的危机应对过程大体可以分为两大步骤，即救灾行动和复兴行动。下文将按照这一顺序，分析日本人的政府印象。

（一）日本人对政府救灾行动的印象

在地震发生后不久，2011 年 3 月 11 日 14 时 50 分，菅直人在官邸危机管理中心之上设立了官邸对策室，同日 15 时 14 分又进一步设置了以他自己为本部长的“平成 23 年（2011 年）东北地方太平洋沿岸地震紧急对策本部”，3 月 12 日，在宫城县设立了“平成 23 年（2011 年）东北地方太平洋沿岸地震紧急灾害现场对策本部”。3 月 16 日枝野幸男在内阁官房之下设立了“震灾自愿者联协室”，负责与支援灾民的 NPO 联合协作。同日，为了能与各政党共享受灾信息、交换意见，加快制定救援和复兴政策，成立了由各政党干事长和政策制定责任人等参加的“各政党政府震灾对策联合会议”。3 月 17 日“受灾者生活支援特别对策本部”成立，负责协调各相关行政单位、地方公共团体和企业等，以全面迅速地向受灾者提供生活支援。3 月 22 日，为了迅速有效地推进受灾者生活支援特别对策本部的活动，以松本防灾大臣为议长的“受灾者生活支援各府省联席会议”成立。

对于日本政府针对地震和海啸的救灾行动，国民不满意的情绪却是越来越强烈。共同通讯社 3 月 26 ~27 日开展了一次全国电话舆论调查，调查结果显示：国民对于受灾人员救援和灾区援助给予“极好评价”的占 10.0%、给予“一定程度的评价”的占 47.9%，认为“不怎么样”的占 31.9%，认为“非常不好”的占 7.3%，不好的评价总计接近 40%。[①] 地震过后约半年的时间，2011 年 9 月 5 日日本广播协会广播文化研究所作了一次针对受灾地区的调查（主要是岩手县、宫城县和福岛县），该调查结果显示：对于“您对于政府在东日本大震灾中灾害和核事故处理上的整体评价如何?”这一问题，给予“高度评价”的占 3.0%，给予“一定好评”的占 24.9%，“评价不太好”的占 49.0%，“评价不好”的占 19.7%，不好评率总计约占 70%。[②] 几乎在同一时期，2011 年 9 月 3 ~4 日读卖新闻社也作了一次全国舆论调查（访谈式），该调查结果显示：对于救灾中

① 参见《核事故应对“评价不好”为 58%》，2011 年 3 月 27 日〔日〕《共同通讯》。

② http://www.nhk.or.jp/bunken/summary/yoron/social/pdf/110905.pdf.

各方的表现，国民评价最好的是“自卫队”，好评率为82%，其次是“志愿者”，好评率为73%，“消防”好评率为52%，“受灾地自治体”好评率为42%，“警察”好评率为40%。而与此相对，“政府”好评率只有6%，“国会”好评率更低，仅为3%。这反映了日本国民对于政府应对迟缓以及对扭曲国会现状的严厉批判。① 即使是地方官员对菅直人政权的救灾行动也不完全买账。共同通讯社4月29日以全国都府县知事为调查对象，作了一次问卷调查。该调查结果显示：对于菅直人政权的救灾行动，有超过一半的都府县的知事不满意。②

（二）日本人对政府核事故处理的印象

福岛核电事故是东日本大地震带来的极为严重而且后续影响深远的事件。核电事故发生后，菅直人首相随即发布了“原子能紧急事态宣言”。2011年3月15日，政府为了与东京电力公司联合收集信息以制定应对政策，建立了以菅直人首相为本部长的“福岛核发电站事故对策统合本部”。3月29日，为了迅速、综合而有效地支援受核电事故影响的灾民，政府在对策本部之下，设立了“核受灾者生活支援中心”。4月11日，为了尽量妥善处理福岛核电事故对日本经济带来的不良影响，日本政府设置了以海江田经济产业大臣兼任核经济受害担当大臣并担任本部长的“核发电站事故经济受害对应本部”。

对于日本政府对核事故的处理，国民的评价依旧不高，反而因政府在核信息公开、事故救援中的失误而对政府产生了较强的不信任感。共同通讯社2011年3月26~27日实施了一次全国电话舆论调查，该调查结果显示，国民对政府福岛核电事故的应对“评价不好”的占58.2%，“评价不错”的占39.3%。③ 6月6~12日朝日新闻社与福岛大学共同开展了以东电福岛核电事故的避难难民为对象的调查，该调查结果显示：对于东京电力公司的救灾应对“评价不错”的占16.3%，“评价不好”的占82.8%。对于国家的救灾应对“评价不错”的占13.2%，“评价不好”的占85.7%。对于福岛县的救灾应对，“评价不错”的占

---

① 参见《大地震中的活动评价……政府为6%，自卫队为82%》，2011年9月10日〔日〕《读卖新闻》。

② 参见《知事过半数对首相在地震和福岛核事故上的应对评价不高》，2011年4月30日〔日〕《共同通讯》。

③ 参见《核事故应对“评价不好”为58%》，2011年3月27日〔日〕《共同通讯》。

45.7%，“评价不好”的占48.7%。对于市町村的震灾应对“评价不错”的占55.1%，“评价不好”的占43.5%。[①] 9月2～4日每日新闻社开展了一次全国舆论调查（访谈式），该调查结果显示：有63%的被访者对“福岛核事故的应对处理”不满意，有56%的人对“防止放射性物质影响的策略”不满意。尽管不是一个新闻社所作的调查，但是我们依然可以从中看到国民对于政府在福岛核电事故处理上的不满与不信任的情绪越来越强烈，而灾民的不满情绪更为明显。实际上，这种对政府核事故应对的不信任，对日本未来核政策的发展走向也会产生影响。6月11～12日，朝日新闻社实施的全国舆论调查显示，有74%的人赞成“阶段性地减少核发电，将来取消核发电”。[②]

（三）日本人对政府复兴政策的印象

救灾是短时间的工作，而灾后复兴则是一个漫长的过程，需要政府作出综合科学而长远的规划。2011年4月11日，为了能够广泛地讨论复兴构想，制定合理的复兴方针政策，日本政府成立了以防卫大学校长五百旗头真为议长的“东日本大震灾复兴构想会议”。同日，为了制定福岛核事故损害赔偿的方针，根据《核损害赔偿法》第18条设置了“核损害赔偿纠纷审查会”。4月27日，为了减轻东日本大地震中受害者的负担，政府颁布实施了《关于东日本大震灾受灾者等之国税相关法律的临时特例法》（简称《震灾特例法》），而后对其又作了进一步的修改，颁布了《震灾特例法的部分修改法》。4月22日，内阁审议通过了“2011年度第一次补充预算案”，决定从财政中拿出4153亿日元，用于清除震灾垃圾、建设临时住房和恢复灾民基本生活。此后又先后增加了两次补充预算。5月13日，政府提出了《有关东日本大震灾复兴的基本方针及组织的法案》，按照该法案首先在内阁中成立了负责复兴基本方针企划、立案和综合调整事务的“东日本大震灾复兴对策总部”。在复兴对策总部之下，作为地方机构又设立了“现场对策总部”。2011年9月2日野田佳彦上台，开始着手积极推进日本的财政税制改革，以促进日本尽快摆脱危机，走向复兴。

---

① 参见〔日〕今井照《核电灾害避难者的实际状态调查（第一次）》，《自治总研》2011年第7期。

② 《74%的人赞成将来“停止核发电”》，2011年6月13日〔日〕《朝日新闻》。

日本广播协会广播文化研究所在2011年9月5日作了一次舆论调查，显示了国民对菅直人内阁的复兴工作的整体印象。该调查结果显示："东日本大地震发生快半年了，对受灾地的复兴您认为从整体上看是已经取得了进展，还是没有取得进展呢?"回答"取得了相当大的进展"的只占1.0%，回答"取得了某种程度的进展"的占25.9%，回答"没太取得进展"的占51.8%，回答"几乎没有取得进展"的占19.0%。总之，有70%以上的民众对政府的灾后复兴工作表示不够满意。[①] 每日新闻社在9月2~4日实施的全国舆论调查（访谈式）中也得到了相近的结论：受访者中认为"受灾地的恢复和复兴工作迟缓"的占74%，认为"受灾者生活重建迟缓"的占57%。[②]

2011年9月野田佳彦就任首相之初，国民对他有很大期待。据日视新闻网（NNN）在2011年9月2~4日所作的电话舆论调查显示，野田内阁的支持率为60.0%，较菅内阁有大幅攀升。对于新内阁应该优先处理的事情，排前三位的分别是："东日本大震灾后的复兴"（37.4%），"景气与雇佣对策"（28.9%），"核电与能源政策"（14.3%）。[③] 然而，随着野田内阁复兴工作的具体展开，国民的不满情绪也逐渐暴露出来。据10月1~2日每日新闻社所作的舆论调查显示，对于野田内阁所提出的为了给灾后重建和复兴筹措财源所进行的所得税和法人税改革，有58%的人表示反对，只有39%的人表示赞成。对于野田内阁的灾后重建和复兴工作，有73%的人认为"没什么进展"，有18%的人认为"进展很快"，有7%的人认为"进展迟缓"。[④] 一个月后，NNN也作了一次舆论调查，结果显示国民对野田内阁成立两个月以来的工作评价依然没有太大改善，表示"做得非常好"的占1.9%，给予"一定的好评"的占41.6%，认为"不怎么样"的占52.9%，认为"非常不好"的占11.4%。对于野田内阁提出的增税计划，表示"能接受"的占33.6%，表示"不能接受"的占54.7%。[⑤]

（四）日本人对政府评价不高的原因分析

东日本大地震发生后，无论是地震救援，还是灾后重建和复兴，多数国民对

① http：//www. nhk. or. jp/bunken/summary/yoron/social/pdf/110905. pdf.

② 参见《东日本大地震　对国政明显的不信任》，2011年9月20日〔日〕《每日新闻》。

③ http：//www. ntv. co. jp/yoron/.

④ 参见《复兴增税"反对"58%　野田内阁支持率50%》，2011年10月2日〔日〕《每日新闻》。

⑤ http：//www. news24. jp/articles/2011/11/13/04194396. html.

政府的做法都不满意。究其原因，主要有以下几个方面。

第一，从历史上看，民主党执政时间短，经验不足。2009 年 9 月民主党在大选中战胜长期执政的自民党，与社民党、国民新党组成了鸠山联合内阁。而奋起应对东日本大地震的是 2010 年 6 月从鸠山由纪夫手中接过政权的菅直人内阁以及之后的野田佳彦内阁。对刚刚成立十个月的菅直人政权来说，东日本大地震来得太过突然，虽然有《大规模地震对策特别措施法》等法律文件可以依循，但毕竟日本历史上还从未出现过伴有核事故、海啸的巨大复合型灾难，从而使菅直人内阁的应对不免显得有些措手不及。

第二，从印象承续上看，在东日本大地震之前民主党以及菅直人本人的支持率都比较低。根据日本广播协会广播文化研究所所作的政治意识月度调查显示，从 2010 年 9 月之后菅直人内阁的支持率就大幅下跌，直到大地震发生前一度跌到 21%。而就在 3 月 8 日厚生劳动省大臣细川律夫因为专职主妇年金漏登问题而受到了处分，3 月 11 日外相前原诚司接受外国人违法献金的问题也暴露了出来。国民对菅直人政权和菅直人的统率能力都产生了质疑。而这种质疑情绪在一定程度上也为地震后国民对菅直人政府的失望和不信任埋下了伏笔。

第三，危机应对的种种失误，使国民的“失望印象”固定化。此次大地震使菅直人内阁的危机管理体制暴露出了种种问题。如决断迟缓，耽误了救灾时机，从而使二次灾害扩大化；组织机构分散，在救灾和复兴工作中缺乏统一协调；信息公开不够及时，也不够透明，甚至可以说是隐瞒信息；[①] 救灾、复兴政策缺乏现场感，[②] 没有完全把灾民的生命和利益放在第一位来考虑，没有及时准确地把握灾害的整体情况、风险所在和影响范围及程度，影响了救灾复兴工作的进展。对于这次突如其来的考验，菅直人政府没有向国民递交让他们满意的答卷，使大地震前对菅直人内阁就已颇为失望的国民情绪进一步加深。从菅直人内阁的支持率变化就可见一斑，据日本广播协会广播文化研究所的政治意识月度调查显示：大地震发生后菅直人内阁支持率经历了近两个月的小幅攀升之后一路下跌，甚至 7 月份曾跌至 16%。[③] 据《每日新闻》9 月 2 ~ 4 日开展的全国舆论调

① 参见〔日〕川内博史《菅政权应对的错误》，《世界》2011 年第 6 期。

② 参见《政府人士缺乏现场感——采访福岛南相马市市长》，2011 年 4 月 28 日〔日〕《神奈川新闻》。

③ http://www.nhk.or.jp/bunken/yoron/political/2011.html.

查（访谈式）显示：对于“期待出现强力政治领导者吗?”这一问题，回答“期待”的占71%，[①] 这足以显示了国民对菅直人执政能力的失望。

第四，政治结构拖了菅直人内阁危机应对的后腿。战后日本的政党政治已经走过了半个多世纪的历程，但是党派利益和民众生命利益何者第一的矛盾仍然没有得到很好解决。尽管大地震给国民的生命和财产造成了巨大伤害，但对于有些政党来说，与党派利益相比，保障国民的生命利益似乎并不是其真正关注的焦点。大地震发生后，执政党和在野党虽然一时实现了“休战”，但朝野党派是“面和心不和”，在野党等待着现政府举措发生失误，从而可以乘机取而代之。[②] 而震后不到一个月，自民党就宣布终止“政治休战”，要求菅直人下台。之后，各路政客使用了种种手段“劝退”、“逼宫”、“倒阁”，而对于灾民最为关心的核泄漏处理、灾区重建等问题，却表示只要菅直人在台上就不予配合。[③] 中央与地方的关系也影响了救灾和灾后复兴的效率。长期以来实行地方自治的日本，中央的权力在某种程度上受到了削弱，使得在这次大地震当中迫切需要的纵向管理和区域协调等能力的不足完全暴露了出来。据《每日新闻》9月2~4日所作的全国舆论调查（访谈式）显示，有85%的人认为从东日本大地震的政府应对上看，有必要改变国家的运营结构，而其中有36%的人就认为应该重新考虑“中央与地方行政的作用分担”问题。

二　日本人的皇室印象

在东日本大地震发生后，日本皇室作为国家象征性的作用淋漓尽致地表现了出来。

1. 稳定民心、振奋精神

2011年3月11日地震发生后，天皇随即召来地震专家询问地震情况。在福岛核事故发生后，天皇不顾侍从的劝告，仍旧留在吹上御所，希望以此来稳定民心。3月16日，天皇向受灾者和全体国民发表了电视讲话，表达了皇室对大地

① 《东日本大地震　对国政明显的不信任》，2011年9月20日〔日〕《每日新闻》。

② 张悦亭：《从“东日本大地震”看日本》，2011年5月20日《南方》。

③ 金赢：《从大地震看当代日本管理机制》，《日本学刊》2011年第4期。

震对民众造成伤害的心痛与慰问之情。不仅如此，天皇、皇后及皇室成员还多次深入灾区慰问灾民，使国民深受感动。

2. 严于律己、率先垂范

为了与国民共克时艰，尽管皇居不在东京都千代田区的计划停电对象之列，但是从3月15日皇宫和天皇御所就开始主动停电。即使在4月8日电力状况明显改善后，皇宫的停电生活也仍然持续了一段时间。①

3. 尽其所能，支援灾民

天皇向灾民开放了那须御用宫殿的职员澡堂，并从自己零用钱中拿出1500万日元捐给灾民。宫内厅按照天皇和皇后的意愿，将御料牧场生产的1000个鸡蛋、280盒罐头和100公斤红薯捐给灾民，同时向东京都提交了欲提供宫内厅医院的10张床位给灾民使用的申请。

4. 不畏险境，为民祈福

2011年3月21日是春分，按照惯例皇室要举行“春季皇灵祭和春季神殿祭”。然而，此时余震仍然不断发生，天皇没有答应宫内厅提出的由负责仪式的掌典代为祭祀的请求，而是亲自与皇后将祭祀地点由宫殿转移到皇宫的森林中，静静地祭祀、祈祷。

对于天皇在东日本大地震中的表现，日本的媒体和国民给予了高度评价。全日本学生文化会议的学生记者认为，天皇和皇后3月30日开始连续七周访问了东京武道馆、宫城县、岩手县和福岛县等地的受灾地区和避难所，甚至在福岛县还亲自购买了当地产的蔬菜，使国民获得了战胜灾难的勇气和希望。② 佐佐淳行认为，天皇是日本在遇到百年不遇的国难时，起到救国作用的日本最高的管理机构，拥持天皇制与坚守日美安保体制一样，是日本民族生存不可欠缺的国体。③ 战后天皇的象征作用已经深入人心。日本广播协会在2009年10月末曾经作过一次关于天皇和天皇制的全国舆论调查，调查结果显示：对于“天皇陛下已经起到了宪法所确定的象征作用了吗?”这一问题，有85%的人认为天皇“发挥了象征性的作用”。对于天皇所做的有意义的工作，有32%的人认为是“外国

---

① 参见〔日〕川岛裕《天皇皇后两位陛下的祈愿》，《文艺春秋》2011年第5期。

② 参见《大震灾中皇室的作用（上）》，2011年6月7日〔日〕《产经新闻》。

③ 参见〔日〕佐佐淳行《天皇——最高的危机管理机构》，《历史》2011年5月号。

访问等国际亲善”，有20%的回答是“激励残障人士、高龄者和灾害中的受害者”。日本“言论NPO”与中国日报社在2011年8月发表了第七次“中日关系舆论调查”，调查结果也显示：日本民众在各国元首和首脑中最喜欢的是天皇（70%）。①

大地震后，日本国民之所以对皇室的印象比较好，主要有以下几个原因。

第一，皇室应对积极。在灾难发生五天后，天皇在电视上发表讲话，慰问灾民，鼓舞国民克服灾难，并率先垂范，主动停电，同时有计划地积极地开展慰问活动。天皇、皇后到千叶县旭市、茨城县北茨城市、宫城县南三陆町和仙台市、岩手县釜石市和宫古市、福岛县福岛市和相马市等受灾地区和避难所慰问，皇室其他成员，如皇太子和皇太子妃赶赴埼玉县三乡市、宫城县岩沼市和山元町，秋筱宫和秋筱宫妃赶赴新潟县长冈市和小千谷市、群马县东吾妻町、青森县三泽市和八户市、岩手县大槌町和山田町，常陆宫和常陆宫妃赶赴神奈川县川崎市、栃木县大田原市、岩手县霞石町。另外，皇室还向灾民开放了一些皇室设施，并将皇家物质无偿赈济灾民。

第二，皇室在应对灾害方面有丰富的经验。在历史上，天皇在国内发生重大灾害时，多次赴受灾地巡行，慰问灾民、为民祈福。平成天皇即位后，日本也发生了多次重大灾害，如1991年5月云仙普岳山的火山喷发、1995年1月发生的阪神地震，天皇和皇后都及时到受灾地区慰问，成为人们克服灾难、尽快复兴的重要精神支柱。同时，在应对灾难时，天皇能够积极利用媒体宣传自己的思想和行动。实际，据上杉乔研究，伴随着1989年1月7日昭和天皇去世，媒体与皇室就已经相互携手，展开了大规模的报道。② 在这次东日本大地震中，皇室与媒体的合作进一步深化。平成天皇第一次通过电视向受灾国民表示慰问，日本的多家电视台进行了转播。天皇的这一举动，对于受灾之初安抚民心、振奋国民精神具有特别重要的意义。

第三，皇室不肩负救灾、复兴的具体责任，而主要发挥着精神支柱的象征功能。根据《日本国宪法》第1条规定，天皇是日本国和日本国民整体的象征。天皇的职责仅限于履行国事行为（第7条），完全不具有参与国家政事的权能

---

① http：//www. j－cast. com/2011/09/06106468. html？ p＝all.

② 参见〔日〕上杉乔《关于天皇、天皇制的意识》，《人类科学研究》1993年第15期。

（第4条）。所谓国事行为主要指的是：（1）基于国会的提名任命内阁总理大臣；（2）基于内阁的提名任命最高法院院长；（3）公布宪法修改案、法律、政令和条约；（4）召集召开国会；（5）解散众议院；（6）对向外国派遣的特命全权大使和特命全权公使的任命书进行认证；（7）对外交文件进行认证；（8）举行仪式等。总之，当国家遇到灾祸时，天皇不负责救灾、复兴的具体事务，而是作为一种凝聚力、一种象征，发挥着精神上的勉慰作用。

第四，相比政府，灾民对皇室期待不是那么高。对于灾民来说，大地震之后，迫切地想使自己脱离险境、尽早恢复正常的生活状态，这是人之常情。所以，他们更多地将目光集中在政府的工作上，期盼政府能够迅速地提出合理、高效率的救灾和复兴方案。而天皇不具体负责救灾、复兴工作，所以灾民对他的期待也不如像对政府那么高，对天皇在救灾、复兴中所做的工作也不会要求那么苛刻。

总之，包括天皇、皇后在内的皇室成员有丰富的应对灾难的经验，他们利用媒体、慰问、祭祀活动等形式积极地参与到救灾复兴工作中，获得了国民的充分肯定。

三　灾民意识与危机管理体制

从此次地震救援、复兴活动中灾民意识与国家的危机管理体制的关系来看，主要可以得到以下几点经验和启示。

1. 政府应尽量更多地站在灾民的立场来制订救灾复兴计划

菅直人内阁救灾复兴工作中，没有充分考虑灾民的立场，引起了许多灾民的不满，他们认为“东日本大地震后复兴的基本方针”是以倾向于财界的“增长战略”为中心的。① 所以，菅直人内阁尽管做了许多工作，付出了种种努力，但仍旧没有提升灾民对它的信任感。

2. 政府应及时准确地公布灾害信息

这次菅直人内阁的地震信息公布并不成功，出现了信息公布迟缓、“信息口

---

① 参见〔日〕中祖寅一《政府的“复兴基本方针”是为财界考虑的，忽视了受灾者的声音》，2011年7月31日《赤旗报》。

径不统一”、缺少策略、“没有总论，只有分论”等问题，从而加重了国民恐慌情绪的蔓延，加深了国民对政府工作的质疑与不满。① 及时公布灾害信息，有利于打消国民因信息渠道不通而引起的疑虑，防止恐慌情绪进一步扩大。信息统一有利于形成国民对信息权威性的认同。政府信息工作应该具有战略性和策略性。所谓战略性就是要将信息工作放在救灾复兴工作的整体框架中来考虑，使信息发布与救灾复兴有机地结合起来。而所谓策略性，是指信息工作应当讲究方式方法，公布合理的信息，合理地公布信息。信息的公布不能“只有总论，没有分论”，要注意信息公开的有序性和持续性。

3. 遵循危机管理程序，科学运用危机管理方法

危机管理专家田中辰巳认为，无论什么样的危机都有感知、解析、解毒、重生四个管理阶段。然而，菅直人内阁在这四个阶段都犯下了些许错误。所谓感知阶段，是指危机发生后迅速查知危机，认真调查危机状况。解析阶段，主要是指合理地展开预测，构建应对体制，提出应对政策。解毒阶段，是指协调各相关部门，解决危机应对中的毒瘤——大矛盾、大问题。重生阶段，主要是指提出发展的出路和策略防止灾害再度发生。②

4. 加强政府的协调能力，提高办事效率

协调能力主要体现在“说服”、“拒绝”、“训诫”、“致歉”和“共有”五个方面。其中“共有能力”极为重要。所谓“共有”，既包括对策本部内部信息与思想的共有，也包括政府决策部门与媒体、国民的思想与立场的共有，与地方自治体和国际社会的信息、思想的共有等。③ 通过建立与国民、媒体、自治体与国际社会间的思想、立场的共有，有利于促进危机政策制定的合理化，同时也可以更多地获得国民和国内外舆论的支持和理解。

5. 皇室活动也对政府的危机管理体制起着重要的补充作用

皇室是日本国的象征，是团结国民的凝聚力所在。20 世纪 60 年代后期以来，日本国民对天皇制的支持率就没有低于过 70%。④ 皇室成员在赈灾和复兴中的积极行动，对于安抚民心、鼓舞士气具有重要的作用。皇室已经充分认识到了

① 参见〔日〕地雷《菅直人啊，他想要亡国吗?》，《选择》2011 年第 6 期。

② 参见〔日〕田中辰巳《日本政府震灾危机管理也达到了 7 级》，《文艺春秋》2011 年第 6 期。

③ 参见〔日〕田中辰巳《日本政府震灾危机管理也达到了 7 级》，《文艺春秋》2011 年第 6 期。

④ 参见〔日〕上杉乔《关于天皇、天皇制的意识》，《人类科学研究》1993 年第 15 期。

这一点，在这次赈灾活动中，皇室与媒体和国民的互动就可圈可点。

总之，民意已经成为国家在危机管理中不能忽视的一个重要方面。从东日本大地震的危机管理情况来看，皇室积极应对得到了国民的充分好评，而政府在信息公开、与国民的协调以及危机管理方法方面犯下了一些错误，影响了国民对政府的信任和支持，从而也影响了救灾和复兴的进程。

参考文献

〔日〕《产经新闻》2011 年相关报道。
〔日〕《每日新闻》2011 年相关报道。
〔日〕《朝日新闻》2011 年相关报道。
〔日〕《读卖新闻》2011 年相关报道。
〔日〕《共同通讯》2011 年相关报道。
〔日〕《文艺春秋》2011 年第 5 期。
〔日〕《世界》2011 年第 6 期。

震災後日本政府並び皇室に対する日本国民の反響及びその原因について

唐 永亮

要　旨：東日本大震災発生後、時の政府側は積極的に救援及び復興活動を行ったが、各マスコミの世論調査の結果を見ると、民衆はそれほど納得したとは言えない。しかし、それと逆に皇室の救済活動は国民から高い評価を得ている。小論は被災地域の民衆が政府及び皇室に対する印象をそれぞれ整理した上で、哲学及び社会学の方法を用いて、その裏に隠されている民衆の深層心理を分析しようとしている。更に、被災者側の意識と危機管理の関係の角度から、震災による国家危機管理の必要性について論じたい。

キーワード：東日本大震災　政府　皇室　国民意識

B.16

天灾人祸中的日本国民性解读

张建立*

摘　要： 面对突如其来的东日本大地震，挣扎于生死线上的灾民表现得坚忍淡定，而非灾区的部分日本人却表现得慌乱冷漠。同为日本人，为何会有如此大的行为反差？东日本大地震以来，各种关于日本国民性的文章，对此都未能给出令人满意的答案。因此，有必要对灾民和非灾民行为反差的原因及其可能对灾后复兴工作带来的影响进行分析。

关键词： 天灾人祸　日本国民性　村意识　缘人

2011 年 3 月 11 日，突如其来的大地震与规模空前的大海啸，使日本东北部地区受到重创，刹那间吞噬了两万人的生命，使 30 余万人无家可归，不得不避难他乡。狼藉一片的灾区，混乱不堪的社会状态，为徘徊于生死间的人们，提供了诸多的理由去破坏秩序。在这一时刻，自私的基因可以无限膨胀，因而这一时刻也成为考验国民素质和反思人性的最佳时机，每个民族都以具体行动彰显了自己的个性。日本灾区民众临灾不乱，表现出匪夷所思的坚忍淡定，给人留下了深刻的印象，也因此引发了世人对日本国民性的热议，人们都在尝试着回答这样一个疑问，即"天灾人祸中的日本人为什么能如此、为什么会那样"。

本文在梳理此期间各相关文章的同时，分三部分对天灾人祸中的日本国民性予以解读。首先，主要基于日本媒体的报道，回顾地震、海啸中的日本人的行为表现；其次，采用心理文化学和社会心理学的方法，对天灾人祸中的日本人行为

* 张建立，文学博士，中国社会科学院日本研究所副研究员，文化研究室副主任，研究专业为日本文化，研究方向为日本国民性。

表现之原因予以解析；最后，简述天灾人祸中体现出的日本国民性可能会对日本灾后复兴工作产生的影响。

一　天灾人祸中既淡定又恐慌的日本人

在此次天灾人祸中，生活在受灾地区特别是重灾区民众的行为表现，与受灾较轻或非灾区的日本人的行为表现，有着明显的不同。

（一）坚忍淡定的灾民

东日本大地震发生后，日本的电视媒体对灾害实况的报道非常理性，大多播放的是重灾区避难的灾民们如何自食其力和有序领取食品的画面，既没有令人恐怖的死亡特写镜头，也没有受灾民众呼天喊地的凄惨画面，主播们也能够始终保持语调从容镇定。虽然灾民中也出现了一些趁乱哄抢食物,① 趁机盗窃贵重物品的行为,② 但大部分灾民表现得坚忍淡定。有些重灾区的受灾民众，不是坐等政府救援，而是团结有序地进行自救。例如，在岩手县大槌町，由于其地理位置极其偏僻，所以地震五天后自卫队员和地方官们才赶赴现场救援，在等候救援期间，受灾村落地区的村民完全是靠着团结有序的自救渡过了难关，这令迟到的救援者们也慨叹不已，称“那里简直就像一个独立国，村民非常团结有序”。③ 有的灾民，本来已经避难到安全地带或者可以自己独自逃生，但为了救助行动不便的老人等，而失去了宝贵的生命。④

对灾民们的坚忍淡定和忘我共助行为，日本国外的媒体也进行了积极的报道。如以美国《华尔街日报》等国外媒体为首，不仅在其网站上对赴灾区记者的

---

① 参见《地震受灾区 无奈的掠夺增加》，2011 年 3 月 24 日〔美〕《华尔街日报》（日文版）。

② 参见日本媒体对灾民自身的不法行为进行的相关报道：《从因核灾避难而无人留守的民宅盗窃现金的兄弟俩被捕》，2011 年 4 月 28 日〔日〕《读卖新闻》；《欲毁坏灾区 ATM 盗窃现金而被捕》，2011 年 3 月 16 日〔日〕《朝日新闻》；《在灾区进行“趁火打劫的盗窃”居民无奈地视而不见》，〔日〕《邮政周刊》2011 年 4 月 1 日号。

③ 《东日本大地震　相依为命的吉里吉里人　依靠独立精神复旧》，2011 年 4 月 14 日〔日〕《每日新闻》。

④ 参见《受灾者对拍摄陆前高田一棵松纪念照的观光者的情感变化》，〔日〕《女性 SEVEN》2011 年 11 月 24 日号。

采访手记进行随时更新，不断向读者传递日本人的坚忍信息，而且《华尔街日报》（日文版）于2011年3月13日还专门为此发表了社论《不屈的日本》，称赞日本受灾民众的淡定有序。另外，在夸赞日本人的同时，还没有忘记批评日本以外的国家人民在面临天灾时的表现，从而进一步突出了日本灾民的崇高形象。

2011年3月14日，韩国《中央日报》（日文版）也发表了题为《比大灾难还要强的日本人》的社论，在高度赞美日本人的淡定坚忍的同时，也对韩国人面临灾难时素质的低下进行了反省，称："我们一定要借此机会，深刻地反省韩国社会没有节制的思维方式和处事方式。日本还有很多东西值得我们学习。"

中国的一些颇具影响力的报纸和网络等媒体，也在第一时间发表了大量称赞日本人的文章。但是，很多文章把对日本受灾民众的赞誉，扩大为对全体日本人国民素质的赞誉，而且，部分文章在夸赞日本人国民素质如何高的同时，也或明或暗地谴责中国人国民素质如何低，由于这类文章对国人进行了过度的道德绑架，所以也招致了网络的一片斥责声。

另外，日文媒体还及时地把海外媒体对日本灾民的夸赞翻译成日文，介绍给了日本民众。外媒的赞誉也引起了日本天皇的关注，天皇在其发表对日本国民的讲话时还特意提及这一点，来鼓舞日本国民再接再厉，共渡难关，灾民们对此也是积极响应。

那么，与之相对，非重灾区或非灾区的日本人表现又如何呢？

（二）慌乱冷漠的非灾民

东日本大地震发生后，虽然日本各界人士以各种方式捐资献物，救济灾民，很多热血的日本老人还组成了数百人的敢死队，要求到核电站抢险救灾第一线去工作，① 但是，与重灾区民众的坚忍淡定相比，非重灾区或非灾区的部分日本人的表现，还是不尽如人意。

地震过去几天了，虽然很多饥寒交迫的灾民在坚忍守序地等待救援，但是，部分非灾区民众只自顾忙碌地屯粮抢水，非灾区超市货架上空空如也，看不到"一方有难，八方支援"的日本举国上下的紧急救援。在大地震后，在距离灾区数百公里的首都圈首先发生了食品与日用品的抢购风潮，加油站也排起了长长的

---

① 参见《日本老人自组核电抢修敢死队》，2011年5月20日《新京报》；《日本老年敢死队：核电危险　让我们来》，2011年7月3日《新京报》。

抢购队伍。①

另据2011年3月22日《每日新闻》报道，3月20日下午，在京都，一个青年盗走了“来迎寺”设置的“东日本大地震捐款箱”。京都乃文化优雅的古都，不仅在这里发生了偷盗事件，而且更为令人发指的是，有些非灾民的盗窃分子还去灾区趁火打劫。受灾地区的警方，虽然加强了戒备，严格盘查外来人员的车辆，但无奈人力有限，鞭长莫及；受灾民众们也想配合警方，组成“自警团”来保护灾民财产，但也困顿乏力。据2011年9月11日《读卖新闻》报道，日本警察厅公布的数据显示，自2011年3月11日东日本大地震发生以来至8月末，在福岛第一核电站方圆20公里的避难区域内发生的盗窃案的件数，比上年同期增加了27倍。虽然此前在灾区抓到的盗窃犯均为日本人，有些盗窃犯甚至就是灾区的灾民，但仍有些日本人不愿面对现实，非但不承认日本人中亦有如此道德恶劣者，而且散布谣言说“都是外国的犯罪团伙干的”，以至于日本警察厅不得不出来辟谣说，虽然灾区的确发生了一些盗窃事件，但并没有谣传的外国盗窃团伙的存在，呼吁民众不要轻信和散布谣言等。②

另外，据2011年3月17日《每日新闻》报道，东日本大地震后，很多借地震之机进行捐款诈骗的恶性案件也在日本各地相继发生，日本警察厅在网页上提醒民众不要上当，时任内阁官房长官的枝野，也不得不在电视上不断呼吁民众要提高警惕。

另据2011年4月24日《读卖新闻》报道，日本政府划定的福岛县计划避难区域的灾民们，虽然同意配合政府的工作到外地避难，但是搬家时，却找不到搬家公司，因为很多大型搬家公司一听是福岛的就会立刻拒绝；出租车也是一听去福岛就拒载，虽然日本国土交通省对此提出过相关建议和要求，但这种现象仍屡禁不止。③ 好不容易满怀凄苦地避难于异地他乡的灾民，等待他们的也不全是热诚的嘘寒问暖，还有各种各样无理的冷漠：有的加油站甚至贴出告示“拒绝福岛县民入内”，餐馆拒绝福岛人就餐，医院拒绝其就医，酒店拒绝其入住，有些

① 参见《东日本大地震1个月　疑心暗鬼导致的“危机”》，2011年4月10日〔日〕《产经新闻》。

② 参见《谣言四起警察厅提请民众注意》，2011年4月1日〔日〕《每日新闻》。

③ 参见《出租车无视国土交通省指导“拒绝去福岛”事件屡禁不止》，http：//www. news - postseven. com/archives/20110408_ 16868. html。

旅馆因接纳了避难者，结果导致其他一些客人因不愿意与福岛灾民共用澡堂而解约，① 甚至还发生了避难儿童遭欺负受伤的事情。② 不仅一般民众如此，筑波市甚至以市民课长的名义下达行政命令，要求福岛灾民必须获得核辐射检查合格证明才能进入本市避难，为福岛灾民到该市避难制造了重重障碍。③

通过以上对日本主流媒体报道的梳理可知，面对天灾人祸，日本民众表现得坚忍淡定，这些都是事实，也的确可赞可鉴，但日本人也是有着各种世俗欲求的生命体。受灾地区物资极度匮乏，受灾民众在急等着外部的救援，尽管日本政府呼吁民众不要抢购囤货，不要轻信流言歧视灾民，但东京都圈的市民却仍旧继续进入超市大量抢购日常消费品和食品，把超市的货架一扫而空，结果导致后来者连生活必需品都难以买到，更进一步增加了社会的不安因素。排队抢购，虽然有序，却难掩其心中的慌乱；对灾民口头的无限同情，亦难掩其心中的冷漠。

在人们得知东京的核辐射物质量大大地超过了正常标准数十倍的消息后，日本人也如同外国人上演大撤离一样，有一些东京的市民乘坐各类交通工具，匆忙离开东京到地方城市避难。我们从这些非灾民的言行，看到的并不是什么淡定从容，而是日本人不相信政府，以及自扫门前雪的自私、冷漠和无奈。④ 因此，谈及地震后日本民众的反应，不应该因灾民的坚忍淡定而笼统地过度拔高日本人整体的国民素质，而是应该进一步追问：为何同为日本人，灾民与非灾民的行为会产生如此大的落差？

二　天灾人祸中的日本人为何既淡定又恐慌

目前，探讨日本人面对天灾人祸坚忍淡定之原因的文章较多，但鲜见论及日本人恐慌之原因的文章。在探讨日本人面对天灾人祸坚忍淡定的原因时，很多人

① 参见《因“讨厌与灾民共用澡堂”接纳避难者的旅馆发生解约》，〔日〕《女性 SEVEN》2011年5月5日号；《住宿设施因“没有除染”拒绝福岛来客入住》，〔日〕《邮政周刊》2011年4月15日号。

② 参见《从福岛来的避难儿童　遭虐受伤长冈》，2011年4月23日〔日〕《每日新闻》；《福岛牌照拒绝入内　在教室说灾民坏话……为谣言之害而苦恼》，2011年4月21日〔日〕《读卖新闻》。

③ 参见《筑波市要求从福岛来的避难人员进行核辐射检查》，2011年4月19日〔日〕《读卖新闻》。

④ 参见白飞《日本民众近乎“冷漠”的冷静》，2011年3月26日《新京报》。

在努力从日本人自身寻求原因，也有部分人认为这是人类共同本性使然，反对从日本人自身寻找原因。

前者，又分为两种观点：一种是主张从日本传统思想文化的角度，来探究日本人面对天灾人祸坚忍淡定的原因；另一种则反对从文化的视角予以解释，而是强调应该从制度环境的角度，来探究日本人面对天灾人祸坚忍淡定的原因。

后者，则主要是受《灾害乌托邦》[①] 一书观点的影响，认为日本人并非天然的模范难民，灾民有序互助，基本上可以说是人类在面临灾难时的本性使然，并非日本人所独有的高贵气质。

通过上文对日本主流媒体报道的梳理可知，相对而言，面对天灾人祸，表现得坚忍淡定的是灾民，表现得慌乱冷漠的恰是非灾民，之所以鲜见论及日本人恐慌缘由的文章，其主要原因就在于论者们并没有将灾民与非灾民的行为表现区别开来予以分析，结果要么是将灾民们淡定有序的行为表现，过度拔高到了对全体日本人国民素质的褒奖上，引来众多的质疑和抨击；要么就是陷入《风土》、《菊与刀》等日本国民性研究名著所呈现的典型的悖论式研究中不能自已，[②] 根

① 〔美〕雷贝嘉·索尔尼：《灾害乌托邦》，〔日〕高月园子译，亚纪书房，2010。

② 日本人的性格，在许多方面表现出典型的混合型特征。日本著名的伦理学家和辻哲郎从风土论的视角，评价日本人的性格特征说："日本人既奢华又恬淡……既认命又抗命，既急躁又坚忍。"（〔日〕和辻哲郎：《风土》，岩波书店，1935，第164～165页）美国著名的文化人类学家本尼迪克特，通过分析大量描述日本人的文献资料后，评价日本人的性格特征说："日本人既极端好斗又和善，既尚武又爱美，既蛮横又讲礼，既顽固又能灵活应变，既驯顺又恼怒于被人推来搡去，既忠诚又背叛，既勇敢又胆怯，既保守又好新。"（〔美〕本尼迪克特：《菊与刀》，〔日〕长谷川松治译，社会思想社，1992，第6页）其实，这种悖论式的研究结论存在着很大的缺陷，《风土》里讲的日本人的双重性格，概述的是同处于季风性风土中的不同地区的日本人的性格；《菊与刀》的概说也完全忽视了某种可能，即拥有"菊文化"的日本人和拥有"刀文化"的日本人分属于两个完全不同的独立阶层。换言之，"菊文化"与"刀文化"的载体是由不同的社会阶层构成的，片面关注其中某一方面，则完全可以得出相反的结论，对此，罗斯·摩尔、杉本良夫曾指出过（罗斯·摩尔、杉本良夫：《日本人论之方程式》，华东师范大学出版社，2007，第23页）。如果借用《风土》及《菊与刀》的悖论式句式，来概括"3·11"大地震中的日本人性格特点的话，那么，我们似乎也可以说：天灾人祸中的日本人，既坚忍又脆弱，既淡定又恐慌，既富有爱心又极其冷漠。鉴于天灾人祸中的日本人的行为表现，我们说日本人既坚忍又脆弱，既淡定又恐慌，虽然都是在描述日本人，但显然"坚忍淡定"与"脆弱恐慌"所概述的是不同情境下的日本人。仅作这样的描述，显然没有多大意义，因为我们依旧难以理解，同为日本人，为何会一方面是挣扎于生死线上的灾民的坚忍淡定，另一方面却是非灾区日本人的救援无策和屯粮抢水风潮，甚至是趁火打劫的盗窃和赈灾捐款诈骗？因此，我们应该透过对悖论式事例的分析，进一步剖析日本人根深蒂固的社会行为心理，所以国民性的分析视角自然也就不可缺失。

本无法解释清楚为何相对而言灾民淡定而非灾民恐慌。下面，我们就逐一对这些观点作一简析，进而提出笔者的一些参考意见。

首先，我们来简析一下从日本人自身寻找原因的两种视角。

（一）从日本传统思想文化视角的探究

从这个视角来探究日本人面对天灾人祸淡定从容之原因的文章，大多比较强调日本人宿命论的消极影响。关于日本人的宿命论，早在日本思想、文化相关的论著中，就已经有过比较深入的研究，但将其用于解释东日本大地震时日本人的淡定之举，可谓是一种研以致用的新尝试。

例如，有的观点指出，面对天灾人祸，日本人的淡定就是这种宿命文化的影响所致。这种宿命文化得益于神道教的熏陶，日本人认为他们所有的一切，都是诸神所赐，而作为子孙的最大的也是唯一的使命，便是崇拜、服从于这些神灵。既然是祖先和神的恩赐，那么无论善恶好坏，只有照单全收，从而形成了一种宿命论的思想。因此，当大地震发生后，包括灾区的灾民在内，日本人说得最多的一句话是“这是没办法的事情”。① 也有人认为，由于日本社会自然灾害不断，所以导致日本人对未知世界有着深深的敬畏，其思想中充满了深重的悲观主义色彩。日本人的这种心态让他们在大灾面前也能保持尊严，保持从容与理性。② 还有观点指出，震后日本国民的淡定所体现的日本国民极强的自律意识，是得益于日本传统艺道文化的熏陶。③ 对于这种从传统文化视角进行的分析，笔者是赞同的。但是，感到美中不足的是，也许是因篇幅所限，相关文章的分析深度还不够。

另外，传统文化的受众不仅仅是首都圈的日本人，东北灾区的日本人亦同样是传统文化的积极传承者、享用者，但面对天灾人祸时，同样受到过传统文化熏陶的灾民与非灾民的言行举止，为何会有那么大的差别？对此，从传统文化视角进行的分析并未能给出答案。因而，这也导致有些学者质疑这种文化解释的有效

---

① 这方面较具代表性的文章，可参见刘柠《是什么让日本人“遇灾不乱”?》，2011 年 3 月 26 日《新京报》；张旭：《大地震中管窥日本别样气质》，《小康》2011 年第 4 期。

② 参见童大焕《日本人在灾难面前为何如此冷静》，2011 年 3 月 13 日《新京报》。

③ 这方面较具代表性的文章，可参见《东方早报・上海书评》上登载的访谈文章《叶千荣谈从灾难看日本国民性》。

性，认为社会秩序观的形成，从来不只是哲学的结果。哲学更多地影响个人行为，而社会秩序的形成则需要人与人之间的意识协同及协同后的行动范例。天灾人祸中的日本社会，仍能保持良性秩序，展现社会韧性，更主要的是持之以恒地通过教育、防灾培训和社区建设而推进的非物质化社会建设的结果。① 有人则更是明确主张，文化或国民性并不能直截了当地解释人们的行为，“人们在灾难中会不会抢购，与其说反映了国民性的差异，不如说是制度环境造成的‘信任度’以及教育知识水平的区别”。②

（二）从制度环境因素与教育知识水平视角的探究

首先必须指出，这并不是什么新观点。在中国知网上，按题名检索有关研究日本的防震抗灾经验的论文，早在东日本大地震之前就已经发表的50余篇文章中，几乎每篇文章中都不同程度地对该观点有所提及；在东日本大地震之后关于日本国民性的热议中，这一观点再度被很多媒体文章采纳。这种观点，基本上是不赞同从日本传统文化的角度来解释日本人的行为表现的，③ 而是强调制度规范与教育知识水平等方面的作用，主张日本人面对天灾人祸时之所以能那样淡定从容，完全是托日本常年进行的有关防震抗灾方面的知识教育之福。

的确，在日本，学校的防震抗灾教育开展得非常好，日本人从小就非常注意培养防震抗灾意识，他们不仅把学校当做其宣传防灾教育知识的场所，而且将学校本身亦作为一种重要的防灾设施与场地，纳入严密的防灾体系之中。所以，在日本，即使是小学生，在危机来临时，也懂得一定的逃生手段。而且，日本的防灾教育充斥着报刊、电视等各类媒体，日本的各行各业还会经常性地举行各种形式的防震抗灾演习。由于训练有素，防灾有术，所以当真正遭遇地震等灾难时，大家也就不会慌乱，而且还知道如何规避风险和获得救助。日本不仅在防灾教育方面得法且投入的力度大，而且还不断构筑和完善了防灾救灾体系。很多人认为，日本人能够临灾保持淡定，与日本拥有完备的防救灾体系也有很大关系。

---

① 参见徐立凡《强震中的日本社会韧性是如何练成的》，2011年3月13日《北京青年报》。

② 参见刘擎《日本的国民性能解释什么》，《新世纪》2011年第15期。

③ 参见陈映芳《面对灾难，日本国民不会隐忍》，2011年3月20日《南方都市报》。

东日本大地震发生时，灾民们特别是其中的一些中小学生们沉着冷静的避难行为，确实反映出了日本平素加强防灾教育的效果，这是事实；面对天灾人祸，日本灾民们表现出的坚忍淡定，也同样是不争的事实。但是，简简单单地将二者都归为直接的因果关系，却似乎与事实并不相符。虽然日本社会的防灾教育相当普及，但相对而言，作为首府的东京都及周边地区，无论在防灾教育方面，还是在防救灾体系建设方面，按理都应该强于东北地区的城镇山村。因此，如果说是防灾教育使得日本人面对天灾人祸淡定从容，那就无法解释为何人们看到的恰恰是受防灾教育较好的首都地区民众的慌乱和受防灾教育相对会低一些的东北灾区民众的淡定从容。

（三）日本人并非天然的模范难民

以上两种观点，不论是否赞同从日本国民性的视角探究日本人面临天灾人祸时为何会那样坚忍淡定，其共同点都是想从日本人自身寻找原因。另外，反对从日本人自身寻求原因的观点认为，日本人并非天然的模范难民，灾民的坚忍淡定、有序互助，基本上可以说是人类在面临灾难时的本性使然，并非什么日本人所独有的高贵气质。这种观点，无疑是受了《灾害乌托邦》一书观点的影响。《灾害乌托邦》是美国学者雷贝嘉·索尔尼（Rebecca Solnit）的著作。2010 年 12 月，该书被高月园子译成日文，由日本亚纪书房出版，而 2011 年 3 月 11 日，日本就遭遇了规模空前的地震、海啸。于是，对日本国民性的热议，也让这本书迅速走红，成为畅销书。

雷贝嘉·索尔尼在《灾害乌托邦》中指出：一般人认为，发生大灾害时，由于社会瞬间失去秩序，所以会发生抢劫、强奸等一系列恶性事件。但事实上，在灾害发生之后，受灾者之间立刻会形成一个相互扶助的共同体。尽管对国家救灾应对迟缓有很多非议，但莫如说正因为如此，受灾者与支援者才自然地结成一种相互扶助的共同体，随着国家救援的有序推进，这种类似“乌托邦”的情况反而会渐渐消失。作者以旧金山大地震（1906 年）为开端，列举很多灾害事例为证，来说明其见解。《灾害乌托邦》是一部分析灾民临灾时的社会心理的力作，如果其采纳社会认同理论来分析，本可以得出一些更具普遍意义和更具说服力的观点，但其诉诸人类共通本性的做法，则很容易将人引入人性本善或本恶的古老哲学命题的论争之中，对我们实际思考东日本大地震时日本人的行为表现，参考意义有限。东日本大地震后，《灾害乌托邦》虽然在日本获得了很多读者的青睐，但目前尚未见有采纳该书的观点来分析天灾人祸中的日本人的论文发表。

综上所述，各种言论各有道理，但都未能明确解答同样都是日本人，为何挣扎于生死线上的灾民会表现得出人预料的坚忍淡定，而非灾区日本人却在消极救援和屯粮抢水，甚至趁火打劫到灾区盗窃和以赈灾名义进行捐款诈骗。欲对此作答，恐怕既不能仅仅说是防灾教育使然，亦不能单纯依赖人性本善或本恶之论来予以回应。笔者认为，若透过天灾人祸中处于不同情境下的日本人行为表现，来进一步剖析日本人根深蒂固的社会行为心理，或许可为我们理解该问题提供一些有益的启示。

（四）日本人根深蒂固的社会行为心理——村意识

提到日本人根深蒂固的社会行为心理，首先不能不提及日本人的“村意识”。此次大地震的重灾区是日本的东北地区，也是被称为人情味最浓或者说“村意识”最浓的地区，对灾民坚忍淡定和从容有序的报道大多也是出自这里。正如日本的有识之士所讲的那样：“出现在媒体报道里的灾民是被我们称为特别能忍耐和特别有人情味的东北人（日本东北部的居民）。我想主要是他们的坚强表现，为日本赢得了世人的称赞。”①

日本，一个唯一来自亚洲的七国集团核心成员国，一个曾位居世界第二经济大国长达42年之久的发达国家，其农村的城市化早已经达到了非常高的程度，这些虽然很雅致地包装了日本人的外表，但是，并未能从根本上改变日本人内在的社会性格。正如有的日本学者曾经指出的那样，“日本人拥有的依旧是小农式的社会性格”。②“其实，所谓的日本的现代化过程，就是把源自日本农村社会的日本式的人及其行为模式，持续植入城市和企业社会的过程”，“虽然无法搬迁物质实体的村庄，但从精神意义上实现了村的搬迁”。③ 人们一度称“大东京也

① 〔日〕光部爱：《日本人，心存慈悲和感激》，于文译，《中国报道》（*China Report*）2011年第4期。

② 〔日〕源了圆：《文化与人的形成》，第一法规出版会社，1982，第44页。

③ 〔日〕玉城哲：《日本的社会体系》，农山渔村文化协会，1983，第15～17页。

是一个大的村庄”，只是在首都圈这个大村庄里的居民价值观日趋多元化，彼此的连带感远不如东北灾民的连带感那样强了。[①] 所以，大难来时各自飞的慌乱图景，也可谓是日本社会结构发生变迁的一个生动写照。

那么，这种日本式的村共同体意识及其行为模式主要有哪些特点呢？有学者将其进行了如下归纳：首先，“村”的成员为了避免因违反村规而受到全体村民的排挤，即为了避免被“村八分”，大家对所属“村”集团都拥有极其强烈的忠诚心和归属意识。其次，“村”社会是一个彼此依赖且又相互牵制的社会，但绝不是一个非竞争社会。在村内成员之间，大家遇事彼此礼让，谦和守序；但在不同的“村”集团之间，大家遇事相争时，场面往往会非常惨烈，几乎没有道德可言。再次，一个“村”集团，往往会以谋求小集团整体利益的形式，向外宣泄其集团内部的个人积怨。[②]

还有学者指出：“在道德问题上，日本人并不遵从于某种普遍的法律和道德规范，而是尊重人际关系的伦理，这是大多数日本人所恪守的生活准则。”[③] 每一个“村共同体”，也可以称之为“缘人共同体”，并非完全基于血缘资格构成，而是基于包括血缘、地缘、业缘或者其他机缘走到一起的个体组成的共同体。“缘人共同体”成员，一般是依据彼此关系的远近来界定自我的人际关系圈子，基本上是由内向外依次分为“身内”、“仲间”和“他人”这样三个人际圈子。日本这种缘人人际圈子最大的特点还在于，日本人在这几个圈子的交换模式是不同的。这三个人际圈子内外区分强烈，待人接物依据双重标准，越向内，感情因素越浓，越趋于感情型交换；越向外，感情因素越淡，越趋于交易型交换。“身内”是一个感情最浓的圈子，适用娇宠法则；“仲间”是一个半感情、半计算的圈子，适用“义理”法则；“他人”则是完全不需要投注感情、实行公平法则的圈子，[④] 有时对“他人”的疏远与不信任发展到极端，甚至会将同一社会中的“他人”不以人相待。

了解了日本人这种缘人共同体意识及其行为模式的特点后，对于天灾人祸

---

① 参见〔日〕福武直《日本社会的结构》，东京大学出版会，1984，第38、200~204页。

② 参见〔日〕福武直《日本社会的结构》，东京大学出版会，1984，第19~21页。

③ 参见〔日〕福武直《日本社会的结构》，东京大学出版会，1984，第65页。

④ 参见尚会鹏、游国龙《心理文化学——许烺光学说的研究与应用》，南天书局，2010，第四篇。

中的日本人的行为表现也就不难理解了。对于缘人小群体本位的日本人而言，由于不存在适用于所有社会空间的普遍的善恶标准，任何善与恶都是相对的，所以，在缘人小群体内，每个人表现得都是格外有礼守序，而且往往很多时候也是迫于可以预见的惩罚，而不能不、不得不守序。在这次天灾人祸中，饥寒交迫的灾民之所以会排着队有序地去领取一个饭团子、一口酱汤，而少有趁乱哄抢物品者，也许与道德无涉，只是因这种共患难的情境令其不敢去为了私欲而妄为而已，否则不知将面临怎样的惩罚；[①] 而对于作为灾民小群体外的非灾民而言，灾民基本可以被视为“他人”，因此，非灾区民众只顾自身的利益去屯粮抢水，乃至歧视灾民、漠视灾民的疾苦，对日本人而言，也是情理之中的事。所以，诸如很多非灾区民众不愿接纳灾民，不愿意帮助灾区处理污染垃圾，甚至很多非灾区民众对有接纳意向的自治体长官进行恐吓等行为，[②] 也就没有什么不可理解的了。

三　日本国民性对灾后复兴工作的影响

日本战后急速的产业化、城市化，催生了现代日本的大众社会，使日本人的生活空间、基本人际状态发生了很大的改观，诸如“东京都圈这个大村庄”的居民之间的连带感，也的确变得不如原来的村落共同体那么强韧了。但这次天灾人祸中的日本人的言行举止，也使我们再次认识到，当日本人通过自我范畴化进行身份认同时，或隐或现的“村共同体意识”仍然是其依据的重要标准，经济的兴盛和衰落，恐怕难以将其改变。

日本作为一个现代发达国家，尽管人们早已不再以“村”来称呼其众多的大小集团，对于现代日本的国民，人们也不是称其为某村民，而是大多会按照其生活的区域，称其为都、道、府、县、市、町的居民，但是，从日本人的社会心理来看，日本国民不过都是些恪守根深蒂固的村共同体意识及其行为模式的、由无数小村落共同体统合在一起的略大一点的大和村民而已。这次极为惨重的天灾

① 参见《“为何没有掠夺?”》，2011 年 3 月 16 日〔日〕《时事通讯》。

② 参见 2011 年 11 月 4 日富士电视台（FNN）报道以及 2011 年 12 月 30 日〔日〕《产经新闻》的报道。

和人祸，虽然给日本的地理、社会等造成了重创，但其社会性格依旧不会轻易被改变。在这次天灾人祸中，作为无数小村落共同体统一象征的天皇，还有通行的法制，以及各种同质的“道”文化等，也都没有受到任何损伤，而这些东西正是将诸多各行其是的小村共同体意识统合为一个大和村民意识的主要条件。也就是说，除了每个小的“村”集团外，因为超越个体村集团的身份认同标志依旧健在，所以日本人重建家园的原动力也就不会削减。事实上，在日本政府救灾不力的情况下，也正是日本天皇的亲民之举，成为灾民们重要的精神支柱。① 所以，只要日本天皇坚持与民同在，日本人就不会失去其身份认同的标志，大和村民依旧会发挥出强大的凝聚力量，共建其新的家园。而且，由于日本人这种村共同体意识及其行为模式，曾经维系了日本社会秩序的安定和国力的富强，② 所以已经有人在倡议和组织现住在非灾区的“团块世代”③ 的东北人迁回灾区，希望那些当年从上野火车站开始其社会生活的集体就职的东北人，那些造就了战后日本的东北人，再度为灾区的复兴带来荣光。④

当然，我们也非常乐于看到，这种几乎成为日本文化基因的村共同体意识，能够为日本灾后复兴发挥更大的积极作用。但是，与此同时，我们也不能忽视其可能对日本灾后复兴工作产生的负面影响。

首先，这种村共同体意识可能会使灾民的安置问题困难重重。福岛核灾区的复原和复兴亦绝非短期可为，数万灾民返回故里生活将难免会遥遥无期。避难他乡的灾民希望能够集体搬迁，以维护村共同体，⑤ 但现实根本不可能，鉴于日本社会日趋严重的老龄化及其根深蒂固的村共同体意识，不难想象由此将可能会引发一系列的社会问题。

其次，在灾后复兴工程利益分配上，在这种村共同体意识驱使下，日本的各

---

① 参见《大地震中皇室的作用（上）》，http://www.iza.ne.jp/news/newsarticle/natnews/koushitsu/511129/；《大震灾中皇室的作用（下）》，http://www.iza.ne.jp/news/newsarticle/natnews/koushitsu/511131/。

② 参见〔日〕玉城哲《日本的社会体系》，农山渔村文化协会，1983，第23页。

③ “团块世代”：狭义上指1947～1949年出生的人，广义上也指1945～1952年出生的人群，即日本在二战后最初几年出生的人群。在日本，“团块世代”被看做20世纪60年代中期推动经济腾飞的主力，是日本经济的脊梁。

④ 参见《残间里江子讲述倡议团块世代回迁灾区的理由》，2011年5月12日〔日〕《夕刊富士》。

⑤ 参见《宫城县要求灾民县外避难并为其确保临时住宅》，2011年3月19日《河北新报》。

种有实力的“村”集团，能够在多大程度上考虑灾民的切身利益，不能不令人担心。[①] 有报道称，正是因为东京电力公司过去对其所属的核电专业人员实施了“村八分”，所以才造成了此次福岛的核灾变。[②] 各种有实力的“村”集团，对曾是其“身内”或“仲间”的成员尚且以“他人”相待，实施“村八分”毫不留情，对本就是“他人”的其村外灾民更不可能手软。

再次，在灾后日本的国家战略决策方面，在这种村共同体意识驱使下，日本各种有实力的“村”集团的决策，能够在多大程度上考虑灾民的切身利益，也是个未知数。日本政府尚未使灾后复兴工作步入正轨，却已经开始在忙着追随美国加入对灾区而言无异于雪上加霜的“跨太平洋战略经济伙伴关系协定”（TPP）了。曾从大地震死里逃生且仍心有余悸的灾民，也许又要因日本“政治村”村民的人祸而再度陷入深深的不安了。

最后，鉴于大和“村民”们具有将集团内部的个人积怨以谋求小集团整体利益的形式向外宣泄的行为特点，及其曾因向外宣泄私欲而招致了人类史上首次核打击的历史，日本政府在东海问题上强词夺理、对南海问题频频染指以及处心积虑谋求加入 TPP 等种种亲美疏华的行为亦不能不令人担心。作为人类史上唯一经历了两次核灾难的“大和村民”，是否能不偏执于其缺点，以史为鉴，最大限度地发挥缘人共同体意识及其行为模式的优点，为日本灾后复兴作出更大贡献，是值得世人密切关注的问题。

参考文献

〔日〕和辻哲郎：《风土》，岩波书店，1935。

〔日〕本尼迪克特：《菊与刀》，〔日〕长谷川松治译，社会思想社，1992。

〔日〕源了圆：《文化与人的形成》，第一法规出版会社，1982。

〔日〕玉城哲：《日本的社会体系》，农山渔村文化协会，1983。

〔日〕福武直：《日本社会的结构》，东京大学出版会，1984。

---

① 参见《埋没于瓦砾残迹中的灾民的苦恼》，http：//www. newsweekjapan. jp/stories/world/2011/12/post – 2388. php。

② 参见《核电事故原因之一　东电社内人事肃清核电专家的历史》，〔日〕《邮政周刊》2011 年 4 月 8 日号。

尚会鹏、游国龙：《心理文化学——许烺光学说的研究与应用》，南天书局，2010。

〔美〕雷贝嘉·索尔尼：《灾害乌托邦》，〔日〕高月园子译，亚纪书房，2010。

〔澳〕迈克尔·A. 豪格、〔英〕多米尼克·阿布拉姆斯：《社会认同过程》，高明华译，中国人民大学出版社，2011。

〔日〕光部爱：《日本人，心存慈悲和感激》，于文译，《中国报道》（*China Report*）2011 年第 4 期。

天災人災の対応に現れた日本人の国民性について

張 建立

要　旨：予期もせぬ東日本大震災に直面して、必死に災害に耐えている被災者の忍耐強さと秩序立った様子が目立った一方、被災地域外での日本人の混乱ぶり、避難者に対する理不尽な対応も目立った。同じ日本人であるにも関わらず、なぜこのような行動の落差が出たのか。東日本大震災以来、各種の日本国民性論説には説得力の回答はみられない。本稿では、被災者と非被災者の行動原因及び今後の被災地復興に与える影響について分析を試みた。

キーワード：天災人災　日本国民性　ムラ意識　縁人

附　录

Appendix

B.17
2011 年日本大事记

朱　明*

1 月

6 日　外务大臣前原诚司访问美国，与美国国务卿希拉里会谈。

7 日　美国朝鲜问题特别代表博斯沃思抵日，就朝核问题与日外务事务次官佐佐江贤一会谈。

国土交通大臣马渊澄夫公布有关海上执法权的基本方针。

经济产业大臣大畠章宏访问沙特阿拉伯、伊拉克、阿拉伯联合酋长国等中东三国。

10 日　日韩就签署军事合作协定达成共识。

11 日　日本国会议员代表团访华，中国国务委员戴秉国会见代表团全体成员。

---

* 朱明，中国社会科学院日本研究所图书馆馆员。

中国人民外交学会和日本世界和平研究所共同主办的第四届中日关系研讨会在北京举行。

12 日 外务大臣前原诚司表示，日本将遵循《日朝平壤宣言》，无条件地与朝鲜重启双边对话。

美国国防部长盖茨访日。

13 日 日美两国政府举行“跨太平洋战略经济伙伴关系协定”（TPP）双边磋商。

最高法院判定“足利事件”无罪的菅家利和获 8000 万日元刑事补偿金。

民主党召开党大会，通过 2011 年度活动方针。

与谢野馨退出“奋起日本党”。

14 日 首相菅直人改组内阁，枝野幸男接替仙谷由人出任官房长官。

15 日 外务大臣前原诚司对韩国进行为期一天的访问，并与韩国外长金星焕举行会谈。

17 日 神户举行活动纪念阪神大地震 16 周年。

20 日 第 12 次中日安全对话在北京举行。

日本钢铁联盟公布，2010 年日本粗钢产量 1.0960 亿吨，三年来首次增加，时隔两年产量超过 1 亿吨。

首相菅直人发表外交演讲，阐述外交和安全政策“五大支柱”。

日美举行联合军演。

《纽约时报》发表有关钓鱼岛属于中国的评论，日政府表示抗议。

21 日 外务大臣前原诚司和美国驻日大使鲁斯签署了有关驻日美军驻留经费负担（“体贴预算”）的新特别协定。

俄罗斯国防部副部长布尔加科夫率团视察北方四岛，日本外务省表示“遗憾”。

22 日 内阁官房长官枝野幸男访问冲绳，视察普天间基地。

23 日 自民党召开定期党大会，力争年内夺回政权。

24 日 第 177 届例行国会开幕。首相菅直人发表施政方针演说。

26 日 首相菅直人在国会接受各党代表质询，并表示拒绝解散众议院。

27 日 日美模拟“离岛作战”，举行纸上军演。

日本 NEC 公司与中国联想集团成立“联想 NEC 控股 B. V.”合资公司，共

同组建日本市场上最大的个人电脑集团。

28 日 日美举行审议官级别磋商，制定新的共同战略目标。

29 日 三名日本人获得俄罗斯签证后，前往北方四岛之一的国后岛。

首相菅直人出席在瑞士举行的世界经济论坛年会。

31 日 俄罗斯政府代表团视察北方四岛。

民主党前党首小泽一郎因违反《政治资金规正法》被强制起诉。

2 月

3 日 日本新日本制铁公司和住友金属工业公司宣布 2012 年 10 月合并。

4 日 俄罗斯国防部长谢尔久科夫视察北方领土。

6 日 首相菅直人召开中国问题专家座谈会。

民主党推荐的候选人在爱知县知事与名古屋市长选举中，双双落选。

7 日 日本与澳大利亚重启经济合作协定谈判。

10 日 日美举行局长级磋商，讨论新战略目标。

外务大臣前原诚司访问俄罗斯，11 日与俄外长拉夫罗夫会谈。

11 日 日本陆上自卫队与美军进行联合登陆训练。

14 日 内阁府发布数据显示，2010 年日本名义国内生产总值为 54742 亿美元，居世界第三位。

15 日 前首相鸠山由纪夫透露日美谈判内幕引争议。

16 日 外务大臣前原诚司与到访的韩国外长金星焕会谈，希望韩国勿插手日俄领土争端。

日印签署经济合作协定（EPA），8 月 1 日生效。

日本驻俄使馆前发生群体燃烧日本国旗事件。

第六次中日韩外交高官磋商会议在东京举行。

16 名亲小泽一郎派民主党众院议员申请脱离该党在众议院的会派。

17 日 针对日本多次表示“北方四岛是日本固有领土”，俄罗斯外交部情报局长卢卡斯皮茨表示，不再与日政府就领土问题进行任何形式的交涉。

18 日 外务大臣前原诚司和印度尼西亚外长马蒂会谈。

外务省公开记录冲绳归还和日美纺织品谈判等内容的外交文书606 册。

19 日　内阁官房长官枝野幸男空中视察了北方四岛。

22 日　日本决定向新西兰派遣紧急救援队。25 日向新提供 50 万美元紧急救灾援助。

民主党决定停止前党首小泽一郎党员资格。

23 日　农林水产省政务官亲小泽派议员松木谦公向菅直人首相递交辞呈。

28 日　第 11 次中日战略对话在东京举行。

3 月

1 日　众议院通过 2011 年度预算案。

民主党处分缺席新年度预算案众院表决的 16 名议员。

2 日　日俄副部长级战略对话在东京举行。

4 日　外务大臣前原诚司、财务大臣野田佳彦、行政革新大臣莲舫等内阁大臣涉嫌政治献金问题。前原诚司承认接受外国人政治捐款。

6 日　外务大臣前原诚司因“外国人献金问题”辞职。9 日，松本刚明就任外务大臣。

10 日　民主党众议院议员土肥隆一因承认竹岛为韩领土而辞职，3 月 16 日申请退党。

美国国务院日本处处长凯文·马厄因发表歧视冲绳人言论辞职。

外务大臣松本刚明与到访的美国助理国务卿坎贝尔举行会谈，坎贝尔就歧视冲绳言论向日本道歉。

11 日　日本东北地区海域发生 9.0 级大地震，引发特大海啸，福岛第一核电站发生核电事故。

12 日　福岛第一核电站 1 号机组爆炸，随后，3 号、4 号机组爆炸。

美国总统奥巴马与日本首相菅直人通电话。

13 日　日本自卫队与美军首次联合展开救灾行动，自卫队员投入约十万人。

14 日　东京电力公司启动“计划停电”，以应对因福岛第一核电站事故造成的电力不足。

中国国家主席胡锦涛致电日本天皇和众参两院议长，对东日本大地震灾害表示诚挚慰问。

日本中央银行向短期金融市场提供15万亿日元的紧急资金援助（其后3月15日提供8万亿日元、16日5万亿日元、17日6万亿日元、18日4万亿日元、22日2万亿日元，累计40万亿日元）。

15日 东京都知事石原慎太郎就发表地震“天谴”言论（石原曾说“有必要利用此次海啸将日本人长年积累的私欲污垢冲洗干净，这是对日本的‘天谴’”）道歉。

中国红十字会向日本震灾区提供500万元人民币紧急援助。

16日 中国政府在前期援助300万元人民币人道主义救灾物资、派遣救援队赴日开展抢险救援的基础上，根据日本政府的请求，再次向日提供2万吨燃油紧急援助。

明仁天皇发表电视讲话，鼓励民众共渡难关。

17日 中国首批赴日救灾物资运至日本新潟。

日元汇率升值至1美元兑76.25日元，创近16年来新高。18日，日本银行抛售日元干预汇市，西方七国财长、央行行长召开紧急电话会议，应对日元升值。

18日 日本瑞穗银行因系统发生故障，其全国约440个网点和1600个柜员机停止运行，未处理交易量约116万笔。22日系统恢复正常。

参议院通过《统一地方选举延期特例法》。

日本成立“特别对策总部”应对抗震救灾。

中国国家主席胡锦涛前往日驻华使馆吊唁地震遇难者。

19日 第五次中日韩外长会议在京都举行，中国外交部长杨洁篪会见日本外务大臣松本刚明。

首相菅直人向自民党提出希望组建“联合救国内阁”，遭自民党总裁谷垣祯一拒绝。

22日 日本撤换驻俄罗斯大使河野雅治，由驻捷克大使原田亲仁继任。

25日 政府在首相官邸举行电力供应紧急对策总部会议，商讨因地震导致的电力不足对策。

29日 2011年度预算案在众议院通过。

31日 法国总统萨科齐访日，菅直人与萨科齐会谈。

4月

1日 日本自卫队和美军开始大规模搜寻地震失踪者。

日本公布2011年《外交蓝皮书》。

2日 首相菅直人视察地震灾区。

中国援助日本的燃油运抵日本。

6日 皇太子夫妇在东京看望灾民。

7日 日本防卫研究所公布《中国安全报告》。

8日 日本政府出台赈灾款分发标准。

10日 日本部分地区的第17届统一地方选举结果揭晓，民主党未能取得多数票。

11日 首相菅直人致信胡锦涛主席，感谢中国救灾援助并发表以《纽带》为标题的感谢信。

日本政府设立“复兴构想会议”，以制定实现震后重建的蓝图。

12日 中国国务院总理温家宝与日本首相菅直人通电话，对日震灾再次表示慰问。

13日 前首相福田康夫参加在中国海南举行的博鳌亚洲论坛。

14日 天皇夫妇前往千叶县旭市慰问灾民。

15日 20国集团财长、央行行长会议举行，会议通过联合声明，表示援助日本的灾后重建。

17日 美国国务卿希拉里访日，拜会天皇，与首相菅直人和外务大臣松本刚明举行会谈。

东京电力公司公布核危机处理时间表。

18日 日本政府公布“复兴基本法案”草案，交国会审议。

丰田汽车公司的国内工厂全部恢复生产。

22日 日本政府制定总额4.0135万亿日元的2011年度第一次补充预算草案。

24日 第八次中日韩经贸部长会议在东京举行。

27日 参议院通过《税制特例法》。

28 日　外务大臣松本刚明召见韩国驻日大使权哲贤，对韩计划在竹岛周边建综合海洋科学基地提出抗议。

民主党公布震后重建蓝图草案，重建期定为十年。

29 日　外务大臣松本刚明访问美国，与美国国务卿希拉里举行会谈。

5 月

2 日　参议院通过《特别财政援助法》（4 月 30 日众议院通过）。

参议院通过日本 2011 年度第一次补充预算案（4 月 22 日政府通过）。

3 日　日中友好议员联盟代表团访华，4 日、5 日国家副主席习近平、中组部部长李源潮分别会见代表团一行。

4 日　第 14 届东盟与中日韩财长会议在越南举行。

5 日　前首相鸠山由纪夫访华，国家副主席习近平会见。

12 日　日本经济团体联合会代表团访华，中国外交部长杨洁篪会见。13 日温家宝总理会见。

15 日　俄罗斯副总理伊万诺夫视察北方四岛的国后岛，16 日日本外务大臣对此表示抗议。

16 日　日本五大银行集团公布 2011 年度集团决算，净利润比上年度增加 55. 8%（1. 763 万亿日元）。

19 日　日本武田药品公司宣布以 1. 1 万亿日元收购瑞士 Nycomed 制药公司。

20 日　东京电力公司社长清水正孝辞职，西泽俊夫任社长。

21 日　参加第四次中日韩领导人会议的中国总理温家宝、韩国总统李明博在日本首相菅直人的陪同下视察了日本福岛市灾区。

中国商务部部长陈德铭会见日本经济产业相海江田万里，双方就加强日本灾后重建合作签署共同文件。

22 日　第四次中日韩领导人会议在东京举行，会后发表中韩日联合声明。日本首相菅直人分别与中国总理温家宝、韩国总统李明博举行会谈。

24 日　韩国国会议员访问北方四岛之一的国后岛，日本外务大臣松本刚明 25 日对此表示抗议。

27 日　日本综合海洋政策本部决定在冲之鸟礁建码头，年内施工。

参议院通过保护儿童免受家长虐待的《民法》修正案。

参议院通过向韩国移交《朝鲜王室仪轨》决议，决定将 1200 册来自朝鲜半岛古书籍的《日韩图书协定》移交韩方。

30 日　内阁府和财务省提出分阶段提高消费税的草案。

6 月

2 日　日本众议院否决内阁不信任案。

中国副总理李克强会见以会长米仓弘昌和名誉会长御手洗富士夫为团长的日本经济团体联合会代表团。

日本自卫队在东非吉布提设立首个海外基地，7 月 7 日正式启用。

3 日　日本政府通过国家公务员减薪相关法案，到 2013 年度将国家公务员月薪减少 5% ~10%，奖金等减少 10%，平均减少 7.8%。

4 日　中国国防部长梁光烈会见日本防卫相北泽俊美。

8 日　中国总理温家宝会见日本前首相麻生太郎。

15 日　参议院通过《老人护理保险法》修正案。

20 日　参议院通过《复兴基本法》(6 月 10 日众议院通过)。

21 日　美日安保协商会议（“2 +2”会议）在华盛顿举行。

22 日　第 177 届例行国会会期延长 70 天，延至 8 月 31 日。

24 日　联合国教科文组织第 35 届世界遗产委员会决定将东京都小笠原群岛、岩手县的“平泉文化”分别列为世界自然遗产和文化遗产，至此日本共有 4 处自然遗产，12 处文化遗产。

27 日　首相菅直人改组内阁，增设“核电站事故担当大臣”，由首相助理细野豪志出任；增设“复兴担当大臣”，由防灾担当大臣松本龙兼任。

28 日　首相菅直人表示在《2011 年度第二次补充预算》、《公债发行特例法》、《再生能源特别措施法》三法案获得通过后辞职。

29 日　中联部部长王家瑞会见日本自民党国会议员代表团。

30 日　日本政府和民主党确定“社会保障与税制一体化改革”最终方案。

日韩举行战略对话，要求朝鲜重返南北谈判。

7 月

1 日　《电力使用限制令》开始实施。

民主党等政党发贺电或贺函祝贺中国共产党建党 90 周年。

首相菅直人陷入“政治献金”丑闻。

3 日　外务大臣松本刚明访华。

4 日　中国国家副主席习近平会见松本刚明，外交部长杨洁篪与松本刚明举行会谈。

中国全国人大常委会副委员长李建国率团访日。

5 日　复兴大臣松本龙因在灾区不慎言论而辞职，内阁府副大臣平野达男接替其职。

6 日　中国全国人大与日本国会众议院合作委员会第六次会议在东京举行。

8 日　日本海上自卫队将本月 23 日到期的在索马里附近海域打击海盗活动的期限延长一年。

美日澳三国在文莱海域举行联合军演。

13 日　首相菅直人发表“去核”言论。

15 日　菅直人对两日前发表“去核”言论表示反悔，称其仅是个人看法。

冲绳县知事中井真弘多率团访华，举行向中国公民发放三年内多次往返签证招待会。

17 日　日本首获女足世界杯冠军。

20 日　自民党发表下届众院选举竞选纲领基础文件“国家战略总部”报告。

21 日　日本地方司法机构（日本那霸检察审查会）提出起诉钓鱼岛撞船事件中方船长。中方于 22 日表示日方起诉是非法和无效的。

22 日　经济财政大臣与谢野馨向内阁会议提交 2011 年度《经济财政白皮书》文本。

23 日　松下公司宣布将三洋电机白色家电业务出售给海尔。

24 日　中国总理温家宝会见日本国际贸易促进协会代表团。

25 日　参议院通过 2011 年度第二次补充预算案，总额约两万亿日元。

防卫大臣北泽俊美会见到访的中国人民解放军副总参谋长马晓天一行。

26 日 第九次中日防务安全磋商在东京举行。

28 日 日俄举行副外长级磋商，就北方领土与朝核问题等交换意见。

29 日 日本政府确定“复兴基本方针”。

8 月

1 日 《日印自由贸易协定》（EPA）生效。

韩国禁止访问郁陵岛的日本议员入境。

2 日 日本公布 2011 年版《防卫白皮书》。

3 日 日本参议院通过《原子能损害赔偿援助机构法》（7 月 28 日众议院通过）。

4 日 日本中央银行自 3 月 18 日后再度干预汇市，抛售日元购入美元（约 4.5 万亿日元）。

6 日 日本前外相前原诚司访问日俄争议岛屿择捉岛。

10 日 日本首相菅直人再次表示在《公债发行特例法》和《可再生能源特别措施法》通过后辞职。26 日参议院通过这两项法案，菅直人辞职。

15 日 日本 52 名国会议员集体参拜靖国神社。

21 日 第七届北京—东京论坛在北京开幕。

23 日 美国副总统拜登访日，菅直人与拜登举行会谈。

24 日 日本财务大臣野田佳彦宣布设立总额 7.6 万亿日元的紧急基金，应对日元升值。

日本外务省称中国渔政船入钓渔岛海域。

29 日 财务大臣野田佳彦当选民主党党首。

30 日 野田佳彦就任首相，菅直人内阁总辞职。

31 日 第 177 届例行国会闭幕。

东芝、日立、索尼宣布合并显示器业务，2012 年春建立新公司，届时中小型显示器领域居世界之首。

9 月

2 日 野田佳彦新内阁组成。

7日　外务大臣玄叶和美国国务卿希拉里举行电话会谈，就维持日美“普天间”协议达成共识。

民主党政调会长前原诚司访问美国，与副国务卿巴恩斯举行会谈。

8日　中日经济合作会议在长春举行。

9日　日本与菲律宾政府代表就“亚洲地区海洋安全”问题举行磋商。

10日　经济产业大臣钵吕吉雄因将福岛第一核电站周边的市町村称为“死城”而被迫辞职，12日枝野幸男接替其职。

11日　俄高官帕特鲁舍夫视察“北方领土”，日本表示遗憾。

13日　日本第178届临时国会召开，首相野田佳彦发表施政演说。

16日　日本大王制纸公司董事长井川意高因巨额借款问题辞职，因涉嫌违反《公司法》（渎职罪）于11月22日被捕。

20日　日本政府公布应对日元升值“综合对策基本方针”（中期报告）。

21日　首相野田佳彦赴美出席联合国会议，与美国总统奥巴马举行会谈。

23日　首相野田佳彦与印度总理辛格在纽约会谈，双方就加强在安全领域的合作达成共识。

野田佳彦在联合国发表题为《尽快实现日本再生》的演说。

26日　东京地方法院因“陆山会”土地购入问题判小泽一郎的三名前秘书有罪。

27日　日本政府确定复兴财源临时增税规模，由当初11.2万亿日元压缩至9.2万亿日元。

30日　日本政府提出建立灾后重建特区的计划。

10月

6日　民主党前代表小泽一郎“政治资金案”开庭审判。

11日　政府税制调查会确定“复兴增税大纲”。

外务大臣玄叶光一郎出访印度尼西亚、马来西亚、新加坡等东盟三国。

12日　500名日本青年代表访华。

14日　中国总理温家宝会见到访的日本经济产业大臣枝野幸男。

18 日 野田佳彦首相访问韩国，19 日，与韩国总统李明博会谈，就加速 EPA 谈判达成共识。

日本 68 名国会议员集体参拜靖国神社。

20 日 日本第 179 届临时国会召开（至 12 月 9 日）。

21 日 日本政府召开内阁会议，决定成立“国家战略会议”。

福岛县议会表决通过报废福岛核电站机组议案。

日本政府确定“应对日元升值综合经济对策”，动用财政 2 万亿日元，援助就业和中小企业筹资等。

日本政府决定设立制定国家重要政策的“国家战略会议”。

22 日 中国总理温家宝在北京会见中日友好 21 世纪委员会双方委员。23 日，第五届中日友好 21 世纪委员会第三次会议开幕。

23 日 首相野田佳彦与法国总理菲永会谈，表示加强核能安全方面的合作。

24 日 日本与越南签署防卫合作交流备忘录。

27 日 日本中央银行再度实施追加货币宽松措施，将购买金融资产规模增加 5 万亿日元至 55 万亿日元。

28 日 日本“国家战略会议”召开首次会议，决定针对灾后经济发展及能源战略制定中长期政策大纲《日本再生基本战略》。

29 日 日印外长双边战略对话在东京举行。

31 日 鉴于日元升至 1 美元兑 75.32 日元高位，日本中央银行抛售日元购入美元，这是继 3 月 18 日、8 月 4 日之后第三次干预汇市。

11 月

1 日 日本政府决定派自卫队赴南苏丹维和。

3 日 日本新日铁与中国武汉钢铁集团强强联合，挂牌成立共同投资公司。

4 日 野田佳彦首相与土耳其总理埃尔多安会谈，就重启两国核能协定缔结谈判达成一致。

7 日 朝野三党就复兴债（为地震重建筹集财源债）的返还期由原定的 15 年延长至 25 年达成一致。

8 日 日本奥林巴斯公司隐瞒公司投资亏损事件曝光。

11日 野田佳彦首相宣布日本参加“跨太平洋战略经济伙伴关系协定”（TPP）谈判。

12日 中国国家主席胡锦涛在美国夏威夷州会见日本首相野田佳彦。

15日 日俄首脑会谈举行。

16日 东盟峰会在印尼巴厘岛举行。

19日 中日韩领导人会晤。

21日 参议院通过2011年度第三次补充预算案（10月21日政府确定），总额12.1万亿日元。

日本最高法院终审驳回奥姆真理教案最后一名被告远藤诚一上诉，维持死刑判决。自1995年3月开始调查的奥姆真理教案审判全部结束，13人被判死刑。

22日 东京证交所与大阪证交所就2013年合并达成最终协议。

23日 外务大臣玄叶光一郎访华，温家宝总理会见玄叶光一郎，外交部长杨洁篪与玄叶光一郎会谈。

25日 内阁官房长官藤村修指出，有必要探讨创设“女性宫家”（“宫家”，指除天皇之外的皇族各自的家族世袭“名号”）的问题。

26日 日俄副外长战略对话举行。

参议院通过《复兴财源确保法》。

12月

1日 丰田公司宣布，与德国宝马公司在发动机生产领域合作。

2日 中日第12次战略对话在北京举行。

9日 参议院通过《复兴厅设置法》。

参议院通过两内阁大臣（防务相一川保夫、消费者行政担当相山冈贤次）问责决议案。

11日 自民党干事长石原伸晃访美，表示日本应考虑把钓鱼岛收归国有，在岛上设立港口及军事基地。

12日 日本宇宙航空研究开发机构成功发射情报收集卫星。

16日 野田佳彦首相宣布，东京电力公司福岛第一核电站核反应堆达到“冷停堆状态”，“核泄漏事故本身已平息”，核泄漏事故处理第二阶段任务完成。

17 日 韩国总统李明博访问日本。

19 日 日本海上自卫队护卫舰“雾雨”号抵山东青岛港进行友好访问。这是日本海上自卫队舰艇 2008 年 6 月访问广东湛江港之后，时隔三年半再次访华。

20 日 日本政府确定总额 2.5345 万亿日元的 2011 年度第四次补充预算案。

日美印三国华盛顿举行首次局长级外交磋商。

24 日 日本政府确定 2012 年度预算案。

25 日 野田佳彦首相访华，中国总理温家宝与野田会谈，26 日中国国家主席胡锦涛会见野田。

前众议院议员铃木宗男向总务相申请成立“大地·真民主党”。

26 日 中日政府之间就日本购买最多 100 亿美元的中国国债达成一致。

外务大臣玄叶光一郎访问缅甸，与缅甸外交部长吴温纳貌伦举行会谈，双方一致同意启动双边投资协定谈判。

27 日 首相野田佳彦访问印度。

日本政府召开安全保障会议，决定大幅放宽“武器出口三原则”。

28 日 9 名民主党议员因反对增加消费税宣布退党。

30 日 民主党税制调查会通过分两个阶段提高消费税方案（2014 年 4 月提高至 8%，2015 年 10 月提高至 10%）。

社会科学文献出版社

皮书系列

“皮书”起源于十七八世纪的英国，主要指官方或社会组织正式发表的重要文件或报告，并多以白皮书命名。在中国，“皮书”这一概念被社会广泛接受，并被成功运作、发展成为一种全新的出版形态，则源于中国社会科学院社会科学文献出版社。

皮书是对中国与世界发展状况和热点问题进行年度监测，以专家和学术的视角，针对某一领域或区域现状与发展态势展开分析和预测，具备权威性、前沿性、原创性、实证性、时效性等特点的连续性公开出版物，由一系列权威研究报告组成。皮书系列是社会科学文献出版社编辑出版的蓝皮书、绿皮书、黄皮书等的统称。

皮书系列的作者以中国社会科学院、著名高校、地方社会科学院的研究人员为主，多为国内一流研究机构的权威专家学者，他们的看法和观点代表了学界对中国与世界的现实和未来最高水平的解读与分析。

自20世纪90年代末推出以经济蓝皮书为开端的皮书系列以来，至今已出版皮书近800部，内容涵盖经济、社会、政法、文化传媒、行业、地方发展、国际形势等领域。皮书系列已成为社会科学文献出版社的著名图书品牌和中国社会科学院的知名学术品牌。

皮书系列在数字出版和国际出版方面也是成就斐然。皮书数据库被评为“2008～2009年度数字出版知名品牌”；经济蓝皮书、社会蓝皮书等十几种皮书每年还由国外知名学术出版机构出版英文版、俄文版、韩文版和日文版，面向全球发行。

法律声明